역사와
함께 읽는
민주주의

이 도서의 국립중앙도서관 출판예정도서목록(CIP)은 서지정보유통지원시스템 홈페이지(http://seoji.nl.
go.kr)와 국가자료종합목록 구축시스템(http://kolis-net.nl.go.kr)에서 이용하실 수 있습니다.
CIP제어번호: CIP2020005728(양장), CIP2020005729(무선)

우리나라 민주 공화국은
어떻게 발전해 왔을까?

역사와
함께 읽는
민주주의

박
상
준 지
음

머리말

　우리는 민주주의 국가에서 태어나 살고 또 초등학교 때부터 이에 대해 여러 차례 배우기 때문에, 민주주의에 대해 잘 알고 있다고 생각한다. 그러나 '선거가 민주주의의 꽃(핵심)이다', '다수결이 민주주주의 원리다'처럼 민주주의에 대해 잘못 이해하는 부분이 많다. 또한 2016년 촛불집회에서 수없이 외쳤기 때문에, 헌법 제1조에서 정한 민주 공화국이 무엇인지 잘 알고 있다고 믿는다. 민주 공화국은 민주주의 국가와 같은 것이고, 민주 공화국은 1945년 광복 이후 미군이 우리나라에 처음 도입한 것이라고 잘못 알고 있는 사람들이 많다.

　하지만 선거는 일반 시민이 지배에 참여하는 민주주의를 위해 만들어진 제도가 아니고, 다수결은 민주주의의 기본 원리가 아니라 의사 결정의 규칙일 뿐이다. 그리고 민주 공화국은 민주주의와 다르고, 미국이나 서구 사회가 전파한 것이 아니라 독립운동 시기 우리나라의 정치적·역사적 상황에서 고유하게 발전해 온 국가 형태다.

　우리가 모르는 사이 돈(자본), 미디어, 신기술이 민주주의를 위협하고 있다. 주권자로서 시민이 주권을 행사하고 정치의 주체로 살아가기 위해서는 민주주의에 숨겨진 것들을 제대로 파악하고, 우리나라에서 민주 공화국이 어떻게 발전해 왔는지를 정확하게 이해하는 것이 필요하다. 그렇게 함으로써 이명박 정권의 인권 탄압, 박근혜 정권의 민주주의 유린 사태, 양승태 대법원의 사법농단 사태처럼 위험에 빠진 민주주의를 구해내고, 시민의 주권 행사와 기본적 권리가 실질적으로 보장되는 민주주의 사회를 발전시킬 수 있다.

그래서 이 책은 우선 민주주의가 무엇이고 다른 정치 체제와 어떻게 다른지 쉽게 풀어 설명하고, 선거, 다수결 원리 등이 정말 민주주의를 위해 만들어진 것인지, 민주주의와 돈, 선거, 미디어, 기술 등이 어떤 관계에 있는지를 여러 가지 통계 자료와 사례에 기초해 쉽게 제시했다. 그다음 대한민국이 언제 건국되었는지, 우리 헌법은 왜 민주 공화국을 채택했는지, 민주 공화국이 우리나라에서 어떻게 형성되고 발전해 왔는지에 대해 역사적 자료와 법적 근거를 찾아 쉽게 설명했다.

기존에 민주주의와 관련된 책들이 많이 출판되었지만, 대부분이 민주주의에 관한 외국의 이론을 설명하고 서구 사회에서 민주주의가 발전한 역사를 설명하는 데 초점을 맞추었다. 반면에 민주주의 속에 숨은 이야기를 진실 되게 드러내고, 우리나라에서 민주주의가 어떻게 발전되어 왔는지에 대해 자세히 설명하는 책은 별로 없었다. 대한민국이 건국되고 민주 공화국을 채택한 지 101년이 넘었다. 이제 우리나라에서 민주 공화국이 언제 어떻게 형성되고 발전해 왔는지를 제대로 이해하고, 민주주의를 더 발전시켜 나가야 할 때다. 이 책을 통해 민주주의에 대해 정확하게 파악하고, 우리나라에서 민주주의와 민주 공화국이 어떻게 발전해 왔는지를 제대로 이해함으로써 민주 시민으로 성장하고 민주주의를 발전시키는 주체가 되기를 기대한다.

2020년 1월

박 상 준

차례

01

민주주의와 우리 삶의 관계

우리는 현재 민주주의 국가에서 자유롭고 평안하게 살고 있다. 그래서 대부분 민주주의에 대해 별로 관심이 없고 민주주의를 몰라도 잘 살 수 있다고 생각한다. 당장 먹고사는 것, 대학 진학, 취업, 연애와 결혼, 자녀 교육 등에 신경 쓰느라 민주주의에 대해서는 별로 관심을 두지 않는다. 과연 민주주의는 정치인들이나 하는 것이고 평범한 우리의 삶과는 별로 관계가 없을까?

1. 민주주의가 밥 먹여줄까?

'이태백'(20대 태반이 백수), '인구론'(인문계 대학 졸업생의 90%는 논다), '열정 페이'(고용한 청년의 열정을 빌미로 임금을 제대로 지급하지 않는 것), '사오정'(사십오 세에 정년퇴직), '오륙도'(오십육 세까지 일하면 도둑), '과로 노인'(평생 쉬지도 못하고 일해도 빈곤한 노인), '하류 노인'(질병, 황혼 이혼, 빈곤 등으로 보통 수준 이하의 어려운 생활을 하는 노인)이란 말이 유행하고 있다. 그만큼 요즘 청년층부터 노년층까지 대부분 먹고살기 힘들다. 청년층은 대학을 졸업해도 취업하기 어렵고, 밤낮으로 두 가지 일을 하며 열심히 노력해도 살기 힘들다. 또한 40~50대 장년층은 어쩔 수 없이 퇴직한 후에도 새로운 일자리를 구하기 어렵고, 노후 생활은 보장되지 않아 힘든 상황이다.

그러다 보니 민주주의 국가에서 살고 있지만, 민주주의에 대해 별로 관심이 없고 냉소적으로 바라보는 경우가 많다. 민주주의에 대해 얘기하면, 많은 사람들이 종종 이렇게 말한다. "당장 먹고살기 바쁜데, 민주주의가 밥 먹여주나?", "민주주의가 더 잘 살게 해주나?", "민주주의가 나와 무슨 관계가 있나?"

얼핏 보면 •민주주의 또는 민주 정치는 정치인과 관련된 것이고 평범하게 사는 우리와는 별로 관계가 없는 것처럼 보인다. 특히 우리나라는 광복 후 1948년에 정부를 수립하면서 갑자기 21세 이상의 남녀 모두에게 선거권이 그냥 주어졌다. 서구 사회처럼 많은 사람들이 왕과 싸워서 민주주의를 도입하고 '주권자(主權者)'로서 시민의 권리를 획득한 것이 아니었기 때문에, 우리는 민주주의

> • 민주주의(democracy)
> 왕, 귀족 등 소수 특권 계급이 아니라 일반 민중 또는 시민들이 국가 권력을 가지고 지배하는 정치 체제다. 오늘날 대의 민주주의에서는 시민이 직접 지배하는 것이 아니라 대통령, 국회의원 등 대표자를 선출하여 대신 지배를 담당하도록 하기 때문에, 민주주의와 나의 삶이 별로 관계가 없다고 생각하는 사람들이 많다.

와 주권의 소중함을 잘 몰랐다. 또한 6·25 전쟁(1950) 이후 사람들이 당장 먹고사는 일에 바빠서 민주주의에 신경 쓸 여유가 없었다.

하지만 민주주의는 개인의 자유와 평등을 보장하고, 나아가 최소한의 인간다운 삶을 살 수 있도록 보장한다. 그래서 민주주의 국가에서 개인은 자신의 생각과 의견을 자유롭게 표현하며, 차별받지 않고 평등하게 대우받고 자유로운 경제 활동을 하며 잘 살 수 있다.

그림 1-1 남한과 북한의 1인당 국내총생산

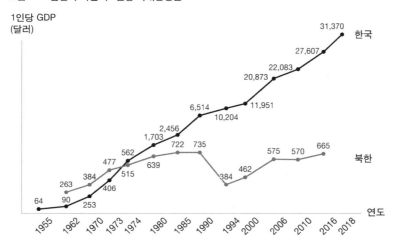

자료: 통계청 북한통계포털(2019); 통일부 북한정보포털(2019).

이런 사실은 같은 나라였다가 1945년 광복 이후 70여 년 동안 다른 정치 체제를 실시해 온 남한과 북한을 비교해 보면 쉽게 알 수 있다. 1973년까지 북한은 •1인당 **국내총생산**과 국민소득이 남한보다 더 높았다. 1962년 북한의 1인당 국내총생산은 263달러로 남한보다 2.9배 더 높았고, 1973년에는 477달러로 1.2배 더 높았다. 그 이유는 광복 당시 지하자원과 공업 시설이 북한에 집중되어 있었기 때문이다. 하지만 북한은 김일성 부자

> • 1인당 국내총생산(GDP per Ca-pita)
> 한 나라 안에서 1년 동안 생산된 재화와 서비스의 최종 가치의 총액을 인구수로 나눈 것이다. 이것은 국민소득과 생활수준을 파악하는 데 사용된다.

가 3대를 세습하고 독재가 장기간 지속되면서, 개인의 자유와 권리가 억압되었다. 그에 따라 경제도 계속 침체되어 1인당 국민소득이 1000달러가 안 되는 빈곤한 수준에 머물러 있다.

반면에 남한은 독재를 극복하고 1987년 6월 민주화 운동 이후 민주

주의가 정착되면서, 경제도 지속적으로 성장했다. 1인당 국내총생산은 1994년 1만 204달러를 넘었고, 2006년 2만 873달러로 향상되었으며, 2018년 3만 1370달러에 달했다. 광복 이후 1973년까지 북한의 1인당 국내총생산과 국민소득이 남한보다 더 높았지만, 불과 45년이 지난 2018년에 남한과 북한의 1인당 국내총생산과 국민소득은 45배로 격차가 벌어졌고, 생활수준과 삶의 질도 커다란 차이가 생겼다.

또한 1950~1970년대에는 우리보다 잘 살았지만 그 후 민주주의가 발전하지 못한 나라들을 비교해 보면, 민주주의와 우리 삶이 얼마나 밀접하게 관련되어 있는지 알 수 있다. 세계은행(Worldbank, 2019a)의 자료에 따르면, 1960년 말레이시아, 짐바브웨의 1인당 국내총생산은 우리나라보다 1.5~1.8배 정도 높았고, 터키, 칠레, 멕시코는 2.2~3.2배 정도 높았다. 이 나라들은 1970년대 중반까지 우리나라보다 국민소득이 높고 잘 살았다. 하지만 1975년까지 쿠데타와 독재가 지속되고 정치적 혼란을 겪으면서, 이들 나라의 경제는 침체되고 국민소득이 낮아져서 사람들의 삶이 어렵게 되었다.

반면에 우리나라는 1950~1980년대 중반까지의 독재와 정치적 혼란을 잘 극복하고 1987년 6월 민주화 운동 이후 민주주의가 정착되면서 경제가 지속적으로 성장했고 국민소득도 크게 향상되었다. 그 결과 1인당 국내총생산이 1990년 6516달러에서 1995년 1만 2333달러, 2010년에 2만 2087달러, 2018년에 3만 1363달러로 향상되어 잘사는 나라로 발전했다. 1975년까지 짐바브웨, 칠레, 말레이시아, 터키, 멕시코의 1인당 국내총생산은 우리나라의 1.1~2.4배 정도였지만, 1990년에는 우리나라가 2.1~7.7배 정도 높아졌다. 그리고 2018년 우리나라의 1인당 국내총생산은 칠레, 말레이시아, 멕시코, 터키보다 2.0~3.4배, 짐바브웨보

표 1-1 국가별 1인당 국내총생산(1960~2018)　　　　　　　　　　　　　　　　(단위: 달러)

국가 연도	한국	말레이시아	터키	멕시코	칠레	짐바브웨
1960	158.2	234.9	509.4	345.2	505.3	278.8
1965	108.7	310.3	386.4	495.0	670.4	293.3
1975	615.2	764.6	1,136.4	1,476.3	719.6	694.5
1985	2,457.3	2,000.1	1,368.4	2,569.2	1,444.3	635.0
1990	6,516.3	2,441.7	2,794.4	3,112.3	2,494.5	842.0
2000	11,947.6	4,043.7	4,316.5	7,157.8	5,074.9	563.1
2010	22,087.0	9,040.6	10,672.4	9,271.4	12,808.0	948.3
2018	31,362.8	11,239.0	9,311.4	9,698.1	15,923.4	2,147.0

자료: Worldbank(2019a).

다는 14.6배 더 향상되었다.

이와 같이 민주주의가 발전할수록 경제가 성장하면서 국민소득이 향상되고 잘산다는 것은 세계 여러 나라의 자료로 확인할 수 있다(박상준, 2018b: 167~179). 역사적으로 보면, 민주주의가 발전한 나라는 경제활동의 자유를 보장하고 경제 성장의 이익을 공평하게 분배하기 때문에 사람들의 생활수준이 전반적으로 향상된다. 18세기 이후 일찍이 민주주의를 채택하고 발전시킨 유럽, 북아메리카, 오세아니아 국가들은 대부분 높은 국민소득을 유지하며 부유하게 살고 있다. 민주주의가 발전한 스위스(8만 3580달러), 노르웨이(8만 790달러), 덴마크(6만 140달러), 스웨덴(5만 5070달러), 네덜란드(5만 1280달러), 핀란드(4만 7820달러), 독일(4만 7450달러), 영국(4만 1330달러), 프랑스(4만 1070달러), 미국(6만 2850달러), 캐나다(4만 4860달러)와 같은 서유럽과 북아메리카 국가들은 2018년 1인당 국민총소득(GNI)이 4만 달러 이상으로 부유하게 살고 있다. 우리나라도 민주주의가 정착되면서 2018년 1인당 국민총소득이 3만 600달러(세계 26위)로 성장했다(Worldbank, 2019b).

반면에 민주주의가 발전하지 못한 아시아, 남아메리카, 아프리카의 국가들은 20세기 중반까지 국민소득이 높았지만, 쿠데타와 독재로 인해 정치적 혼란이 지속되었고, 그 결과 경제가 침체되고 부(富)가 소수에게 편중되면서, 일반 국민의 삶이 어렵게 되었다. 2018년 1인당 국민총소득이 말레이시아(1만 460달러), 터키(1만 380달러), 태국(6610달러), 멕시코(9180달러), 브라질(9140달러) 등은 7000~1만 달러 정도에 머물렀고, 인도네시아(3840달러), 필리핀(3830달러), 인도(2020달러), 온두라스(2330달러), 니카라과(2030달러), 이집트(2800달러), 짐바브웨(1790달러), 에티오피아(790달러) 등은 1000~4000달러 정도로 매우 가난한 수준을 벗어나지 못하고 있다(2018년 세계의 1인당 국민총소득 평균은 1만 1101달러다)(Worldbank, 2019b).

여러 연구 결과를 종합해 보면, 민주주의와 경제 발전 사이에 연관성이 있는 것으로 나타났다. 민주주의 다양성 연구소가 1900년부터 2016년까지 176개 국가의 자료를 분석한 결과, 민주주의 체제가 1인당 국내총생산이나 국민소득의 향상에 긍정적인 영향을 미치는 것으로 나타났다(박선경, 2017: 147~172). 민주주의와 경제 발전의 상관관계는 민주주의를 도입한 시기 그리고 국가의 정치적·사회적 상황에 따라 다르게 나타나고 있지만, 대체로 민주주의가 발전한 나라들이 경제가 성장하고 국민소득도 향상되었다(박상준, 2018b: 166~178).

1인당 국민총소득 자료와 연구 결과들이 보여주듯이, 정치적으로 민주주의가 발전한 나라일수록 경제적으로 국민소득도 높고 더 잘산다. 즉, 정치 체제로서 민주주의가 발전할수록 경제도 발전하여 국민소득이 높아지고 삶의 질도 좋아진다. 민주주의는 자유와 평등을 보장하기 때문에, 자유로운 경제 활동을 통해 경제를 성장시키며 사람들의 소득 수준과 삶의 질을 전반적으로 향상시킨다.

따라서 우리가 더 잘 살고 인간으로서 존중받으며 행복하게 살기 위해서 민주주의를 더 발전시키는 것이 필요하다. 그러기 위해서 우리는 주권자로서 민주주의에 대해 충분하게 이해하고, 민주 정치의 과정에 적극 참여하는 **민주 시민**이 되어야 한다. 민주주의 국가에서 산다고 해서 자연적으로 민주 시민이 되는 것은 아니다. 민주주의가 무엇인지 배우고, 주권자로서 선거와 정치 과정에 적극 참여하고, 공동체 문제를 민주적으로 해결하기 위해 능동적으로 실천하는 것이 중요하다.

2. 민주주의가 사람답게 살게 해줄까?

그런데 사람이 밥만 먹고 사는 것은 아니다. 배부른 돼지와 달리, 사람은 단지 배부르다고 만족할 수 없고 행복하지도 않다. 인간으로서 존중받으며 기본적인 자유와 평등을 누리고 다른 사람들과 교류하면서 사람답게 살 원한다. 그러면 민주주의는 경제 발전 이외에 인간다운 삶과 어떤 관계가 있을까?

민주주의는 사람들이 잘 살도록 해줄 뿐만 아니라 사람답게 살 수 있는 기본적인 제도와 환경을 제공한다. 사람답게 산다는 것은 성별, 신분, 인종, 민족, 재산, 학력 등과 관계없이 모든 사람이 그 자체로 존중받으며 인간답게 사는 데 필요한 기본적 권리, 즉 인권을 보장받으며 사는 것이다. 사람답게 살기 위해서는 일차적으로 먹고사는 문제가 해결되어야 하며, 그다음에 인간으로서 존중받으며 행복하게 사는 것이 중요하다. 자신의 생각을 자유롭게 표현하는 것, 원하는 직업을 갖는 것, 자유롭게 이동하는 것, 차별받지 않고 동등하게 대우받는 것, 정치에 동등하게 참여하는 것, 충분히 교육을 받는 것, 아픈 곳을 적절하게 치료받는 것, 쾌적한 환경에서 사는 것 등 기본적 인권이 보호되지 않으면 사람답게 살기 어렵다.

　이런 사실은 장기간 독재 정치로 기본적 인권이 침해되는 아랍 국가들에서 발생한 민주화 시위에서 잘 드러난다. 독재 정권이 장기간 지속되면서 경제 침체와 실업, 부정·부패, 인권 침해 등을 겪고 있던 북아프리카와 중동 국가들에서 2010년 12월 이후 반정부 시위가 연속적으로 발생했다. 튀니지의 반정부 시위가 성공하면서 재스민 혁명의 물결이 이집트, 알제리, 리비아, 예멘, 요르단 등 주변 아랍 국가들로 확산되었다. 이것을 •아랍의 봄 또는 재스민 혁명이라 부른다.

> ● 아랍의 봄
> 2010년 12월 이후 튀니지를 시작으로 아랍 국가들에서 독재 정권의 퇴진을 요구하는 반정부 시위가 연달아 발생했다. 이것을 아랍의 봄이라 하고, 튀니지의 국화인 재스민에 비유하여 '재스민 혁명'이라 부른다.

　튀니지에서는 2010년 12월, 경찰의 폭행에 항의하여 청년 무함마드 부아지지(M. Bouazizi)가 분신을 시도하면서, 경찰의 폭력 진압에 대한 시위가 일어났다. 그 후 시위는 벤 알리(Ben Ali) 대통령의 장기 집권과 독재로 인한 부정·부패, 경제 침체, 높은 실업률과 물가 상승 등에 대한 불만이 폭발하면서 독재 정권에 대한 반대 시위로 발전했다. 반정부 시위가 확산되면서 군부는 중립을 선언했고 민심이 독재 정권에 등을 돌렸다. 결국 2011년 1월, 벤 알리 대통령이 사우디아라비아로 망명했다. 그에 따라 1987년부터 23년 동안 계속된 벤 알리의 장기 집권과 독재는 끝나고, 새로운 민주 정부가 형성되었다. 독재에 저항하며

표 1-2 아랍의 봄 진행 과정

국가	일시	민주화 시위 과정
튀니지	2010.12 2011.1 2011.12	• 벤 알리 독재(23년)에 반대하는 민주화 시위 발발 • 독재자 벤 알리 망명(재스민 혁명) • 새 대통령 민주적 선출
이집트	2011.1 2011.2 2012.6 2013.7	• 무바라크 독재(30년)에 반대하는 반정부 시위 발발 • 무바라크 대통령 망명 • 대통령 선거: 무르시 당선 • 국방장관 쿠데타: 대통령 축출
리비아	2011.2 2011.10 2012.7 2014.6 2014.11~	• 카다피 독재(41년)에 반대하는 반정부 시위 발발 • 카다피 대통령 피살 • 제헌의회 선거: 새 정부 출범 • 이슬람 세력의 반란으로 두 정부로 분단 • 두 정부 간 내전 지속
시리아	2011.3 2011.8 2014.6 2015.9 2017.4 2018.5	• 아사드 부자의 독재(50년)에 반대하는 반정부 시위 발발 • 반정부군과 내전 발생 • 이슬람국가(IS) 창설: 전쟁, 테러 지속 • 러시아의 군사 개입 • 미국의 시리아 공습 • 안전지대 설치 합의
예멘	2011.1 2011.11 2012.2 2015.1 2015.2~	• 독재자 살레(40년)에 반대하는 반정부 시위 발발 • 살레 대통령 퇴진 • 선거로 하디 정부 출범 • 후티 반군의 하디 대통령 축출 • 내전 지속

민주화 운동을 했던 몬세프 마르주키(M. Marzouki)가 2011년 12월 제헌
의회에서 대통령으로 선출되었다. 튀니지의 재스민 혁명은 이집트, 예
멘 등 주변의 아랍 국가들로 확산되어 독재 정치에 반대하는 시위를 일
으켰다.

이집트에서도 호스니 무바라크(H. Mubarak) 대통령의 장기 집권과 독
재에 대한 불만이 폭발해 2011년 1월 무바라크의 사퇴를 요구하는 반
정부 시위가 발생했다. 공군 대장 출신인 무바라크는 1975년 안와르 사
다트(A. Sadat) 행정부에서 부통령에 임명되었는데, 1981년 10월 사다트

대통령이 암살되면서 대통령직을 승계했다. 그 후 무바라크는 30년 동안 장기 집권하며 독재를 했다. 반정부 시위대는 대통령의 퇴진을 요구했지만 무바라크가 거부하면서 반정부 시위가 전국적으로 확산되었다. 결국 2011년 2월, 무바라크는 군부에게 권력을 이양하고 대통령에서 물러났다. 무바라크의 퇴진 이후, 군부가 권력을 잡다가 2012년 6월 선거에서 무슬림 형제단 소속의 무함마드 무르시(M. Morsi)가 대통령에 당선되었다. 하지만 무르시 대통령의 지지 세력과 반대 세력이 자주 충돌했고, 2013년 2월에는 반정부 시위가 전국에서 발생했다. 이런 정치적 혼란을 틈타 7월 압둘 팟타흐 시시(A. F. al-Sisi) 국방장관이 쿠데타를 일으켜 무르시 대통령을 쫓아냈고, 2014년 6월 대통령에 취임했다.[1]

우리나라의 경우에도 이명박, 박근혜 정부가 국가 권력을 사유화하고 민주주의를 후퇴시키면서, 정권에 대한 비판, 평화적인 집회와 시위, 노동자의 노조 활동 등 시민의 기본적 자유와 권리가 탄압받았다.

2008년 2월 이명박 정부가 출범한 이후, 세계 경제 위기 상황과 관련해 인터넷 경제 논객이던 박대성(필명 '미네르바')은 7월에 온라인 포털 다음(DAUM) '아고라'의 경제 토론방에 미국의 서브프라임 모기지 사태

---

[1] 아랍의 봄 이후 독재 정권을 무너뜨리고 민주주의를 실시하는 데 성공한 나라는 튀니지밖에 없고, 대부분의 아랍 국가들은 민주 정부의 수립에 실패했다. 이집트는 다시 군부 독재로 돌아갔고, 시리아는 내전이 계속되고 있으며, 이라크도 이슬람 종파 간의 갈등과 극단주의자들의 테러가 발생하고 있다. 대부분의 북아프리카와 중동 국가들에서 민중의 시위가 성공하지 못하면서 아랍의 봄이 지나고 오히려 쿠데타와 독재, 내전, 테러 등이 발생하며 상황은 더 안 좋아졌다. 이 현상을 '아랍의 겨울'이라고 부른다. 중동 국가들의 재스민 혁명이 대부분 실패한 이유는 사우디아라비아가 개입했기 때문이다. 최근 BBC 등의 취재에 따르면, 중동 이슬람 국가들에 서양의 민주 정치가 도입되는 것을 막기 위해 사우디아라비아가 이슬람 정권이나 이슬람 반군 및 테러 집단을 지원한 것으로 드러났다. 또한 아랍의 봄 이후 위협을 느낀 사우드 왕가는 인터넷과 SNS를 비밀리에 사찰하고 통제했다(KBS, 2018.11.24; 2018.12.8).

가 한국에도 영향을 미칠 것이고, 환율이 1200원 이상으로 인상되는 등 경제 위기가 올 것이라고 예견하는 글을 여러 차례 올렸다. 그러자 이명박 정권은 2009년 1월 10일, 박대성을 긴급 체포해 구속했다. 하지만 4월 20일 서울중앙지방법원은 박대성에 대해 무죄를 선고했다. 그리고 2008년 5월부터 12월까지 미국산 쇠고기 수입 반대 촛불집회가 계속되었는데, 이에 이명박 정권은 촛불집회 참가자 1500여 명을 연행하고 그중 34명을 구속했다. 그러나 2009년 9월 24일 헌법재판소는 야간에 옥외 집회를 금지하는 '집회 및 시위에 관한 법률' 조항에 대해 위헌 결정을 내렸고, 집회와 시위의 자유를 보장하도록 관련 법률을 개정하라고 권고했다.

2009년 5월 22일부터 8월 6일까지는 쌍용차 노조가 회사의 구조 조정에 반대하며 평택 공장을 점거하고 농성을 벌이는 일이 있었다. 2009년 8월 4일 경찰은 헬기와 경찰특공대를 동원해 강제 진압을 시작했는데, 헬기에서 최루액을 섞은 물 20만 리터를 뿌리고, 경찰특공대가 노동자들을 폭행했다. 경찰의 강제 진압으로 사망자 7명, 부상자 290명이 발생했고 625명이 연행되었는데 그중 64명이 구속되었다. 2018년 경찰청의 진상 조사 결과에 따르면, 당시 경찰의 강제 진압은 청와대 고용노동비서관이 경기도 경찰청장에게 승인한 것으로 드러났다(뉴시스, 2009.8.13).

박근혜 정부는 국가 기관을 동원해 더 조직적으로 시민들의 자유와 권리를 불법으로 탄압했다. 청와대와 문화체육관광부가 주도하여, 대선에서 야당 후보인 문재인이나 박원순을 지지했거나 세월호 침몰 사고와 관련해 시국 선언을 한 문화예술인 9500여 명의 블랙리스트를 작성해 정부의 지원을 끊거나 불이익을 주었다. 또한 박근혜 정권은 법원

행정처를 통해 정부에 비판적이거나 세월호 사건을 비판한 판사 16명에 대해 징계하거나 인사에 불이익을 주도록 개입한 사실도 드러났다(뉴시스, 2018.1.23; 〈MBC 뉴스투데이〉, 2018.11.24; 〈KBS 뉴스〉, 2018.11.26).

2014년 4월 16일 세월호 참사 이후 4~7월 사이에 전국에서 몇십만 명이 참여한 추모 집회가 2736회 열렸다. 경찰은 집회 참가자 중 356명을 연행했는데, 그중 347명(98.0%)을 구속 또는 형사 입건했다. 연행자 중에는 10대 청소년 33명과 20대 134명이 포함되어 있었다(≪전라일보≫, 2014.7.21). 또한 세월호 참사의 진상 규명을 요구하는 여론이 높아지고 촛불집회가 계속되자, 박근혜 정권은 국군기무사령부(약칭 '기무사')를 통해 단원고 학생과 세월호 유가족의 사생활과 동향을 사찰하고 감시하기도 했다. 이때 세월호 유가족을 사찰한 혐의로 2018년 9월 28일 기무사 3처장이 구속되었다(연합뉴스, 2018.9.28).

이처럼 이명박, 박근혜 정부에서 대통령이나 고위 공직자들이 국가 기관과 권력을 이용해 개인의 자유와 권리를 조직적으로 탄압하는 사례가 많았다. 그러나 2017년 촛불혁명 이후 민주주의가 정착되어 가면서 언론과 표현의 자유, 집회와 시위의 자유, 사회적 약자의 생존권 등 기본적 인권이 더 충실하게 보장되고 있다. 예를 들면, 집회·시위 건수는 2013~2017년까지는 4만 3000~4만 8000건 정도로 비슷했는데, 2018년에 6만 8000여 건으로 전년 대비 1.5배 증가했다. 반면에 집회·시위와 관련해 사법 처리된 사람은 2013년 3804명, 2016년 4391명에서 2017년 1828명으로 그리고 불구속 처분된 사람도 2014년 3261명, 2016년 3396명에서 2017년 1423명으로 절반 이하로 줄었다. 또한 불법·폭력 시위는 2008년 89건, 2012년 51건, 2015년 30건에서 2017년 12건으로 크게 감소했다(경찰청, 2018.1.30; 2019.1.21).

그림 1-2 집회·시위 건수

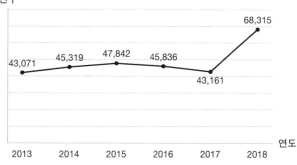

건수

68,315
43,071   45,319   47,842   45,836
                                        43,161

2013   2014   2015   2016   2017   2018   연도

자료: 경찰청(2019.1.21).

그림 1-3 집회·시위 사법 처리자

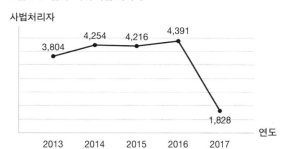

사법처리자

4,254   4,216   4,391
3,804
                                        1,828

2013   2014   2015   2016   2017   연도

자료: 경찰청(2018.1.30).

그리고 우리나라의 노동자들은 장시간 노동으로 인해 과로와 스트레스에 시달리고 행복지수도 떨어지며, 가족과의 삶이나 휴식을 가질 여유가 없었다. 경제협력개발기구[OECD] 자료에 따르면, 2017년 우리나라 노동자 1인당 연간 평균 노동 시간은 2024시간으로, OECD 국가 중에서 멕시코의 2258시간 다음으로 많았다. 우리나라 노동자들은 연간 가장 적게 일하는 독일의 1356시간보다는 668시간(84일), OECD 국

가의 평균 1746시간보다도 278시간(35일) 더 많이 일하는 것으로 나타났다.

하지만 민주주의가 발전하고 기본적 인권에 대한 의식이 향상되면서, 이런 장시간 노동으로 인한 과로와 스트레스, 사고와 산업 재해 등의 문제를 해결하고 노동자의 인간다운 삶을 보장하기 위해 2018년 3월 '근로기준법'이 개정되었다. 그에 따라 1주당 근로 시간은 '52시간'(1일 8시간 × 5일 + 1주 연장 근로 12시간) 이내로 제한되었다. **주 52시간 근무제**는 300인 이상 사업장과 공공기관에서 2018년 7월 1일부터 시행되었고, 50~299인 사업장은 2020년 1월 1일부터, 5~49인 사업장은 2021년 7월 1일부터 적용된다.[2]

3. 민주주의가 나와 무슨 관계가 있을까?

그래도 여전히 민주주의는 대통령, 국회의원 같은 정치인들과 관련될 뿐이고, 평범한 나와는 별로 관계가 없다고 생각할 수 있다. 그러면 민주주의는 정말 나와 관계가 없을까?

태양은 동식물뿐만 아니라 인간의 삶 모두에 커다란 영향을 미친다. 식물을 자라게 하고, 농작물의 열매가 익도록 도와주며, 또한 체온 조절과 비타민 D의 합성을 통해 동물과 인간이 건강하게 살게 해준다. 이

---

2   2018년 3월 20일 개정된 근로기준법은 "1주는 휴일을 포함한 7일이다"라고 명확하게 규정했다. 그에 따라 법 제50조는 1일 근로 시간을 8시간으로, 1주의 근로 시간을 40시간으로 정하고, 법 제53조는 휴일 및 연장 근로 시간을 1주에 12시간 한도로 정했기 때문에, 1주당 근로 시간은 최대 52시간으로 제한되었다.

처럼 태양은 동식물 및 인간의 생존에 필수적이다. 하지만 우리는 평소에 태양의 존재를 인식하지 못한 채, 매일 아침 뜨는 태양과 햇살이 주는 혜택과 가치를 당연하게 여기며 살아간다. 그러다가 여름 장마 기간에 며칠간 계속 비가 내리고 해가 뜨지 않아서 빨래가 마르지 않고 집안에 곰팡이가 생기는 등 생활에 불편을 겪으면, 그때 비로소 태양의 소중함을 느낀다. 태양은 남녀노소, 부자와 가난한 자, 높은 자와 낮은 자 등을 차별하지 않고 모든 사람들에게 똑같이 햇볕을 비추어준다.

마찬가지로 민주주의는 우리가 모두 자유와 평등을 누리며 사람답게 살 수 있는 사회적·정치적 환경과 제도를 마련해 준다. 민주주의는 모든 사람들이 자유롭고 평등하게 살 수 있도록 기본적 인권을 보장해 준다. 태양이 매일 뜨고 모든 사람들에게 똑같이 비추어주기 때문에 그 소중함을 모르는 것처럼, 민주주의가 우리의 일상생활에 많은 혜택을 주기 때문에 민주주의와 나의 삶이 별로 관계가 없다고 생각하는 사람들이 많다.

하지만 민주주의 사회에서 우리는 많은 혜택과 이익을 누리며 살고 있다. 민주주의가 완전한 정치 체제는 아니지만, 오늘날 전 세계 대부분의 국가들이 채택하고 있다. 그 이유는 왕이 혼자 통치하는 군주 정치나 소수 귀족 또는 부자 계급이 지배하는 귀족 정치와 비교할 때, 민주 정치는 국민 소득과 삶의 질을 향상시킬 뿐만 아니라 독재 방지, 개인의 자유와 평등 실현, 인권의 보장 등 여러 가지 이점을 제공하기 때문이다.

우리나라도 민주주의가 정착되어 가면서 헌법에 규정된 기본적 인권을 보장하기 위한 법률과 제도가 실질적으로 마련되고 있다. 또한 최근에는 학교 내 체벌과 따돌림 금지, 사생활 존중, 표현의 자유 등 학생의 기본적 권리를 보호하기 위해 '학생인권조례'가 여러 시·도에서 만들어졌다. 학생인권조례는 경기도(2010), 광주광역시(2011), 서울특별시(2012), 전라북도(2013) 4개 시·도에서 시행하고 있으며, 그 외 지역에서도 학생인권조례를 제정하기 위해 준비하고 있다.

다른 정치 체제와 비교할 때, 민주 정치는 우리의 일상적인 삶과 매우 밀접하게 연관되어 있으며 우리에게 다음과 같은 혜택과 이점을 제공한다.

- 역사가 보여주듯이, 민주주의는 다른 정치 체제보다 사람답게 살 수 있는 기본적 권리를 보장한다.
- 민주주의는 표현의 자유, 재산권, 경제 활동 등 개인의 자유를 광범위하게 보장한다.
- 민주주의는 성별, 신분, 인종 등에 따라 차별받지 않고 평등하게 대우받을 기회와 조건을 제공한다.
- 민주주의는 일정 연령 이상의 사람들에게 평등한 선거권 및 정치 참여의 기회를 보장한다.
- 공산주의 국가의 몰락이 보여주듯이, 민주주의는 경제를 발전시킴으로써 삶의 질을 높이고 더 풍요로운 삶을 살도록 해준다.
- 민주 정부는 최소한의 인간다운 삶을 살 수 있도록 지원해 준다.
- 민주주의는 통치자를 주기적으로 교체함으로써 독재를 막을 수 있다.
- 민주주의 국가들은 서로 침략하지 않고 정치적·경제적·문화적으로 상호 교류하고 협력한다.

이처럼 민주주의는 경제적으로 잘살게 해줄 뿐만 아니라 사람답게 살 수 있도록 해주고, 오늘날 우리의 일상생활과도 매우 밀접하게 연관되어 있다. 사람들이 기본적인 자유와 평등을 누리며 사람답게 살기 위해서는 민주주의를 발전시켜야 한다. 모든 시민이 민주주의에 대해 제대로 이해하고 주권자로서 민주 정치에 능동적으로 참여하는 **민주 시민**이 되어야 한다.

민주주의의 의미와 분류 기준

2016년 10월부터 5개월 동안 촛불집회를 겪으면서 '민주주의(民主主義)'는 모두에게 너무 익숙한 것이 되었다. 우리는 민주주의 국가에서 태어나 살고 있으며, 방송과 신문, 인터넷과 소셜 미디어를 통해 매일 접하고 있다. 그런데 민주주의가 무엇인지 물어보면 제대로 대답하지 못하는 사람들이 많다. 그러면 민주주의란 무엇이고, 다른 정치 체제와 어떻게 다를까?

1. 민주주의란 무엇일까?

민주주의 또는 민주 정치(demokratia)의 어원을 살펴보면, 그리스어 민중(demos)과 권력, 지배(kratos)가 결합된 말로서 일반 민중이 국가 권력을 갖고 지배하는 정치 체제를 의미한다. 고대 그리스의 정치가이자 군인인 페리클레스(Perikles)는 고대 아테네의 정치에 대해 말하며 국가의 최고 권력이 소수의 사람이 아니라 '민중 전체'에게 있는 정치 체제를 민주주의라고 불렀다.

고대 아테네 이후 민주주의는 국가의 권력을 특정한 사람, 계급이 아니라 사회 구성원 전체에게 부여하는 정치 체제를 가리켰다(Bryce, 1921: 29). 정치 체제로서 민주주의는 왕, 귀족, 부자 등의 지배에 반대되는 것으로 **민중에 의한 지배**(government by the people)를 의미하고, 또한 왕, 황제, 독재자 등 한 사람의 지배에 반대되는 것으로 **다수에 의한 지배**(government by the many)를 의미했다(Becker, 1941: 6~7). 왕 한 사람이 국가 권력을 갖고 통치하는 군주 정치, 소수 귀족 계급이 국가 권력을 갖고 지배하는 귀족 정치와 구별하여, 민주 정치는 다수의 민중들이 국가 권력을 가지고 지배하는 정치 체제를 가리킨다. 국가의 중요한 정책을 결정하고, 고위 공직자를 선출하며, 법률을 만들거나 예산을 정하는 국가 권력이 왕, 귀족이 아니라 '일반 민중'에게 있는 정치 체제가 바로 민주주의다.

민주주의의 의미와 특성은 고대 아테네의 페리클레스의 연설(B.C. 430) 그리고 미국 에이브러햄 링컨(A. Lincoln) 대통령의 연설(1863)에서 잘 드러난다.

페리클레스의 연설

…… 우리 정치 체제가 민주주의로 불리는 이유는 권력이 소수 사람이 아닌 모든 시민의 손에 있기 때문이다. …… 어떤 사람에게 공직을 맡길 때 특정한 신분이 아니라 그가 가진 재능을 고려한다. 누구든지 국가에 봉사할 능력이 있으면 가난 때문에 정치적으로 기회를 얻지 못하는 일은 없을 것이다. …… 우리는 스스로 우리의 정책을 결정하거나 토론에 회부한다. ……

— 투키디데스, 『펠로폰네소스 전쟁사』, 2권 37~40장 [2019: 168~171][3]

> ## 링컨의 게티즈버그 연설(1863)
>
> 우리의 조상은 이 대륙에서 자유 속에 잉태되고, 모든 사람은 평등하게 창조되었다는 명제하에 새로운 나라를 세웠습니다. …… 신(God)의 가호 아래 이 나라는 자유의 새로운 탄생을 보게 될 것이며, 국민의, 국민에 의한, 국민을 위한 정부(지배 체제)는 지상에서 절대 사라지지 않을 것입니다.

한마디로 민주주의는 왕 또는 소수의 귀족, 부자 계급이 아니라 **다수의 시민에 의한 지배 체제**다. 이러한 정치 체제로서 민주주의의 의미와 원리는 특히 1863년 링컨 대통령이 게티즈버그 연설에서 밝힌 문장에서 잘 표현되었다. 링컨의 연설대로, 민주주의는 '국민의, 국민에 의한, 국민을 위한 지배 체제(government of the people, by the people, for the people)'를 의미한다. 이 표현에 민주주의의 세 가지 원리가 잘 표현되었다. **국민의 지배**는 왕이나 귀족이 아니라 일반 국민이 •주권을 가지며, 정당한 국가 권력과 지배는 국민의 주권으로부터 나온다는 것이다. 이것이 '국민 주권의 원리'다(헌법 제1조 제2항). **국민에 의한 지배**는 주권을 가진 국민이 법률안, 예산안 등 국가의 중요한 일을 스스로 결정하는 방식으로 직접 지배하거나(직접 민주주의), 선거로 뽑은 대표자에게 지배를 맡기는 방식으로 간접 지배하는 것(대의 민주주의)이다. 즉, 국가 권력은 국민이 직접 행사하거나 대표자를 통해 간접적으로 행사되고, 또는 두 가지 방식을 혼합해 이루어질 수도

> •주권(主權)
> 한 국가의 의사를 결정할 수 있는 최고의 권력을 의미한다. 주권은 주어진 영토 안에서 다른 나라 또는 다른 사람들의 간섭 없이 지배할 수 있는 우월한 권력을 의미한다.

---

3   본문에서 고전의 인용 표시는 독자의 내용 이해를 돕고자 '원저자, 원저명, (세부 정보), [참고한 국내 번역서의 출판 연도: 해당 쪽)'의 형태로 싣는다.

있다. **국민을 위한 지배**는 국가 권력이 국민 전체의 이익(공공선)과 정의를 위해 행사되어야 한다는 것이다. 국가 권력과 정부의 목적은 공공선과 정의를 실현하는 것이다.

요약하면, 민주주의는 시대와 사회에 따라 다양하게 이해되었지만, 정치 체제로서 민주주의는 다음과 같은 공통된 특성을 지니고 있다.

- 왕, 귀족, 부자 계급이 아니라 일반 시민이 주권을 갖고 지배하는 정치 체제.
- 소수가 아니라 다수 또는 전체 시민이 지배하는 체제.
- 통치자의 임기와 연임을 제한함으로써 독재와 권력 남용을 방지하는 체제.
- 국가 권력의 목적이 개인의 기본적 권리 보장, 사회의 공공선과 정의의 실현을 목적으로 하는 체제.

2. 민주주의와 다른 정치 체제는 어떻게 다를까?

무엇을 기준으로 분류하는지에 따라서 정치 체제 또는 정치 형태 (polity)는 군주정, 귀족정, 민주정, 공화정, 혼합정 등으로 매우 다양하게 구분될 수 있다. 학자들마다 정치 체제를 다양하게 분류했지만, 아리스토텔레스는 '지배자의 수와 지배의 목적'을 기준으로, 루소는 '지배자의 수'를 기준으로, 몽테스키외는 '주권의 소유자와 통치의 근거'를 기준으로 정치 체제를 명료하게 분류했다.

아리스토텔레스(Aristoteles)는 "누가 국가 권력을 갖는지(누가 지배하는

지)", "지배의 목적이 무엇인지"를 기준으로 정치 체제를 군주정(basileia), 귀족정(aristokratia), 민주정(politeia)으로 구분했다.[4]

누가 국가 권력을 소유하고 지배하는지에 따라 정치 체제(政體)가 달라지는데, 군주정, 귀족정, 민주정은 모두 국가 권력을 행사하는 목적, 즉 지배의 목적이 공공의 이익(공공선)을 실현하는 것이라는 점에서 공통적이다. 그래서 세 가지 정치 체제는 '올바른' 정치 체제로 분류된다.

> 정부는 국가의 최고 권력 기구이다. 한 사람, 소수, 다수가 공공의 이익(공공선)을 위해 통치하는 정부는 올바른 정부이다. 그러나 사적 이익을 위해 통치하는 정부는 잘못된 정부이다. …… 한 사람이 공공의 이익을 위해 통치하는 정부는 '군주정'이라 부르고, 소수가 공공의 이익을 위해 통치하는 정부를 '귀족정'이라 부른다. …… 다수가 공공의 이익을 위하여 통치하는 정부를 '민주정'이라 부른다.
> — 아리스토텔레스, 『정치학』, 3권 7장 [2010: 151~152]

군주정(君主政) 또는 왕정(王政)은 '왕 한 사람'이 국가 권력을 가지고 공공의 이익(공익)을 위해 지배하는 정치 체제다. 귀족정(貴族政)은 '소수 계급'(귀족 또는 부자)이 국가 권력을 가지고 공공의 이익을 위해 지배

---

4   아리스토텔레스가 분류한 'politeia'는 **혼합정**(mixed government)으로 번역되기도 한다. 아테네에서는 다수의 시민이 참여한 민회가 법률과 예산을 정했다. 하지만 500인회가 법률안과 예산안을 제출하고, 501~1001명의 배심원단이 재판을 담당하며, 9명의 행정관(archon)과 10명의 장군이 법과 예산을 집행하는 정치 체제였다. 이런 측면에서 어떤 학자들은 아테네의 정치 체제를 소수 지배 체제와 다수 지배 체제가 결합된 혼합 정체로 해석했다. 그러나 본질적으로 법률, 예산 등 국가의 의사를 결정하는 주권은 '시민 전체'에 있었고, 모든 시민이 '정치적 평등'의 원칙에 의거해 동등하게 지배에 참여하는 정치 체제라는 점에서(아리스토텔레스, 『정치학』, 3권 6~8장 [2010: 148~154], 4권 2장 [2010: 200~202]), 저자는 이 책에서 아리스토텔레스가 제시한 'politeia'를 '민주정'으로 번역했다.

하는 정치 체제다. 반면에 **민주정**(民主政)은 '다수의 민중' 또는 '시민 전체'가 국가 권력을 가지고 시민 전체의 이익 또는 공공선을 위해 지배하는 정치 체제다. 한마디로 왕 1인이나 소수 계급이 아니라 다수의 민중(시민)이 지배하는 정치 체제가 민주정이다. 왕이나 소수 계급이 아니라 다수의 중산 계층이 국가 권력을 가지고 지배를 하면, 특정한 계급이나 집단이 아니라 시민 전체를 위해 지배하게 된다. 중산 계층은 갈등과 대립이 가장 적으며 공공선을 추구할 수 있기 때문에, 아리스토텔레스는 여러 정치 체제 중에서 중산 계층으로 구성된 정체가 가장 좋은 정치 형태라고 보았다.

국가가 존재하는 목적은 시민들이 행복한 삶을 살도록 도와주고 공공선을 실현하는 것이다. 시민의 행복한 삶 또는 공공선을 위해 누가 국가 권력을 갖고 지배해야 하는지는 매우 중요한 문제다. 그래서 아리스토텔레스는 올바르게 제정된 법이 최고의 권력을 가져야 하고, 법이 지배하는 것이 가장 좋다고 보았다. 종합해 보면, 모든 시민의 행복한 삶 또는 공공선을 실현하기 위해서 중산 계층에 의한 법의 지배 체제가 가장 좋은 정치 체제다(아리스토텔레스, 『정치학』, 3권 9~10장 [2010: 158~161], 4권 11장 [2010: 229~234]).

아리스토텔레스가 '다수의 중산 계층에 의한 법의 지배 체제'를 최선의 정체로 간주한 이유는 토론을 통한 집단의 합리적 결정(판단)이 이루어질 수 있기 때문이었다(아리스토텔레스, 『정치학』, 3권 11장 [2010: 162~166]). 한 사람 또는 소수의 판단은 완전히 이성적이지 않을 수 있다. 하지만 다수 사람들의 생각과 판단이 토론을 통해 걸러지고 다듬어지면, 훨씬 더 합리적이고 현명한 생각과 판단에 도달할 수 있다. 집단 지성이라는 용어를 사용하지는 않았지만, 약 2400년 전에 이미 아리스토텔레스는

그림 2-1 아리스토텔레스의 정치 체제 분류

분류 기준	올바른 정치 체제		왜곡된 정치 체제	
누가 국가 권력을 갖는가? (지배자의 수) 국가의 목적은 무엇인가? (지배의 목적)	군주정	왕 1인이 권력을 갖고 '공동의 이익'을 위해 지배하는 정치 체제 (1인 지배 체제)	참주정	'독재자 1인'이 '자신의 이익'을 위해 통치하는 정치 체제
	귀족정	소수 귀족이 권력을 갖고 '공동의 이익'을 위해 지배하는 정치 체제 (소수 지배 체제)	과두정	'소수 부자'가 권력을 갖고 '부자의 이익'을 위해 통치하는 정치 체제
	민주정	다수 민중 또는 시민 전체가 권력을 갖고 '공동의 이익'을 위해 지배하는 정치 체제 (다수 지배 체제)	중우정	'다수 빈민'이 권력을 갖고 '빈민의 이익'을 위해 통치하는 정치 체제

소수의 생각과 판단보다는 토론을 통해 다수 사람들이 합리적 결정에 도달하는 **집단 지성**의 가능성을 믿었다.

그런데 실제 현실에서는 이성적 능력과 덕성을 갖추지 못한 사람이 국가 권력을 갖고 지배하는 경우가 있다. 군주, 귀족과 부자, 빈민은 이기적이거나 독선적이기 때문에, 그들은 구성원 모두의 이익 또는 공공선을 위해서가 아니라 특정한 사람이나 집단의 이익을 위해 지배하는 경우가 종종 발생한다. 군주정에서 독선적인 왕이 자신의 이익을 위해 통치하는 경우 참주정(僭主政)으로 타락한다. 귀족정에서 국가 권력을 가진 자들이 소수의 귀족 또는 부자 계급의 이익을 위해 통치하는 경우 과두정(寡頭政)으로 왜곡된다. 민주정에서 다수의 가난한 사람이 국가 권력을 갖고 빈민 계층의 이익만을 위해 통치하는 경우 중우정(衆愚政)으로 변질된다. 가난하고 교육받지 못한 빈민 계층이 국가 권력을 갖고 지배를 하면, 시민 전체나 공공선이 아니라 빈민 계층만의 이익을 위해 국가 권력을 행사하는 중우정이 될 것이라고 아리스토텔레스는 걱정했다.

아리스토텔레스와 유사하게, 장 자크 루소(J.J. Rousseau)도 정부(지배 체제)를 구성하는 사람의 수, 즉 '지배자의 수'를 기준으로 정치 형태를 군주정, 귀족정, 민주정으로 분류했다(루소, 『사회계약론』, 3권 3장 [2018: 81~83]).

> 앞 장에서 정부(government)의 종류와 형태가 '정부(지배 체제)'를 구성하는 사람의 수'에 따라 구별되는 이유를 살펴보았다. …… 주권자가 정부(지배)를 '국민 전체' 또는 '다수의 국민'에게 위임하여 개인으로서 시민보다는 행정관으로서 시민이 더 많게 할 수 있다. 이러한 정치 형태를 '민주정'이라고 한다. 또는 행정관보다 일반 시민이 더 많도록 정부를 소수의 손에 제한할 수 있는데, 이런 정치 형태를 '귀족정'이라고 부른다. 정부 전체를 한 사람의 손에 집중시키고 그로부터 사람들이 권력을 얻게 할 수 있다. 이런 정치 형태를 '군주정' 또는 '왕정'이라 부른다.
>
> — 루소, 『사회계약론』, 3권 3장 [2018: 81~82]

루소에 따르면, 정부 또는 지배를 한 사람에게 집중시키고, 다른 모든 사람들은 그 한 사람으로부터 권력을 얻게 하는 정치 형태가 군주정 또는 왕정이다. 정부를 소수의 사람들에게 위탁함으로써 정부를 구성하는 사람보다 일반 시민이 더 많은 정치 형태는 귀족정이다. 반면에 정부를 다수 또는 전체 시민에게 위임함으로써 정부를 구성하는 사람의 수가 그렇지 않은 일반 시민의 수보다 더 많은 정치 형태가 바로 '민주정'이다. 이런 민주정은 고대 아테네처럼 사람들이 함께 토론할 수 있는, 규모가 작고 사람들의 지위와 재산이 평등한 국가에서 가능하다고 보았다.

한편 샤를 몽테스키외(C.L.S. Montesquieu)는 "누가 주권을 갖는지(주

그림 2-2 루소의 정치 형태 분류

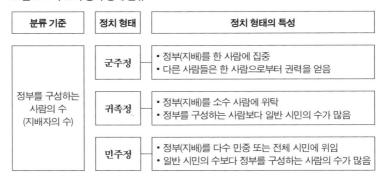

분류 기준	정치 형태	정치 형태의 특성
정부를 구성하는 사람의 수 (지배자의 수)	군주정	• 정부(지배)를 한 사람에 집중 • 다른 사람들은 한 사람으로부터 권력을 얻음
	귀족정	• 정부(지배)를 소수 사람에 위탁 • 정부를 구성하는 사람보다 일반 시민의 수가 많음
	민주정	• 정부(지배)를 다수 민중 또는 전체 시민에 위임 • 일반 시민의 수보다 정부를 구성하는 사람의 수가 많음

권의 소유자)"와 "지배가 무엇에 근거해 어떤 방식으로 이루어지는지(지배의 근거와 방식)"를 기준으로 정치 체제를 분류했다(몽테스키외, 『법의 정신』, 2편 1~6장 [2017: 29~43], 3편 1~11장 [2017: 44~52]). 몽테스키외는 귀족정과 민주정을 공화정으로 묶어서, 정치 체제를 공화정, 군주정, 전제정 세 가지로 분류했다.

> 정치 체제에는 공화정, 군주정, 전제정 세 가지가 있다. …… 공화정은 국민 전체 또는 국민의 일부가 주권을 가진 정치 체제(정체)이다. 군주정은 한 사람이 법에 의거해 지배하는 정체이다. 전제정은 통치자가 법이나 규칙 없이 자신의 의지나 뜻에 따라 모든 것을 끌고 가는 정체이다. …… 공화정에서 국민 전체가 주권을 가지면 민주정이고, 주권이 국민의 일부 손에 있으면 '귀족정'이라 부른다. 민주정에서 국민은 어떤 면에서는 군주(지배자)이고, 다른 면에서는 신하(피지배자)이다. 국민은 주권자의 의사 표시인 투표를 통해서만 지배자가 될 수 있다. 따라서 투표권을 정하는 법이 민주정에서 매우 중요하다.
>
> — 몽테스키외, 『법의 정신』, 2편 1~2장 [2017: 29~30]

몽테스키외에 따르면, **공화정**(共和政; republic)은 소수 또는 다수의 사람들이 주권을 가지고 지배하는 정치 체제다. 공화정에서 소수의 귀족 계급이 주권을 가지고 법에 따라 지배하면 귀족정이 되고, 다수의 시민들이 주권을 가지고 법에 따라 지배하면 민주정이 된다. 주권을 가진 사람들이 법을 만들고 그 '법에 의해 지배한다'는 점에서 귀족정과 민주정은 같지만, 주권을 소유한 주체와 범위가 서로 다르다.

공화정에서 귀족정은 소수의 귀족 계급이 주권을 갖고 법을 제정하며 집행하기 때문에, 소수의 귀족들은 다수의 사람들을 신분제에 종속시키고 귀족의 지배를 받는 백성으로 여긴다. 그런데 귀족의 숫자가 많아지면서, 귀족 계급을 대표해 법을 제정하고 국가의 정무를 담당할 공직자를 선출하는 원로원이 생겼다. 또한 공직자의 권력 남용이나 독재를 막기 위해 보통 공직자의 임기를 1년으로 정했다. 귀족정에서는 소수의 귀족 계급이 주권을 행사하기 때문에, 귀족은 몇 가지 덕성을 갖출 필요가 있다. 귀족과 일반 평민의 조화를 추구하고 주권 행사에서 적절한 한도를 지킬 수 있는 절도(節度)가 귀족에게 요구되는 덕성이다. 그래서 '귀족의 절도'가 귀족정의 원리다.

인구수가 증가하고 영토가 확대되면서 **민주정**에서 일반 시민들은 선거를 통해 자신을 대표할 의원과 통치자를 선출하는 방식으로 주권을 행사한다. 그래서 민주정에서는 무엇보다 선거권의 부여와 선거 방식을 정하는 법률을 만드는 것이 중요하다. 그다음에 대표자의 선출 방법과 탄핵 방식을 정하는 법률도 필요하다. 세 번째로 주권자인 시민만이 법률을 만들 수 있다는 것이 민주정의 가장 중요한 법이다. 다시 말하면 민주정에서 기본적인 법은 시민의 선거권 부여, 대표자의 선출과 탄핵 방식, 시민의 법률 제정권(입법권)을 규정하는 것이다. 민주정이 공

그림 2-3 몬테스키외의 정치 형태 분류

분류 기준	정치 체제의 구조			정치의 원리
누가 주권을 갖는가? (주권의 소유자)	공화정	귀족정	소수 귀족이 주권을 갖고 '법에 근거해' 지배하는 정치 체제	귀족의 절도
		민주정	다수의 일반 사람들이 주권을 갖고 '법에 근거해' 지배하는 정치 체제	시민의 덕성
통치가 무엇에 근거해 어떤 방식으로 이루어지는가? (통치의 근거와 방식)	군주정		왕이 주권을 갖고 법에 근거해 통치하는 정치 체제	왕의 명예심
	전제정		한 사람이 주권을 갖지만, 통치자가 자신의 의사나 감정에 따라 자의적으로 지배하는 정치 체제	국민의 공포심, 두려움 조성

공의 이익을 위해 성공적으로 작동하기 위해서는 주권을 행사하는 시민과 정치가가 여러 가지 '덕성'을 갖추는 것이 필요하다. 그래서 지혜, 용기, 관용, 정의 같은 여러 가지 '시민의 덕성'이 민주정의 원리다.

군주정은 왕 한 사람이 주권을 가지고 법에 근거해 지배하는 정치 체제다. 하지만 왕이 국가 권력을 갖는 근거는 법률이 아니라 신(God)이다. 신이 왕에게 국가의 지배 권력을 부여했기 때문에, 왕이 권력을 갖고 통치해야 한다고 믿었다(왕권신수설).[5] 법률은 왕의 권력이 일반 백성들에게 전달되는 중간 통로와 같다. 왕 한 사람이 법에 따라 통치해야

---

5 왕을 중심으로 국민 국가가 형성되면서, 영주나 교황보다 왕의 권력을 강화하기 위해 왕권신수설(王權神授說; Theory of Divine Right of Kings)과 군주 주권설(君主主權說)이 제시되었다. 왕의 권력은 하나님이 부여했다는 주장이 왕권신수설이다. 왕권신수설은 "사람은 누구나 위에 있는 권세(the higher powers)에 복종해야 합니다. 모든 권세는 하나님께로부터 온 것이며, 이미 있는 권세들도 하나님께서 세워주신 것입니다"라는 『성경』(새번역), 로마서 13장 1절에 기초한 것이다. 이 주장에 의거해 주권이 왕에게 있다는 군주 주권설이 제시되었다. 기독교 국가에서 두 주장은 결합되어 군주정을 옹호하는 사상으로 활용되었다.

하기 때문에, 군주정에서는 왕과 백성을 상호 연결하는 중간 계급에 권력을 분산시키고, 또한 법을 잘 지키도록 감독하는 기관이 중요하다. 또한 왕이 혼자 통치하기 때문에, 왕이 명예심이라는 덕성을 갖추는 것이 필요하다. 왕의 명예심은 법의 힘과 결합하여 공공의 이익을 위해 통치가 이루어지도록 작동한다. 그래서 '왕의 명예심'이 군주정의 원리다.

반면에 전제정은 주권을 가진 통치자 한 명이 법률을 초월해 자신의 의사나 일시적 감정에 따라 자의적으로 지배하는 정치 체제다. 통치자가 명예심과 법률에 의거하지 않고 자신의 의지에 따라 자의적으로 지배하고, 국민들이 두려움과 공포심을 갖게 하여 통치자에게 복종하도록 만듦으로써 정권을 유지한다. 이런 점에서 국민들의 '두려움과 공포심'이 전제정의 통치 수단이다.

03

DEMOCRACY

민주 정치와 공화 정치의 차이

우리나라가 민주 공화국을 채택하고 있기 때문에, 민주 정치와 공화 정치를 같은 것으로 잘못 이해하는 사람들이 많다. 하지만 민주 정치와 공화 정치는 주권의 소유자와 지배 방식이 다른 정치 체제다. 그러면 구체적으로 민주 정치와 공화 정치는 어떻게 다를까?

1. 민주 정치에서는 누가 어떻게 지배할까?

"누가 지배하고 지배받는지"의 측면에서 보면, 군주 정치와 귀족 정치에서는 지배의 주체와 대상이 서로 다르고 분리되어 있다. 군주 정치에서는 왕 혼자 국가 권력을 갖고 지배하기 때문에 대다수의 백성은 지배의 대상일 뿐이다. 귀족 정치에서는 소수 귀족 계급이 국가 권력을 소유하고 지배하기 때문에, 다수의 평민들은 지배에서 배제되었다. 반면에 민주 정치에서는 다수의 민중 또는 시민 전체가 국가 권력을 갖고 법을 만들며 정책을 결정하는 지배의 주체이면서 동시에 그 법과 정책

그림 3-1 지배자와 피지배자의 관계

정치 체제	지배-피지배 관계	지배자의 교대
군주 정치	지배자(왕) ↓ 피지배자(백성)	지배자의 교대 불가능 (왕의 지위 = 세습)
귀족 정치	지배자(귀족 계급) ↓ 피지배자(평민)	지배자의 교대 불가능 (귀족의 지위 = 혈통)
민주 정치	지배자(시민) ↑↓ 피지배자(시민)	지배자와 피지배자의 '주기적 교대'

에 의해 지배를 받는 대상이 된다. 그래서 민주 정치에서는 지배하는 자와 지배받는 자가 같고, 지배자와 피지배자가 번갈아 가며 교대된다.

그런데 지배의 주체인 민중 또는 시민이란 누구이고, 어떤 방식으로 지배하는지에 따라 민주 정치가 실시되는 방식은 시대마다 다르게 나타났다. 고대 그리스 아테네에서 민주 정치가 처음 등장했다. 아테네는 초기에 군주 정치였다가 기원전 800년경 귀족 정치로 바뀌었다. 하지만 토지와 부(富)가 소수 귀족에 집중되었고, 일반 평민들은 빚 때문에 노예로 전락했다. 이러한 부의 편중과 사회적 혼란을 해결하기 위해 기원전 506년 클레이스테네스(Cleisthenes)가 정치 개혁을 시도하면서 민주 정치가 시작되었다.

고대 •아테네의 민주 정치는 정치적 공동체인 폴리스(polis)를 기반으로 형성되었다. 폴리스에는 평상시 시장으로 활용되는 광장(agora)이 있었는데, 이 광장에서 민회가 열렸다. 광장

> ● 아테네의 민주 정치
> 참정권은 성별과 재산을 기준으로 성인 남성에게만 부여되었고, 미성년자, 여성, 노예, 외국인 등은 민회에 참여할 수 없었다. 민회에 몰래 참여한 여성, 노예, 외국인 등은 엄벌에 처해졌다.

그림 3-2 아테네 민주 정치의 조직

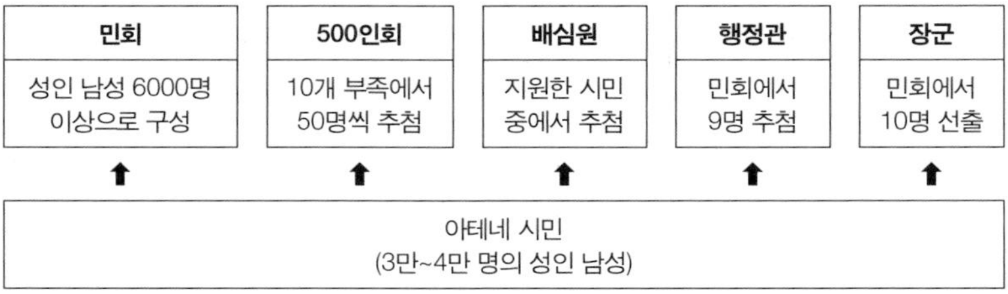

민회	500인회	배심원	행정관	장군
성인 남성 6000명 이상으로 구성	10개 부족에서 50명씩 추첨	지원한 시민 중에서 추첨	민회에서 9명 추첨	민회에서 10명 선출

아테네 시민
(3만~4만 명의 성인 남성)

에서 시민들의 민회가 열렸던 이유는 아테네의 시민 수가 보통 3만~4만 명 정도였기 때문이다(키토, 2008: 188~202). 기원전 5세기 중반 아테네는 20세 이상의 남성 시민이 4만 5000명 정도에, 노예가 12만 명 정도 거주하는 도시 국가로 발전했다. 그래서 아테네 시민들은 왕이나 귀족 계급의 지배를 받지 않고 '시민 전체'로 구성된 민회를 통해 스스로 지배하면서 지배받는 정치 체제를 만들 수 있었다.

아테네의 민주 정치는 크게 민회, 500인회, 배심원, 행정관, 장군으로 구성되었다. **민회**(Ekklesia)는 20세 이상 성인 남성들로 구성되었고, 여성, 노예, 외국인, 청소년은 참석할 자격이 없었다. 민회는 보통 6000명 이상이 참여하면 회의가 성립했다. 민회는 법률안을 의결하고, 매년 9명의 행정관을 추첨으로 뽑았으며, 10명의 장군을 투표로 선출했다. 모든 공직의 임기는 원칙적으로 1년이었고 **추첨**으로 뽑았기 때문에 한 사람이 같은 공직을 연속해서 맡는 경우는 거의 없었다. 그래서 특정한 사람에 의한 독재를 방지할 수 있었다. 하지만 장군은 특별한 재능과 기술이 필요했기 때문에 투표로 적임자를 선출하는 유일한 공직이었으며 재선과 연임(連任)이 가능했다.

또한 민회는 시민 법정의 배심원을 구성하여 형사 및 민사 사건의 재판을 담당했다. **배심원단**은 지원한 시민들 중에서 추첨으로 501~1001명을 뽑아 구성했다. 배심원단 중에 대표자가 의장을 맡아 재판을 진행했고, 재판에는 판사와 변호사 없이 당사자가 직접 변호했다. 기원전 399년에 열린 소크라테스의 재판에서 배심원단은 501명으로 구성되었는데, 배심원단의 투표 결과 340표 대 160표로 소크라테스에게 사형이 결정되었다. 이런 측면에서 아테네의 민주 정치는 입법권, 행정권, 사법권을 여러 기관이 나눠 공동 소유하고 지배했던 로마의 공화 정치와 달랐다.

아테네는 크게 시내, 해안, 산지 지역으로 분류하고, 각 지역을 하나씩 묶어서 10개 부족을 만들었다. 1년마다 10개 부족에서 각각 50명씩 무작위 추첨으로 뽑아서 평의원회를 구성했는데, 이것을 **500인회**(Boule)라고 불렀다(Thorley, 2004: 23~52). 500인회는 민회를 소집하고, 민회에 제출할 법률안을 만들고, 국가의 예산을 정하며, 참주의 추방 여부를 투표로 결정하고, 행정의 통제권을 지녔다. 그리고 10개 부족에서 뽑은 '50인 위원회'가 1년을 10분의 1씩(36일) 나누어 행정부를 돌아가며 맡았다.[6]

10개 부족의 편성과 500인회의 구성은 기존에 정치권력을 독점하던 귀족 계급의 힘을 약화시켰다. 또한 지배 권력을 행사하는 행정부가 1년에 36일마다 10번씩 바뀌므로 특정한 사람이 독재를 할 수가 없었다.

---

[6] 공직을 매월 교대로 수행하는 제도는 아테네 이전에 이미 고대 이스라엘에서도 행해졌다. 기원전 10세기경 다윗 왕 시대에 왕궁과 성전에서 일하는 행정관리와 재판장이 6000명 정도였고, 족장, 군인 및 기타 관리들이 1만 8000명이었다. 이 공직자들은 1년을 12개월로 나누어 '1개월씩' 매월 교대로 왕궁과 성전에 들어가서 행정, 재판, 경비 등의 공직을 수행했다(『성경』, 역대상 27장 1~15절). 아테네와 달리, 당시 이스라엘은 20세 이상 남자 인구가 150만 명 정도로 많은 인구와 넓은 영토를 가진 국가였기 때문에, 2만 4000명의 공직자가 필요했다(『성경』, 역대상 21장 5~6절).

그에 따라 아테네에서는 왕, 소수 귀족이 아니라 시민 전체가 번갈아 가며 지배하고 지배받는 민주 정치가 발전했다.

행정관(archon)은 군사, 행정, 사법 기능을 맡았던 관리다. 초기에는 민회에서 직접 행정관을 선출했지만, 나중에는 미리 선출된 500명의 후보자 중에서 추첨으로 행정관 9명을 뽑았다.

이러한 아테네 민주 정치의 특성을 아리스토텔레스가 10가지로 잘 제시했다(아리스토텔레스, 『정치학』, 6권 2장 [2010: 334~336]).

- 공직자는 **모든 시민들** 중에서 뽑는다.
- 모든 시민이 **번갈아 가며** 지배하고 지배받는다.
- 전문 지식과 경험이 필요 없는 공직자는 무작위 **추첨**으로 뽑는다.
- 공직의 취임에 **재산 자격** 요건은 필요 없거나 최저 수준으로 낮춘다.
- 한 사람이 같은 공직을 **연임**할 수 없다(장군은 제외).
- 공직의 **임기**는 짧게 한다.
- 공직은 종신직이 아니다. 공직은 투표가 아니라 추첨으로 충원한다.
- 모든 시민 중에서 뽑힌 배심원이 재판을 담당한다.
- 모든 시민이 참여하는 **민회**가 국가의 중요한 문제에 대한 **최종 결정권**을 가진다. 공직자는 소수의 문제에 한해서만 최종 결정권을 가진다.
- 공직자, 평의회 의원, 배심원에게 수당을 지급한다.

요약하면, 모든 시민이 정치적으로 평등하다는 것에 기초하여 아테네의 민주 정치는 "모든 시민이 번갈아 가며 지배하고 지배받는다"라는 원칙에 따라 이루어졌다. 500인회의 평의원, 시민 법정의 배심원, 행정

그림 3-3 아테네 민주 정치의 구성과 기능

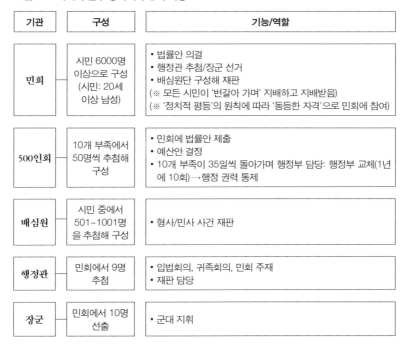

기관	구성	기능/역할
민회	시민 6000명 이상으로 구성 (시민: 20세 이상 남성)	• 법률안 의결 • 행정관 추첨/장군 선거 • 배심원단 구성해 재판 (※ 모든 시민이 '번갈아 가며' 지배하고 지배받음) (※ '정치적 평등'의 원칙에 따라 '동등한 자격'으로 민회에 참여)
500인회	10개 부족에서 50명씩 추첨해 구성	• 민회에 법률안 제출 • 예산안 결정 • 10개 부족이 35일씩 돌아가며 행정부 담당: 행정부 교체(1년에 10회)→행정 권력 통제
배심원	시민 중에서 501~1001명을 추첨해 구성	• 형사/민사 사건 재판
행정관	민회에서 9명 추첨	• 입법회의, 귀족회의, 민회 주재 • 재판 담당
장군	민회에서 10명 선출	• 군대 지휘

관 등 공직자는 1년마다 추첨을 통해 무작위로 뽑았기 때문에, 시민들은 일생에 한 번 이상 공직을 맡아 지배에 직접 참여할 수 있었다.[7] 아테네 민주 정치에서 공직자를 모든 시민들 중에서 무작위 추첨으로 뽑고, 공직자의 임기를 1년으로 한정하고 연임을 금지한 이유는 공직자가 권력을 남용하거나 독재하는 것을 막고, 궁극적으로 모든 시민의 자

7 　모든 사람의 '정치적 평등'에 기초해 공직자를 무작위로 뽑는 '추첨' 방식은 고대 이스라엘에서도 널리 행해졌다. 기원전 15세기경 이스라엘 민족이 가나안 땅을 정복하고 12개 부족이 거주할 땅을 분배할 때 제비뽑기(추첨)로 정했다. 또한 기원전 10세기경 다윗 왕이 제사장, 찬양대, 경비원 등을 정할 때도 제비뽑기로 결정했다(『성경』, 여호수아 18장 10절, 역대상 24~26장).

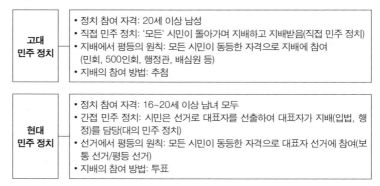

그림 3-4 고대 아테네와 현대 민주 정치의 비교

고대 민주 정치	• 정치 참여 자격: 20세 이상 남성 • 직접 민주 정치: '모든' 시민이 돌아가며 지배하고 지배받음(직접 민주 정치) • 지배에서 평등의 원칙: 모든 시민이 동등한 자격으로 지배에 참여 　(민회, 500인회, 행정관, 배심원 등) • 지배의 참여 방법: 추첨
현대 민주 정치	• 정치 참여 자격: 16~20세 이상 남녀 모두 • 간접 민주 정치: 시민은 선거로 대표자를 선출하여 대표자가 지배(입법, 행 　정)를 담당(대의 민주 정치) • 선거에서 평등의 원칙: 모든 시민이 동등한 자격으로 대표자 선거에 참여(보 　통 선거/평등 선거) • 지배의 참여 방법: 투표

유를 보장하고 공공선을 실현하기 위한 것이었다.

기원전 338년 마케도니아 왕국에 정복되면서 아테네 민주정은 끝났다. 그 후 17~18세기 유럽에서 시민혁명이 성공하면서 군주정 대신에 일반 시민이 정치에 참여할 수 있는 공화 정치 또는 민주 정치가 다시 시작되었다. 하지만 성별, 신분, 재산을 기준으로 정치 참여의 자격을 제한하는 관행은 20세기 중반까지 지속되었다. 민주 정치에서 지배에 참여할 수 있는 시민의 자격과 범위는 200여 년 동안 자본가, 노동자, 여성, 흑인, 청소년 등의 투쟁을 통해 서서히 확대되어 왔다. 그 결과 20세기 후반 이후에 대부분의 국가에서 선거를 통해 시민의 대표자를 선출하여 국가의 정책 결정과 집행을 위임하는 **대의 민주 정치**(representative democracy)를 채택하고 있다.

2. 공화 정치에서는 누가 어떻게 지배할까?

공화제 또는 **공화정**(republic)은 라틴어 'res publica'에서 유래했는데, 이 말은 사적인 것 또는 사적 소유와 반대되는 뜻으로 '공적인 것' 혹은 '공동의 소유'를 의미했다. 로마에서 국가는 왕, 귀족 같은 특정 계급이 사적으로 소유하는 것이 아니라 모든 시민이 공동 소유하는 것이라는 생각이 널리 공유되어 있었다. 한마디로 국가는 모든 시민이 공동으로 소유하고 공동으로 누리는 것으로 받아들여졌다.

그래서 로마는 모든 시민이 공동 소유하며 자유롭게 이용할 수 있는 **공공시설**을 많이 만들었다. 대표적인 공공시설에는 광장, 공중 수도 및 수도교, 공중목욕탕 등이 있었다. 광장(forum)은 평소에 상품을 거래하는 시장이었지만, 또한 정치적 토론, 투표, 재판이 이루어지는 공공장소이기도 했다. 로마는 수도교를 건설해 도시의 시민들이 수돗물을 자유롭게 이용할 수 있는 공중 수도를 만들었고, 모든 시민들이 여가 시설, 식당을 싼 값에 이용할 수 있는 공중목욕탕을 제공했다. 이러한 공공시설은 한 국가의 구성원으로서 소속감과 정체성을 갖게 하고 공동체 의식을 형성함으로써 로마를 발전시키는 데 기여했다.

> ······ 공화국(res publica)은 민중의 것(populi res)이다. 어떤 방식으로 모여 있는 사람들의 집합 모두가 민중은 아니다. 민중이란 법과 권리에 대한 동의에 의해 그리고 공동의 이익이 되는 것에 참여하기 위해 결합한 사람들의 모임이다. ······
>
> — 키케로, 『국가론』, I권 39장 [2007: 130]

많은 공공시설과 공공장소에서 나타나듯이, 로마는 국가의 권력도

왕 한 사람이 사적으로 소유하는 것이 아니라 국가 권력은 공적인 것이고 '다수'가 공동으로 소유하고 지배해야 한다는 생각을 널리 공유하고 있었다. 그래서 왕 한 사람이 권력을 소유하고 혼자 지배하는 군주 정치와 구분하여, 다수가 국가 권력을 공동 소유하며 함께 지배하는 정치 체제를 '공화정'이라 불렀다. 즉, **공화 정치**는 '왕이 존재하지 않고' '2인 이상의 사람'이 국가 권력을 공동으로 소유하고 함께 지배하는(共和) 정치 체제다. 공화 정치에서 국가 권력은 공공의 이익(public good)을 실현하기 위해 행사하는 것으로 이해된다.

공화 정치는 기원전 509년경부터 기원전 27년까지 로마에서 발달했다. 로마는 초기에 왕이 통치하는 군주 정치였지만, 왕권이 쇠퇴하면서 귀족들이 국가 권력을 공동 소유하며 지배하게 되었다. 로마 공화정은 크게 원로원, 집정관, 켄투리아회로 구성되었다(하이켈하임, 2017: 103~113, 134~135).

로마 공화정은 초기에 귀족들로 구성된 '원로원'과 원로원에서 선출한 '집정관 2명'이 통치하는 귀족 정치의 형태로 시작되었다. **원로원**(senatus)은 고위 공직을 역임한 귀족 300명 정도로 구성되었고, 의원은 종신직이었다. 원로원은 귀족 계급 중에서 집정관 2명을 선출하고, 켄투리아회에서 통과된 법률안을 다시 승인하고, 집정관의 법률안 및 대내외 정책에 대해 자문하는 권한을 가졌다. 또한 원로원은 전쟁, 공공사업, 군인의 보수 등 국가의 예산을 편성하는 권한을 가졌다. 원로원의 회의는 서열에 따라 제1인자 의원이 먼저 의견을 제시한 후에 집정관, 감찰관, 법무관 순으로 자신의 입장을 발표했다. 서열이 낮은 의원은 투표권 외에 자신의 의사를 제시할 기회는 별로 없었다. 그래서 원로원의 결정은 대부분 서열이 높은 의원들의 의사에 따라 정해졌다.

그림 3-5 **포룸 로마눔**(Forum Romanum)
쿠리아는 원로원 회의가 열리던 건물이고, 바실리카는 시민법정·행정기관·상점이 위치한
건물이며, 로스트라는 정치가가 연설하거나 소규모 재판이 열리던 곳이다. 이런 공공건물
이 모여 생활의 중심지가 된 장소가 로마 공회장 또는 광장이다.

자료: 저자 촬영.

로마 공화정에서는 왕을 대체하여 법률과 정책, 예산을 집행하기 위
해 **집정관**(consul) 2명을 선출했다. 집정관은 원로원에서 선출했고, 임
기는 1년이었으며, 퇴임 후에 원로원의 의원이 되었다. 그렇기 때문에
집정관의 권력은 실제적으로 원로원이 상당히 제한했다. 초기에는 원
로원에서 집정관 2명을 모두 선출했으나, 기원전 376년 평민들의 반란
이후 켄투리아회에서 2명 중 1명을 선출했다. 집정관은 기본적으로 법
률과 행정을 집행하는 명령권과 군 통수권을 가졌고, 켄투리아회에 법
률안을 제출할 권한을 가졌다. 권력 남용과 독재를 막기 위해 집정관을
2명 선출했고, 각 집정관은 상대의 결정을 거부할 권한이 있었다.

켄투리아(centuria)는 일반 평민들로 100명씩 구성된 '백인대'라는 군

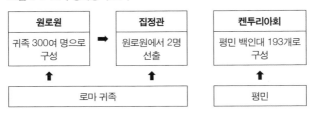

그림 3-6 로마 공화정의 조직

원로원	집정관	켄투리아회
귀족 300여 명으로 구성	원로원에서 2명 선출	평민 백인대 193개로 구성

로마 귀족	평민

대 단위로 이루어졌다. 로마는 군인에게 군사 장비를 제공하지 않았기 때문에, 일반 평민들은 자신의 돈으로 직접 무장해야 했다. 그래서 평민들은 재산의 정도에 따라 기병, 중무장 보병, 경무장 보병, 보조병, 지원병 등으로 편성되었다. 평민들로 조직된 백인대에 기초하여 구성된 민회가 켄투리아회였다.

켄투리아회(comitia centuriata)는 재산 정도에 따라 1등급 평민 남자 계층으로 구성된 18개 기병 켄투리아, 다음 1등급 평민 계층으로 구성된 80개 보병 켄투리아, 그다음 2~4등급 평민 계층에서 각각 20개 켄투리아, 5등급 평민 계층에서 30개 켄투리아, 최하 등급에서 5개 켄투리아를 구성하여 총 193개 켄투리아로 편성되었다. 켄투리아회는 한 사람이 한 표씩 동등하게 투표하는 것이 아니라 켄투리아 '단위별'로 투표했고, 1등급 기병 켄투리아부터 투표를 시작해서 과반수인 97표에 도달하면 투표를 종료했다. 따라서 켄투리아회의 투표는 실제적으로 1등급 평민 남자들로 구성된 98개 켄투리아가 결정했고, 2등급 이하 켄투리아는 투표할 기회조차 없는 경우가 많았다.

그러나 기원전 376년 평민들이 반란을 일으킨 이후 만들어진 리키니우스법에 의거해 켄투리아회는 평민 중에서 집정관 1명과 •**호민관**을 선출하게 되었다. 또한 기원전 287년 호르텐시우스법에 의해 평민들로 구

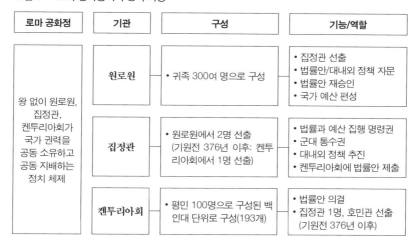

그림 3-7 로마 공화정의 구성과 기능

로마 공화정	기관	구성	기능/역할
왕 없이 원로원, 집정관, 켄투리아회가 국가 권력을 공동 소유하고 공동 지배하는 정치 체제	원로원	• 귀족 300여 명으로 구성	• 집정관 선출 • 법률안/대내외 정책 자문 • 법률안 재승인 • 국가 예산 편성
	집정관	• 원로원에서 2명 선출 (기원전 376년 이후: 켄투리아회에서 1명 선출)	• 법률과 예산 집행 명령권 • 군대 통수권 • 대내외 정책 추진 • 켄투리아회에 법률안 제출
	켄투리아회	• 평민 100명으로 구성된 백인대 단위로 구성(193개)	• 법률안 의결 • 집정관 1명, 호민관 선출 (기원전 376년 이후)

성된 '트리부스 평민회(Concilium Plebis Tributum)'
가 원로원의 재승인을 거치지 않고 법률을 제
정할 수 있는 권한을 획득했다. 트리부스 평민
회는 일반 민중에 의한 지배라는 민주 정치의
요소를 로마 공화정에 일부 도입한 것이지만,
기본적으로 로마는 귀족 300명으로 구성된 원

> ● 호민관
> 평민들의 권리를 옹호하기 위해 만들어진 공직으로, 켄투리아회가 평민 중에서 선출했다. 호민관은 민회를 소집하여 회의를 주관하고, 법률안을 제출하며, 집정관이나 정무관의 결정에 대해 거부하거나 중재할 권한을 가졌다.

로원과 그 원로원의 자문을 받아야 하는 집정관 2명이 지배하는 '귀족
적' 공화정에 가까웠다.

기원전 27년 로마 공화정이 사라진 이후 14~16세기 이탈리아의 도
시에서 공화정이 다시 발전했다. 피렌체에서는 정무위원회의 행정관
9명, 12인 위원회의 위원 등이 국가 권력을 공동 소유하고 함께 지배하
는 피렌체 공화정(Republica di Firenze)이 발달했다. 행정관과 위원들은
후보자의 심사 이후 추첨을 통해 뽑았고, 한 사람 또는 같은 가문에서

연달아 공직을 맡는 것을 막기 위해 공직의 연임을 제한했다. 이런 피렌체의 공화정은 근대 영국과 미국의 공화 정치에 커다란 영향을 미쳤다. 또한 베네치아에서는 후보자 지명위원회에서 추천한 후보자 중에서 대평의원회가 투표를 통해 행정관을 선출하는 베네치아 공화정(Republica Venetorum)이 발전했다(마넹, 2015: 75~92).

그 후 1660년대 영국에서 군주정을 폐지하고 소수 귀족들이 국가 권력을 공동 소유하며 함께 지배하는 잉글랜드 공화정이 수립되었다. 또한 독립혁명 이후 1787년에 제정된 헌법에서 미국은 여러 주가 연합하여 대통령/부통령, 상원/하원이 국가 권력을 공동 소유하여 함께 지배하는 연방 공화정을 수립했고, 주 정부의 •공화 정부 형태(a republican form of government)를 보장했다. 이 헌법에 따라 미국은 현재까지 시민 전체가 아니라 각 주에서 선출한 선거인단이 대통령과 부통령을 선출하는 간접 선거 제도를 채택하고 있다. 마찬가지로 프랑스 혁명 이후 1795년 제정된 헌법에서 프랑스는 세습 군주제를 폐지하고 '공화 정치'를 도입했다. 이 헌법에 따라 선출된 총재 5명이 행정권을 행사하고, 원로원과 500인 평의회가 입법권을 행사하는 프랑스 공화정(The French Republic)이 세워졌다.

> • 공화 정부 형태
> '미국 헌법' 제4장(주와 연방 관계), 제4조: 미국은 연방 내의 모든 주의 **공화 정부 형태**를 보장하고, 각 주를 침략으로부터 보호하며, 또한 각 주의 의회 또는 행정부의 요구가 있을 때에는 주 내의 폭동으로부터 각 주를 보호한다.

그렇지만 근대 공화 정치에서 왕을 없애고 국가 권력을 소유한 사람들은 민중 전체가 아니라 귀족, 부자(자본가), 장군 등 '소수 엘리트 계급'이었다. 공화 정치는 소수 계급이 국가 권력을 소유하고 지배하는 귀족적인 특성을 지녔기 때문에, '다수의 민중' 또는 '시민 전체'가 국가 권력을 소유하고 지배하는 민주 정치와 다르다. 하지만 공화 정치에서도 소

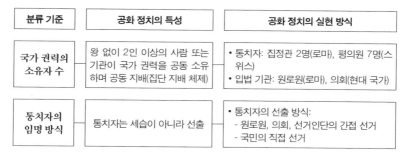

그림 3-8 공화 정치의 분류 기준과 특성

분류 기준	공화 정치의 특성	공화 정치의 실현 방식
국가 권력의 소유자 수	왕 없이 2인 이상의 사람 또는 기관이 국가 권력을 공동 소유하며 공동 지배(집단 지배 체제)	• 통치자: 집정관 2명(로마), 평의원 7명(스위스) • 입법 기관: 원로원(로마), 의회(현대 국가)

통치자의 임명 방식	통치자는 세습이 아니라 선출	• 통치자의 선출 방식:
		  - 원로원, 의회, 선거인단의 간접 선거
		  - 국민의 직접 선거

수 대표자들은 자신의 권력과 지배의 정당성을 확보하기 위해 다수 시민들의 동의와 위임이 필요했다. 시민의 동의와 위임을 얻는 방법으로 만들어낸 것이 바로 **선거**다. 20세기 중반 이후 모든 성인 남녀로 투표권을 확대하는 보통 선거 제도가 정착되면서, 선거로 소수 대표자를 선출해 주권과 지배를 위임하고 대표자가 대신 지배하는 정치 체제가 등장하는데, 이를 **대의 민주주의**(representative democracy)라고 부른다. 그래서 오늘날 공화 정치 대신에 대의 민주주의란 말이 일반적으로 사용되고 있다.

오늘날 공화 정치의 대표적인 형태는 스위스에서 잘 나타난다. 스위스는 26개 주로 구성된 연방 공화국이다. 연방 의회가 국가의 법률 제정, 예산안 결정 등을 담당하고, 법률과 예산 등을 집행하는 행정권은 연방 평의회에서 행사한다. 연방 의회는 시민의 직접 선거로 선출된 상원 46명과 하원 200명으로 구성된다. 연방 평의회는 7명으로 구성되고, 각 평의원이 연방 정부의 부처를 관할한다. 연방 의회가 4년마다 연방 평의원 7명을 선출하고, 그중 1명을 대통령으로 선임한다. 대통령의 임기는 1년으로 제한된다.

그 밖에 아시아, 아프리카, 중앙·남아메리카 국가들의 경우에, 대부분 1~2차 세계 대전 이후 식민 지배로부터 독립하면서 공화국을 채택했다. 터키 공화국(1923), 콩고 공화국(1958), 에티오피아 공화국(1974), 멕시코 공화국(1823), 페루 공화국(1895) 등은 기존의 세습 군주정을 폐지하고 다수의 사람들이 국가 권력을 공동 소유하고 함께 지배한다는 것을 명문화하기 위해 국가 이름(國號)에 '공화국'을 붙이고 있다.

3. 민주 정치와 공화 정치는 어떻게 다를까?

공화 정치와 민주 정치의 차이는 인간과 남성·여성의 차이와 같다. 생물학적 특성을 기준으로 인간은 크게 남성과 여성으로 구분하지만, 나이를 기준으로 하면 아동, 청년, 장년, 노인 등으로 구분한다. 같은 인간에 속하지만 남성과 여성은 신체적 특성뿐만 아니라 기질, 성향 등 여러 가지 면에서 다르다.

마찬가지로 정치 체제는 기준에 따라 다양하게 구분된다. '누가' 국가 권력(주권)을 갖고 지배하는지를 기준으로, 군주 정치, 귀족 정치, 민주 정치로 분류한다. 반면에 "다수가 국가 권력을 공동 소유하고 함께 지배하는지", "통치자가 세습이 아니라 선출로 정해지는지"를 기준으로 하면, 크게 군주 정치와 공화 정치로 구분한다.

공화 정치는 누가 주권을 갖는지와 관계없이 국가 권력을 독점하는 왕이 존재하지 않고, '2인 이상'의 사람이 권력을 '공동 소유하며 함께 지배하는(共和)' 정치 체제를 모두 가리킨다. 법률 제정과 예산 결정의 권력은 원로원(오늘날 상원)과 켄투리아회(오늘날 하원)에서 그리고 법률

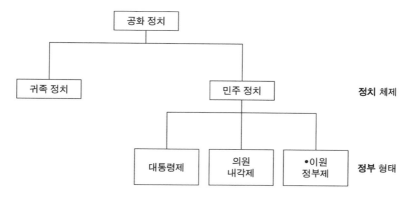

그림 3-9 공화 정치와 민주 정치의 관계

과 예산 집행의 권력은 집정관 2명(오늘날 대통령, 부통령/총리 등)이 나누어 소유하고 함께 지배한다. 그러기 위해서 통치자는 세습이 아니라 선거를 통해 주기적으로 선출한다. 국가 권력의 공동 소유와 공동 지배, 통치자의 선출이 **공화 정치의 원리**다. 이런 측면에서 공화 정치의 반대는 왕이나 황제 같은 통치자의 자리가

> **● 이원 정부제**
> 국가 권력을 나누어 대통령은 외교와 국방을 담당하고, 총리가 국내의 행정 전반을 담당하는 정부 형태(semi-presidential system)다. 시민이 대통령과 의원을 직접 선출하고, 대통령이 의회의 동의를 얻어 총리를 임명한다. 현재 프랑스, 포르투갈 등에서 채택하고 있다.

혈통에 의해 대물림되는 '세습 군주정'이다(박상준, 2018a: 36~37). 그리고 국가는 모든 시민이 공동으로 소유하는 것이고, 국가 권력은 특정한 사람의 사적 이익이 아니라 공공의 이익, 즉 공공선(公共善)을 위해 행사한다는 생각이 공화 정치 안에 포함되어 있다. 이것이 공화 정치의 기본 가치다.

공화 정치 중에서 '소수 귀족이나 부자 계급'이 국가 권력을 소유하여 지배하면 귀족 정치가 되고, '다수 또는 전체 시민'이 권력을 소유하고 지배하면 민주 정치가 된다. 민주 정치는 왕이나 소수 귀족이 아니라

다수의 일반 사람이 주권을 가지고 지배하는 정치 체제다. 민주 정치에서 시민은 누구나 법률의 제정과 예산안의 결정, 법률 및 예산의 집행, 재판 등에 평등하게 참여할 수 있고, 공직자는 모든 시민 중에서 주기적으로 뽑기 때문에 번갈아 가며 지배에 참여할 수 있다. 이것이 **민주 정치의 원리**다. 이런 점에서 민주 정치의 반대는 왕 한 사람이 국가 권력을 소유하고 지배하는 군주 정치다.

국가 권력을 특정한 사람이나 계급이 계속 소유하면 권력을 남용하거나 독재에 빠질 위험이 높기 때문에, 공화 정치와 민주 정치는 공통적으로 통치자의 임기와 연임 횟수를 제한한다. 그리스 아테네에서 500인회 평의원과 행정관, 그리고 로마에서 집정관의 임기는 1년이고, 연속해서 임명(連任)되는 것이 금지되었다. 현대 국가에서도 대통령이나 총리의 임기는 대부분 4~6년으로 정해져 있으며, 연임 횟수도 2~3회 이내로 제한된다.[8] 현재 우리나라 대통령의 임기는 5년이고, 두 번 거듭 임명(重任)될 수 없다(헌법 제70조). 반면에 시·도 지사, 시장, 군수, 구청장 같은 지방자치단체장의 임기는 4년이고, 3회까지 연임할 수 있다(지방자치법 제95조).

하지만 아테네 민주 정치에서 시민들은 모두 평등하게 민회에 참여할 수 있었기 때문에, 민회의 참여 횟수는 제한되지 않았다. 또한 500인회의 평의원은 무작위 추첨으로 뽑았기 때문에, 임기는 정해져 있지만 연임을 제한하지 않았다. 로마 공화 정치에서 원로원 의원도 연임이 제한

---

8   1787년에 제정된 미국 헌법에는 대통령의 연임을 제한하는 규정이 없었다. 초대 대통령 조지 워싱턴(G. Washington)이 두 번 재임 뒤 스스로 물러났고 이런 전통이 관습법으로 유지되었다. 그런데 이를 깨뜨리고 프랭클린 루스벨트(F.D. Roosevelt) 대통령이 세계 경제 공황, 제2차 세계 대전의 혼란 속에서 3회 연임(1933~1945)을 했다. 그에 따라 의회는 1951년에 2회 초과하여 대통령에 선출될 수 없다는 규정을 수정 헌법 제22조로 추가했다.

되지 않았다. 아테네와 로마의 전통에 따라, 현대 국가에서도 의원의 임기는 법으로 정해놓았지만, 연임을 제한하는 규정은 없다. 의원은 주권자인 시민을 대표하여 법률안과 예산안 등 국가의 중요한 일을 결정하기 때문에, 대부분의 국가들이 시민의 주권 행사를 보장한다는 측면에서 의원의 연임을 제한하지 않는다.[9]

이처럼 공화 정치와 민주 정치는 분류 기준과 특성이 서로 다르다. 그럼에도 불구하고 많은 사람들이 공화 정치와 민주 정치를 같은 것으로 인식하고, 민주 공화국과 민주주의 국가를 동일한 것으로 잘못 이해하는 경우가 많다. 왜냐하면 오늘날 영국, 일본 등 일부 국가를 제외하면, 대부분의 국가에서 왕이 사라졌으며, 국가 권력은 여러 사람 또는 기관이 나누어 함께 지배하는 것이 제도화되었고(권력 분립),[10] 통치자의 임기는 법으로 제한되며 선거를 통해 주기적으로 교체되는 제도가 일반화되었기 때문이다. 또한 공화정을 채택한 국가들이 대의 민주 정치를 실시하기 때문에, 현실에서는 공화 정치와 민주 정치가 유사한 형태

---

9 우리나라에서도 국회의원의 임기는 4년으로 정해놓았지만(헌법 제42조), 연임을 제한하지 않는다. 그래서 2019년 기준으로 천정배 의원(64세)은 15~20대 총선에 연속 당선되어 6선(24년) 국회의원이다. 서청원 의원(75세)은 11대, 13~16대, 18~20대 총선에 당선되어 8선(32년) 의원이고, 이해찬 의원(66세)은 13~17대, 19~20대 총선에 당선되어 7선(28년) 의원으로 활동하고 있다.

10 존 로크(J. Locke)와 몽테스키외 이전에 기원전 340년경에 아리스토텔레스가 이미 '권력 분립'을 주장했다. 아리스토텔레스는 『정치학』(4권 14~16장 [2010: 240~255])에서 국가 권력이 '심의권', '집행권', '재판권' 세 부분으로 구성된 것이 민주정의 특성이라고 주장했다. '심의권'은 법률 제정, 조약 체결, 공직자 임명과 감사 등과 관련된 권력이고, 이 최고 권력은 시민 전체에 주어진다. '집행권'은 법률, 예산, 정책 등 공적 업무를 집행하는 권력이고, 공무를 집행할 공직자는 추첨 또는 투표로 뽑는다. '재판권'은 민사와 형사 사건 등에 대해 재판하는 권력이고, 지원한 시민들 중에서 추첨으로 뽑힌 배심원이 담당한다. 그 후 로크가 『통치론』(1689)에서 법률의 제정(입법권)과 법률의 집행(행정권)을 분리하는 '2권 분립'을 주장했다. 아리스토텔레스와 비슷하게 몽테스키외는 『법의 정신』(1748)에서 국가 권력을 입법권, 집행권, 재판권으로 분리하는 '3권 분립'을 주장했다.

그림 3-10 공화 정치와 민주 정치의 비교

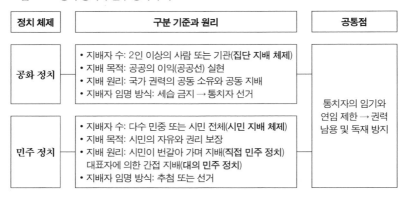

정치 체제	구분 기준과 원리	공통점
공화 정치	• 지배자 수: 2인 이상의 사람 또는 기관(**집단 지배 체제**) • 지배 목적: 공공의 이익(공공선) 실현 • 지배 원리: 국가 권력의 공동 소유와 공동 지배 • 지배자 임명 방식: 세습 금지 → 통치자 선거	통치자의 임기와 연임 제한 → 권력 남용 및 독재 방지
민주 정치	• 지배자 수: 다수 민중 또는 시민 전체(시민 **지배 체제**) • 지배 목적: 시민의 자유와 권리 보장 • 지배 원리: 시민이 번갈아 가며 지배(**직접 민주 정치**) 대표자에 의한 간접 지배(**대의 민주 정치**) • 지배자 임명 방식: 추첨 또는 선거	

로 나타나고 있다. 그래서 오늘날 공화 정치가 (대의) 민주 정치와 같은
정치 체제로 이해되는 것이다.

04

DEMOCRACY

민주주의의 실시 방식

민주주의는 시민에 의한 지배 체제인데, 시대와 나라에 따라 시민에 의한 지배는 매우 다르게 이루어졌다. 그리고 오늘날에도 민주주의는 각 나라의 역사와 전통, 정치적 상황에 따라 다양한 방식으로 실시되고 있다. 그러면 민주주의에서 시민이란 누구이고 누가 시민에 포함될까? 시민은 어떤 방식으로 지배할까? 시민의 지배는 어느 영역까지 확대될까?

1. 시민에는 누가 포함될까?

민주주의에서 처음부터 모든 사람이 지배에 참여할 수 있었던 것은 아니다. 민주주의를 실시하는 나라에서도 지배에 참여할 수 있는 '시민'에 포함되는 대상과 범위는 시대마다 달랐다. 그러면 각 시대에 따라 어떤 사람들이 시민에 포함되었을까?

민주주의가 시작된 기원전 5~4세기 그리스 아테네에서는 법의 제정,

예산안 결정, 공직자 선출 등 국가의 중요한 일을 결정하는 민회에 참여하고 공직에 선출될 수 있는 시민은 20세 이상 성인 남성으로 구성되었다. 여성, 외국인, 노예, 청소년 등은 민회에 참여할 자격이 부여되지 않았고 공직에 선출될 수 없었다.

성별, 신분, 재산, 나이를 기준으로 정치 참여의 자격을 한정하는 관행은 고대 아테네뿐만 아니라 유럽과 북아메리카에서 20세기 중반까지 지속되었다. 17~18세기 근대 시민혁명을 통해 세습 군주제가 폐지되고 민주주의가 시작되었지만, 여전히 정치에 참여할 권리(선거권)는 성별, 신분, 재산을 기준으로 일정한 재산을 소유한 남성, 즉 남성 귀족과 부르주아(상공업자)에게만 주어졌다. 그 후 19세기 중반 노동자들의 •차티스트 운동을 통해 선거권은 도시 노동자와 농민에게 확대되었다.

• 차티스트 운동(Chartist Move-
  ment)
1838년 5월 8일, 영국 노동자들
이 선거와 관련해 여섯 가지를 요
구하는 인민헌장(people's char-
ter)을 발표했다. 그 후 선거권 확
대 운동을 차티스트 운동이라 불
렀다.

또한 여성들의 참정권 운동을 통해 20세기 초반에 들어서야 여성에게 선거권이 부여되기 시작했다.

영국에서 정치에 참여할 주체로서 시민의 범위와 대상이 확대되어 온 역사를 살펴보면, 영국은 1689년 '권리 장전'에 의거하여 입헌 군주정을 채택하고 의회를 구성했는데, 정치에 참여할 수 있는 계급은 남성 귀족과 부유한 남성 상공업자로 제한되었다. 이에 노동자들이 차티스트 운동을 통해 투표권을 요구함으로써 선거권은 1867년 도시 남성 노동자에게로 확대되었고, 1884년에는 농촌의 남성 농민에게 부여되었다. 그 후 여성의 참정권 운동이 활발하게 진행되고 제1차 세계 대전에 참전했던 여성들의 요구가 커지면서, 선거권은 1918년에 30세 이상 여성에게 부여되었으며, 1928년에는 20세 이상 여성으로 확대되었다.

그림 4-1 차티스트 운동의 여섯 가지 요구사항

The Six Points
of The
PEOPLE's
CHARTER.

1. 21세 이상 남성에게 투표권 부여
2. 비밀 투표
3. 하원의원의 재산 자격 제한 폐지
4. 하원의원의 보수 지급
5. 유권자 수에 비례하도록 선거구를 균등하게 설정
6. 매년 하원의원 선거

이렇게 몇백 년 동안 많은 사람들의 싸움과 노력을 통해 일정 연령 이상의 모든 남녀에게 정치 참여를 보장하는 보통 선거 제도가 확립되었다(달, 2002: 42).

그러나 대학 구성원에게 2표의 투표권을 부여하는 *차등 선거가 20세기 중반까지 지속되었다. 그러다가 1948년, 대학 구성원에게 주었던 복수 투표권(1인 2표제)을 폐지하여 '평등 선거 제도'가 확립되었다. 그 후 1970년 선거권의 연령을 20세에서 18세로 낮추면서 정치에 참여할 수 있는 시민의 범위가 청소년으로 확대되었다.

이처럼 근대 시민혁명을 통해 시민에 의한

> ● 차등 선거
> 영국은 1928년에 보통 선거 제도를 도입했지만, 다른 한편 학력, 재산에 따라 1인 2표를 부여하는 차등 선거 제도가 남아 있었다. 즉, 교수, 대학 재학생 및 졸업생은 지역 선거구에서 한 표를 행사하고, 소속 대학 선거구에서 또 한 표를 투표할 수 있는 대학 선거권을 가졌다. 이러한 복수 투표제는 1948년에 폐지되었다.

지배 체제로서 민주주의가 시작되었지만 곧바로 모든 사람들이 지배에 참여할 수 있었던 것은 아니었다. 지배에 참여할 수 있는 시민의 자격

표 4-1 시민의 자격과 범위 확대

시기	시민의 자격과 범위 확대
기원전 5~4세기	성인 남성 모두(20세 이상)
17~18세기	성인 남성 귀족, 부르주아
19세기 중반	성인 남성 귀족, 부르주아, 노동자, 농민
20세기 초반	성인 남성 귀족, 부르주아, 노동자, 농민, 여성(30~20세)
20세기 후반	성인 남성 귀족, 부르주아, 노동자, 농민, 여성, 청소년(18~16세)

과 범위를 누구로 정할지 그리고 시민이 어떤 방식으로 정치에 참여할
지는 시민혁명 이후 200년에 걸쳐 많은 노동자, 농민, 여성, 흑인 등의
투쟁과 노력을 통해 점진적으로 확대되었다. 이러한 투쟁과 노력의 결
과로 20세기 후반에 들어와서 대부분의 민주주의 국가들이 18세 이상
의 남녀 모두에게 투표권을 부여하는 '보통 선거권'과 모든 사람이 1인
1표씩 동등하게 투표하는 '평등 선거권'을 확립했다.

그렇지만 여전히 21세기 초반인 오늘날에도 대부분의 국가들은 국
적, 나이 등을 기준으로 선거권을 제한하고 있다. 지금도 이주 노동자,
이민자, 18세 이하 청소년에게 선거권을 부여할지는 사회적으로 논쟁
이 되고 있다.

2. 시민은 어떤 방식으로 지배할까?

민주주의 국가라 할지라도, 시민이 지배에 참여하는 방식은 시대에
따라 다르고, 나라마다 매우 다양하다. 고대 아테네는 전체 인구가 약
10만~15만 명 정도였고(노예 제외), 정치에 참여할 수 있는 성인 남성 시

민의 수가 3만~4만 명 정도였다. 그래서 시민들이 민회에 모여 법률안, 예산안 등 국가의 중요한 일을 직접 토론해 결정할 수 있었다. 민회에서 결정한 법률이나 예산을 집행하는 행정관, 500인회의 평의원, 배심원 등은 무작위 '추첨'으로 뽑았다. 예산, 법률, 정책 등을 집행하는 공직자를 추첨으로 뽑은 이유는 시민은 누구나 이성적인 판단을 하고 공직을 수행할 능력에 있어서 평등하다고 믿었기 때문이다. 이러한 '정치적 평등' 원칙에 기초하여 시민은 누구든지 공직에 지원할 수 있었고, 지원자 중에서 무작위로 추첨하여 1년간 공직을 맡겼다. 시민이라면 누구든지 일생에 한두 번은 공직을 맡아 지배에 직접 참여할 수 있었다. 이런 점에서 고대 아테네는 **직접 민주주의**(direct democracy)를 실시했다.

오늘날에도 스위스의 일부 주(州; Kanton)에서 란츠게마인데(Landsgemeinde), 즉 주민 총회를 통해 직접 민주주의를 실시하고 있다. 란츠게마인데는 1231년 칸톤 우리에서 시작되었고, 1387년에는 대부분의 칸톤에서 시행했다. 그러다가 1848년 26개 칸톤이 연합하여 스위스 연방 공화국을 수립한 이후에는 수가 줄어 슈비츠, 우리 등 8개의 칸톤에서 실시했다. •**스위스 연방 헌법**은 각 칸톤의 주권과 자치권을 인정하고 있다. 그러나 최근 인구 증가와 주민 총회의 효율적 운영 등의 문제로 2019년 글라루스와 아펜첼이너로덴 2개의 칸톤에서만 란츠게마인데를 시행하고 있다.

글라루스의 란츠게마인데는 2007년부터 16세 이상의 남녀가 참여할 수 있다. 2018년을 기준으로 유권자는 약 2만 7000여 명인데, 란

> • 스위스 연방 헌법
> 제3조 각 칸톤은 연방헌법이 제한하지 않는 범위 내에서 주권을 행사한다. 칸톤은 연방에 위임하지 아니한 모든 권리를 행사한다.
> 제47조 ① 연방은 칸톤의 자치권을 존중한다.
> ② 연방은 칸톤에 고유 충분한 사무를 부여하고, 조직의 자율성을 존중한다.

그림 4-2 2018 글라루스 란츠게마인데의 안건 내용(2018.5.6)

- 법원 판사의 선출 동의(임기: 2018~2022)
- 2019년 세율 결정
- 11건의 정책 또는 법률의 개정안

츠게마인데에 참여하는 시민은 보통 6000~7000명(20~25%) 정도다. 란츠게마인데는 매년 5월 첫째 주 일요일 오전 9시 30분에 개최된다. 주지사가 개회를 선언한 후 주요 공직자를 선출하고, 내년도 세율을 결정한다. 그다음 각 시민이 제안한 정책이나 법률안을 설명하고 그에 대해 토론한 다음 거수투표로 결정한다. 그리고 각 시민은 일정한 인원의 서명을 받아 안건을 제안할 수 있다(주민 발안 제도).

그러나 현대 국가들은 대부분 영토가 확장되고 인구가 몇백만 명 또는 수천만 명 이상으로 증가했기 때문에, 그리스의 아테네나 스위스의 글라루스처럼 직접 민주주의를 실시하기가 어렵다. 그래서 대부분의 민주주의 국가들은 시민들이 선거를 통해 자신을 대신할 대표자 ─ 대통령, 의원 등 ─ 를 선출하여 지배를 위임하는 방식을 채택하고 있다. 시민들은 자신을 대표해 법을 제정할 의원을 그리고 법의 집행 및 행정을 담당할 대통령을 선출하고, 또한 4~6년마다 선거를 통해 대표자를 교체한다. 시민의 주권은 주로 대표자를 선출하는 투표로 행사되기 때문에, 선거를 통해 지배자와 피지배자의 연결이 이루어진다. 이처럼 오늘날 민주주의 국가들은 **대의 민주주의** 또는 **간접 민주주의**를 실시하고 있다.

그림 4-3 제3회 지방 선거 인쇄홍보물

자료: 중앙선거관리위원회(2013).

3. 시민의 지배는 어느 영역까지 확장될까?

오늘날 민주주의는 발전하여 정치 영역을 넘어서 경제와 사회생활 영역으로 확장되고 있다. 정치 영역에서 시민 또는 대표자가 국가의 중요한 의사를 결정하는 '정치적 민주주의'처럼, 경제 영역에서 생산 활동의 주체인 노동자가 자신이 일하는 기업의 중요한 의사 결정에 참여하도록 보장하는 것이 **산업 민주주의**(industrial democracy) 또는 경제적 민주주의다. 산업 민주주의는 정치적 민주주의의 기본 구조와 원리를 경제 영역에서 기업의 경영과 경제 활동으로 확장시킨 것이다. 노동자의 경영 참여를 보장함으로써 기업의 투자 결정, 노동자의 채용과 해고, 기업의 발전 전략 등 기업의 중요한 문제를 경영자와 노동자가 공동으로 결정한다. 노사 협의를 넘어 '노사 공동 결정'을 제도화함으로써 기업에 대한 노동자의 민주적 통제를 강화하거나 기업의 경영을 민주화하는 것이 산업 민주주의다. 최근에는 기업 경영의 민주화뿐만 아니라 직장의 의사 결정 구조, 상사-부하직원의 관계, 직장 문화 등 다양한 영역에서 민주화를 실현하고자 하는 **직장 민주주의**(workplace democracy)가 제시되고 있다.

20세기 초반 유럽의 민주주의 국가들에서 노동자들이 기업 경영에 참여를 요구하는 공장 평의회 운동이 일어났다. 하지만 당시는 노동자의 세력이 약했고, 사회적 관심을 받지 못했다. 그 후 1930년대 세계 경제 공황을 겪으면서 북유럽에서 사회민주당이 정권을 획득하고 노동자의 경영 참가가 조금씩 제도화되기 시작했다. 1960년대 후반 노동자의 파업이 확대되면서 기업의 경영과 의사 결정에 참여하려는 노동자의 요구가 강하게 일어났다. 그에 따라 1970년대 이후 기업의 경영에 노동자의 참여를 허용하는 법률과 제도가 마련되기 시작했다.

일찍이 산업 민주주의를 도입했던 스웨덴의 사례를 살펴보면, 산업 민주주의는 작업장위원회, 노동자의 이사회 참여 제도, 노사 공동 결정 제도 등을 통해 실현되고 있다(인수범, 1996: 41~53). 스웨덴은 1946년 작업장위원회 협약을 통해 '작업장위원회'를 설치했다. 작업장위원회는 노사 간 협의를 통해 최선의 생산성을 유지하는 것을 목적으로 하는 노사 협의 기구였다. 작업장위원회에서 노동자와 경영자가 협의한 후에 최종 결정은 경영자가 했기 때문에, 작업장위원회는 노동자의 경영 참여에 한계가 있었다.

그래서 1972년 노동자 대표의 이사회 참여를 보장하는 법률이 제정되었다. 이 법은 노동조합이 기업 이사회의 이사 2명을 지명할 권한을 부여했다. 노동자 대표 2명이 기업의 이사회에 참여하여 공동의 협의와 의결 권한을 행사할 수 있게 되었다(•**노동 이사제**). 노동자 대표 2명이 기업의 이사회에 참여하더라도 실질적으로 이사회의 결정을 좌우할 수는 없었다. 하지만 기업의 경영 관련 정보가 노동자들에게 공개되고, 이사회가 민주적으로 운영되며, 의사 결정 과정이 투명해지는 효과를 가져왔다.

> • **노동 이사제**
> 노동자 대표가 기업의 이사회에 참여하여 기업 경영에 대한 발언과 의결 권한을 행사하는 제도로서 '근로자 이사제'라고 부르기도 한다. 우리나라는 서울시와 경기도 등에서 조례를 만들어 시행하고 있다.

또한 1976년에 스웨덴은 단체 교섭을 통한 노동자의 경영 참여를 보장하는 '공동 결정법'을 제정했다. 이 법은 노동조합이 경영자와의 단체 교섭 과정에서 기업의 중요한 문제와 전략에 대해 공동으로 결정할 권한을 부여했다. 이 법에 따르면, 기업의 모든 문제는 단체 교섭의 대상이 되고, 경영자는 기업의 활동과 정책을 결정하기 전에 노동조합과 우선 협상할 의무가 있으며, 노조가 요구하는 기업 관련 정보를 제공해야 한다. 기업의 문제는 노사의 단체 교섭을 통해 공동 결정해야 하며, 만약 노사 간 공동 결정 협약이 이루어지지 않으면 노동조합은 합법적으로 파업할 수 있다. 경영자가 고용 안정, 작업 환경 등을 위반하거나 비정규직 노동자를 사용할 경우에 노동조합은 거부권을 행사할 수 있다.

다른 한편, 민주주의는 정치와 경제 영역을 넘어서 사회생활 전반으로 확장되고 있다. 자유와 평등, 인권, 관용, 다양성, 민주적 의사 결정 같은 민주주의의 기본 가치가 일상생활 속에 정착되고 있다. 모든 사람의 기본적 권리를 존중하며 보호하는 '인권 의식', 나와 다른 사람들의 생각과 삶의 방식을 인정하고 더불어 사는 '관용 정신', 우리와 다른 인종·민족·집단의 문화적 다양성과 차이를 인정하는 '다양성 존중 태도',

그림 4-4 『서울시 투자출연기관 근로자(노동)이사제 도입 사례집』의 표지 그림

자료: 서울특별시(2018).

사회 문제에 대해 토론을 통해 합의나 다수결로 해결하는 '민주적 의사 결정' 방식 같은 민주주의의 가치가 일반적인 삶의 방식으로 자리 잡고 있다. 민주주의는 정치 체제를 넘어 삶의 방식으로 일상생활 속 깊이 뿌리내리고 있다. 이것을 **일상적 민주주의**라고 한다. 일상적 민주주의는 민주주의의 기본 가치와 원리가 일상적인 삶과 행위 방식 속에 정착되면서 일상생활 전반에서 민주적 문화가 형성되는 것이다.

우리나라의 경우에, 스웨덴의 작업장위원회와 비슷한 형태로 기업 안에 '노사협의회' 그리고 정부 차원에서 **•경제사회노동위원회**가 설치되었다. 하지만 노동자 대표의 이사회 참여 제도와 노사 공동 결정 제도는 아직 우리의 기업에서는 실시하지 않고 있다.

• 경제사회노동위원회
1998년 1월 제1기 노사정위원회로 출범하여, 2007년 4월 경제사회발전노사정위원회로 명칭을 변경했고, 2018년 6월 경제사회노동위원회법이 공포되면서 다시 '경제사회노동위원회'로 이름을 변경했다.

다만 문재인 정부는 2017년 7월 '국정 운영 5개년 계획'을 통해 공공기관의 지배 구조를 개선하는 **노동 이사제**를 추진하기로 정하고, 2019년 11월 경제사회노동위원회 산하에 공공기관위원회를 구성해 공공기관의 노동 이사제 추진, 임금 체계 개편 등을 논의하기 시작했다. 한편 일부 시·도에서는 이미 지방 공공기관에 노동 이사제 또는 근로자 이사제를 도입했다. 2016년 9월 서울시는 '서울특별시 근로자 이사제 운영에 관한 조례'를 만들었고, 이 조례에 따라 2018년까지 근로자 100명 이상인 지역 공공기관 16곳에 근로자 이사 22명을 임명했다. 경기도는 2018년 11월 '경기도 공공기관 노동 이사제 운영에 관한 조례'를 만들고, 이 조례에 따라 2019년 지역 공공기관 11곳에 노동 이사 11명을 임명했다. 그 밖에 광주광역시는 2017년 11월에, 인천광역시는 2018년 12월에 근로자 100명 이상인 지역 공공기관에 노동 이사 1~2명을 임명하는 조례를 제정했다.

또한 기업의 민주화뿐만 아니라 학교의 민주화도 추진되고 있다. 학교에서 교사, 학생, 학부모 등이 학교 운영에 참여할 권리를 보장하고 학교를 민주적으로 운영하는 조례가 각 지역별로 제정되고 있다. 2019년 2월, 처음으로 전라북도 교육청이 '전라북도 학교자치조례'를 시행하여 교사회, 학생회, 학부모회, 직원회를 자치기구로 두고, 학교 운영과 관련된 사항을 심의하는 '교무회의'를 심의 기구로 설치했다.[11] 이 학교자치조례는 구성원들이 학교 운영에 참여하여 민주적인 학교 문화를 만

---

11 광주광역시 교육청은 2019년 3월 1일 '광주광역시 학교자치에 관한 조례'를 시행했다. 이 조례는 학교에 학생회, 학부모회, 교직원회를 자치기구로 설치했지만, 교무회의를 설치하는 규정이 없다. 경기도 교육청은 2019년 11월 11일 '경기도 학교자치조례'를 시행했다. 이 조례는 학생회, 학부모회, 교사회, 직원회를 설치할 수 있고, 교직원회를 학교 운영에 관한 사항의 '협의 기구'로 설치할 수 있도록 규정했다.

드는 데 기여할 것이다.

이처럼 우리나라는 정치 영역에서 1987년 6월 민주화 운동, 2017년 촛불혁명 이후에 정치적 민주주의가 정착되면서 다른 영역에서도 민주화가 이루어지고 있다. 민주주의가 경제 영역으로 확장되면서, 기업 경영의 민주화뿐만 아니라 직장 내 괴롭힘 금지, 갑질 근절, 민주적인 직장 문화 형성 같은 직장 민주주의가 점차 정착되고 있다. 또한 일상생활에서 민주주의의 기본 가치와 원리가 사람들의 삶의 방식으로 뿌리내리면서 일상적 민주주의도 정착되고 있다.

민주주의와 시민의 성장

옛날 봉건제와 군주정에서 대부분의 사람들은 지배에 참여할 권리가 없었고 단지 국가의 구성원으로서 의무만 지닌 백성 또는 국민이었다. 그러다가 근대 시민혁명 이후 사람들은 주권을 가지고 지배에 참여하는 시민으로 점차 성장해 갔다. 사람들은 어떻게 백성에서 시민으로 성장했을까? 오늘날 민주주의가 보편화되었는데, 정말 모든 사람들이 동등하게 지배에 참여할 수 있을까?

1. 어떻게 백성에서 시민으로 성장했을까?

민주주의는 왕이나 귀족이 아니라 일반 민중 또는 시민에 의한 지배를 의미한다. 민주주의가 발전한다는 것은 단순히 정치 체제가 바뀌는 것뿐만 아니라 주권의 소유자로서 사람들의 신분이 변하는 것이다.[12]

---

12 주권(sovereignty)은 라틴어 'superanus(우월함)'에서 유래한 말이다. 근대 초반에 군주정

인구의 대다수를 차지하는 보통 사람들이 영주나 왕에 종속된 농노나 백성 신분에서 국가의 주인이요 주권자인 시민으로 지위가 바뀌는 것이다.

먼저 유럽에서 보통 사람들이 농노(農奴)→백성(百姓)→시민(市民)으로 성장한 과정을 살펴보자.

476년 서로마 제국이 붕괴된 이후 유럽에서는 봉건제가 발달했다. 봉건제 사회는 영주와 농노로 구성되는데, 영주(領主; lord)는 대토지 장원을 소유한 귀족이었고, 대다수의 사람들은 영주에게 예속된 농노였다. 농노는 영주에게 종속된 신분으로 영주에게 빌린 토지에 농사짓고 그 대가로 세금과 부역을 제공할 의무를 지닌 노예 신분이었기 때문에 **농노**(農奴; serf)라고 불렀다. 그리고 영주 중에는 경제력과 군사력에서 우위를 가진 대영주가 있었는데, 그들이 주변 장원을 정복하거나 계약을 통해 주변 영주를 신하로 삼아 통일 국가를 형성하고 왕으로 성장했다. 예를 들면 영국에서는 노르망디 가문의 윌리엄이 주변 영주들을 정복하여 1066년에 왕으로 추대되었고 노르만 왕조로 성장했다.

15세기 이후 영주의 세력은 점차 쇠퇴했고, 왕에게 권력과 군사력이 집중되면서 중앙집권화된 군주제 국가가 형성되기 시작했다. 그에 따

국가가 성립되면서, 영주나 교황의 권력보다 '왕의 권력이 더 우월하다'는 것을 정당화하기 위해 사용되었다. 중세 봉건제 때는 교황의 권력이 왕보다 더 우위에 있었고, 교황이 왕의 권력을 제한하는 경우도 많았다. 그러다가 군주정이 수립되면서 영주나 교황의 권력보다 왕의 권력이 더 우월하다는 것을 강조하기 위해 '주권'이란 말을 사용했다. 초기에는 하나님이 자신을 대신해 통치할 왕에게 절대적 권력을 주었기 때문에(왕권신수설), 주권은 왕에게 있다는 주장(군주 주권설)을 했다. 그 후 시민혁명으로 군주정이 폐지되면서 주권은 왕이 아니라 일반 국민에게 있고 국가 권력은 국민으로부터 나온다는 주장이 제기되었다. 이것이 '국민 주권설(國民主權說)'이다. 그리고 국제 관계에서 주권은 한 영토 안에서 다른 나라보다 더 우월한 권력을 갖고 지배한다는 것을 나타내기 위해 사용되었다. 이런 나라를 '주권 국가'라고 부른다.

그림 5-1 1789년 프랑스 혁명 전 카툰
성직자와 귀족 계급이 농민을 착취하는 것을 풍자
했다.

라 봉건제에서 영주에 예속된 농노 신분이던 사람들은 군주제 국가에
서 왕에게 종속된 **백성**(people), 즉 왕이 통치하는 국가에 속한 **국민**(國
民)으로 신분이 바뀌었다. 이러한 국가를 '국민 국가'라고 부른다.

　하지만 봉건제 사회에서 영주-농노 관계가 군주제 국가에서 왕-백
성(국민)의 관계로 전환되었을 뿐, 주인과 노예 신분, 즉 주-종(主從) 관
계는 그대로 지속되었다. 그렇기 때문에 봉건제와 마찬가지로 국민은
단지 국가에 속한 구성원으로서 왕의 통치를 받는 대상이었으며, 여전
히 지배에 참여할 권리를 갖지 못했다. 대다수의 국민은 왕에게 세금과
부역을 제공할 의무만 지닐 뿐, 자유는 상당히 제약받았다.

　군주정 국가에서 신분은 크게 왕-귀족(양반)-평민(양민)-노예(노비/천
민)로 구분되었다. 왕 한 사람이 국가 권력을 소유하고 지배했으며, 대

다수 사람들은 왕에게 종속된 신하와 백성, 즉 **신민**(臣民; subject)이었다. 국가 구성원의 대다수를 차지하는 평민 또는 민중은 불과 100년 전만 해도 지배에 참여할 수 없었고 단지 통치의 대상으로 간주되었을 뿐이었다.

그러다가 18세기 시민혁명이 일어나면서 왕 대신에 소수의 엘리트들이 주권을 갖고 지배하는 공화 정치가 시작되었다. 기존에 국가 권력을 독점하던 왕이나 소수 귀족뿐만 아니라 상공업을 통해 부를 축적한 사람들, 즉 **•부르주아 계급**이 지배에 참여할 권리를 새로 얻었다. 그 후 노동자, 여성, 흑인 등이 100여 년에 걸쳐 참정권 운동을 통해 점차적으로 정치에 참여할 권리를 얻어, 이윽고 일정한 연령 이상의 남녀가 모두 동등하게 선거에 참여하는 **보통 선거권**(universal suffrage)이 확립되었다.

> **• 부르주아**
> 13세기부터 상업이나 공업에 종사하는 사람들이 영주의 지배에서 벗어나 성(borough)을 쌓고 도시를 이루며 살았다. 그 도시는 자치권을 인정받았고 자유를 누렸다. 이런 자치도시에 사는 상공업자(burgher)를 부르주아(bourgeois)라고 불렀다. 오늘날에는 자본과 부를 소유한 '자본가 계급'을 의미한다.

영주에 종속된 농노 또는 왕에 종속된 백성의 신분에서 주권자인 **시민**(citizen)의 신분이 된 것은 수많은 사람들의 투쟁과 노력을 통해 몇백 년에 걸쳐 점차적으로 획득된 것이다. 영국의 사례를 살펴보면, 1689년 영국은 '권리장전'을 승인하고 의회를 구성했는데, 초기에는 성별, 신분, 재산을 기준으로 선거권을 부여했다. 19세기 초반까지도 선거권은 남성 귀족과 상공업자 계급에게만 부여되었기 때문에, 1831년에 성인 선거권자의 비율은 4.4%에 불과했다.

그러나 노동자의 선거권 확대 운동을 통해 도시 노동자에게 투표권이 부여되면서, 1868년에 영국의 선거권자는 16.4%로 확대되었다. 그 후 농촌의 농민들에게 투표권을 부여했고, 1886년에 선거권자는 28.5%로

표 5-1 영국의 선거권 확대 과정

연도	선거권자 비율 (%)	관련 법률	선거권 부여
1689~ 1831	4.4	권리장전(1689) 로마가톨릭구제법(1829)	• 귀족 및 부유한 상공업자 • 종교에 의한 선거권 배제 금지
1832	7.1	선거법 개정(1832)	• 소상공업자
1868	16.4	선거법 개정(1867)	• 도시 노동자
1886	28.5	선거법 개정(1884)	• 농민(선거권의 재산 자격 조건으로 남성의 40% 정도 선거권 배제)
1921	74.0	선거법 개정(1918)	• 30세 이상 여성(30세 이하 또는 재산 자격 조건으로 여성의 60% 정도 선거권 배제)
1931	97.0	선거법 개정(1928)	• 20세 이상 남녀(여성의 나이와 재산 자격 폐지)
1948	100	선거법 개정(1948)	• 대학 구성원의 '복수 투표권' 폐지 → '평등 선거' 확립
1970	100	선거법 개정(1969)	• '18세 이상 남녀'(청소년에게 선거권 부여)

증가했다. 또한 여성의 참정권 운동이 활발하게 진행되면서, 1918년에 일정한 재산 자격을 갖추거나 대학을 졸업한 30세 이상 여성에게 선거권을 부여했다. 그에 따라 1921년에 선거권자는 74.0%로 확대되었다. 1928년에는 20세 이상 성인 남녀 모두에게 투표권을 부여하는 보통 선거 제도가 확립되면서, 1931년에 선거권자는 97.0%로 증가했다. 하지만 여전히 대학 구성원에게 1인 2표를 부여하는 차등 선거가 20세기 중반까지 유지되었고, 1948년에 들어와서야 복수 투표권이 폐지되면서 **평등 선거권**(equal suffrage)이 정착되었다. 그 후 1970년 1월부터 선거권의 연령이 18세 이상 남녀로 낮추어졌다.

마찬가지로 프랑스 혁명(1789) 이후 프랑스는 공화 정치를 채택하면

그림 5-2 미국 클리블랜드의 여성 선거권 운동 본부(1912.9.3)

그림 5-2 미국 클리블랜드의 여성 선거권 운동 본부(1912.9.3)

서 선거권을 확대했지만, 성별과 재산을 자격 기준으로 제한했다. 프랑
스는 1815년에 30세 이상 남성 중 연 300프랑 이상의 납세자에게 투표
권을 주었다. 1830년에는 25세 이상 남성 중 200프랑 이상 납세자에게
투표권을 부여했다. 이처럼 19세기 초반에 선거권은 성별과 재산을 기
준으로 '일정한 재산을 소유해 세금 내는 남성'에게만 주어졌기 때문에,
선거권자의 수는 전체 성인의 약 5~6%에 불과했다.

미국에서도 링컨 대통령이 노예 해방을 선언한 이후 1865년 12월에
노예제를 폐지했고(수정 헌법 제13조), 1870년 3월 인종과 피부색에 따라

● **미국 유권자 등록**
미국은 주민등록 제도가 없기 때
문에, 현재도 투표를 하려면 본인
이 유권자로 등록해야 한다. 그래
서 생계가 어려운 사람들, 주로 흑
인, 유색 인종, 하층민 등은 현실적
으로 투표하기가 어렵다. 2016년
대통령 선거에서 약 2000만 명의
사람이 투표를 하지 못했다.

선거권을 제한하는 것을 폐지했다(수정 헌법 제15
조). 그러나 선거에 참여하기 위해서는 유권자
로 등록해야 하는데, 흑인에 대해서는 어려운
수학 및 영어 문제를 풀 수 있는 사람들만 ●**유권
자**로 등록해 주었다. 당시 가난하고 교육받지
못한 흑인들은 수학이나 영어 문제를 풀지 못

그림 5-3 미국 워싱턴에서 개최된 여성 선거권 운동 행진 프로그램(1913.3.3)

해 실제적으로 투표권을 행사할 수 없었다. 그러다가 마틴 루터 킹(M.L. King) 목사 등이 이끄는 흑인 민권 운동으로 1965년 흑인에게 실질적으로 선거권이 부여되었다.

또한 미국에서 성별에 따른 선거권의 제한은 1920년 수정 헌법 제19조에 의해 폐지되었지만, 여전히 재산 소유와 세금 납부를 기준으로 선거권을 부여하는 제도가 1964년까지 존재했다(수정 헌법 제24조). 그래서 사실상 1960년대 중반까지 일정한 재산과 납세의 자격을 갖춘 백인 남성과 여성만이 투표권을 행사할 수 있었다. 그 후 1971년에 18세 이상의 시민으로 선거권이 확대되었다(수정 헌법 제26조).

이와 같이 18세기 이후 민주 정치를 시작했던 국가들도 20세기 초중반이 되어서야 보통 선거와 평등 선거가 정착되었다. 보통 선거는 1893년 뉴질랜드에서 처음 실시되었고, 유럽에서는 핀란드가 1906년에, 노르웨이는 1913년, 독일은 1918년, 영국은 1928년, 프랑스는 1944년, 스위스는 1971년에 실시했다. 아메리카 대륙에서는 우루과이가 1917년,

표 5-2 여성 선거권 부여 시기

대륙	국가	부여 연도(20세)	비고
유럽	핀란드	1906	
	노르웨이	1913	
	덴마크	1915	
	네덜란드	1917	
	독일, 오스트리아	1918	
	영국	1928	1918년: 30세 이상 재산 소유 여성에게 부여
	스페인	1931	
	프랑스	1944	
	이탈리아	1945	
	그리스	1952	
	스위스	1971	
오세아니아	뉴질랜드	1893	세계 최초로 여성에게 선거권 부여
	호주	1902	1962년: 호주 원주민 여성에게도 부여
아시아	터키	1934	
	필리핀	1937	
	인도네시아	1945	
	인도	1947	
	일본	1946	
	대한민국	1948(21세)	1960년: 제3차 개정 헌법에서 20세로 확대
	말레이시아	1955	
아메리카	우루과이	1917	
	캐나다	1919	
	미국	1920(백인 여성)	1965년: 흑인 여성으로 확대
	브라질	1932(21세)	
	아르헨티나	1947	
	칠레	1949	
	멕시코	1953	
아프리카	남아프리카공화국	1930(백인 여성)	1994년: 흑인 여성으로 확대
	에티오피아	1955	
	이집트	1956	
	보츠와나	1965	

캐나다는 1919년, 미국은 1920년, 브라질은 1932년에 실시했다. 아시아에서는 터키가 1934년으로 가장 빨랐고, 일본은 1946년에, 인도는 1947년에, 우리나라가 1948년에 실시했다. 아프리카에서는 에티오피아가 1955년에, 이집트가 1956년에 보통 선거를 실시했다.

이처럼 봉건제 사회의 '농노'와 군주정 국가의 '백성'(국민)에서 민주주의 국가의 주권자인 '시민'으로 성장하는 데 몇백 년의 시간과 수많은 사람들의 노력과 투쟁이 필요했다. 농노, 백성과 달리, **시민**은 민주주의 국가에서 통치자에 종속된 신분이 아니라 국가의 주인으로서 통치자를 주기적으로 선출하고 교체할 권력을 가진 주권자다. 국가의 중요한 일을 결정할 힘, 즉 '주권'은 일반 시민에게 있고, 그런 시민으로부터 통치자의 권력이 나오는 국민 주권이 민주주의의 기본 원리다.[13]

그림 5-4 백성에서 시민으로 성장

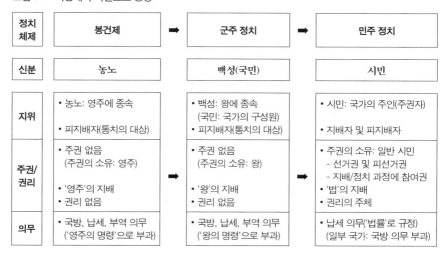

정치 체제	봉건제	➡	군주 정치	➡	민주 정치
신분	농노		백성(국민)		시민
지위	• 농노: 영주에 종속 • 피지배자(통치의 대상)		• 백성: 왕에 종속 (국민: 국가의 구성원) • 피지배자(통치의 대상)		• 시민: 국가의 주인(주권자) • 지배자 및 피지배자

주권/
권리
	• 주권 없음
	  (주권의 소유: 영주)
	
	• '영주'의 지배
	• 권리 없음
		➡	• 주권 없음
			  (주권의 소유: 왕)
			
			• '왕'의 지배
			• 권리 없음
				➡	• 주권의 소유: 일반 시민
					  - 선거권 및 피선거권
					  - 지배/정치 과정에 참여권
					• '법'의 지배
					• 권리의 주체

의무	• 국방, 납세, 부역 의무
	  ('영주의 명령'으로 부과)
			• 국방, 납세, 부역 의무
			  ('왕의 명령'으로 부과)
					• 납세 의무('법률'로 규정)
					  (일부 국가: 국방 의무 부과)

---

13 고대 그리스에서 '시민(citizen)'은 민회에 참여하여 공동체의 일을 결정하는 데 참여하고, 공직이나 재판 등 공적인 일에 참여하는 사람이었다. 그런 시민이 국가의 공적인 일에 관

2. 민주 국가에서 모든 사람이 정치에 참여할 수 있을까?

오늘날 민주 국가에서도 글자 그대로 정말 모든 사람이 동등하게 투표하고 정치에 참여할 수 있는 것은 아니다. 여전히 대부분의 민주주의 국가들은 국적, 나이, 범죄 등을 기준으로 선거권을 제한하고 있다. 많은 국가들이 외국인, 18~16세 이하 청소년, 범죄자 등에게 선거권을 부여하지 않는다.

일찍이 민주주의가 발전했던 유럽, 북아메리카 국가들은 대부분 1970~1980년대에 선거권 연령을 18세로 낮추었다. 아시아에서는 인도, 터키, 파키스탄 등이 1990~2000년에, 일본은 2015년에 18세로 낮추었다. 더 나아가 선거권 부여 연령을 16세로 낮춘 나라들도 있다. 브라질은 1988년에, 오스트리아는 2007년에, 아르헨티나는 2012년에, 스코틀랜드는 2013년에 16세 이상 청소년에게 선거권을 부여했다.

반면에 우리나라는 2005년에 공직선거법을 개정하여 선거권 연령을 20세에서 19세로 낮추었다. 하지만 경제협력개발기구[OECD]의 36개 회원국 가운데 유일하게 19세 이상에게 선거권을 부여한다는 비판을 받았다. 2004년부터 '18세 선거권 낮추기 공동연대'가 결성되어 투표 연령을 낮추는 국민청원을 제출했으며, 그 후 선거권 연령을 18세로 하향 조정하는 법률안이 여러 차례 제출되었다. 그러나 각 정당이 당리당략을 쫓아 정치적 싸움만 하면서 선거법이 개정되지 못하다가 우여곡절

심이 없고, 공동체 일을 결정하는 정치에 관심이 없으면, 'idiotes'라고 불렀다. 페리클레스의 연설에 따르면, 그리스에서는 '정치에 참여하지 않는 사람'을 자기 일(이익)에만 신경쓰는 사람이라 부르지 않고, '아테네(국가)에서 전혀 하는 일이 없는 사람'이라고 불렀다. 오늘날 '바보'를 의미하는 영어 'idiot'는 그리스어 'idiotes'에서 나온 말이다.

표 5-3 국가별 선거권 연령의 조정

대륙	국가	18세 조정 연도	16세 조정 연도	비고
유럽	영국	1969		1928(20세)
	네덜란드	1971		
	핀란드, 스웨덴	1972		
	프랑스	1974		
	이탈리아	1975		
	덴마크, 스페인	1978		
	벨기에	1981		
	스위스	1991		
	오스트리아	1992	2007	1970(19세)
	스코틀랜드	1969	2013	
오세아니아	호주	1973		
	뉴질랜드	1974		
아시아	필리핀	1973		
	인도	1989		
	터키	1995		
	일본	2015		
	파키스탄	2002		
	대한민국	2020		2005(19세)
아메리카	캐나다	1970		
	미국	1971		
	페루	1979		
	브라질	1946	1988	1932(21세)
	아르헨티나	1912	2012	
아프리카	남아프리카공화국	1958(백인)		1994(흑인)
	모로코	2002		

표 5-4 우리나라 선거권 연령의 변화

연도	선거권 연령	비고
1948	21세	제헌국회의원 선거(1948.5.10)
1960	20세	제3차 개정 헌법 제25조
2005	19세	개정 공직선거법 제15조
2004		'18세 선거권 낮추기 공동연대' 결성(2004.6) → '선거 연령 (18세) 하향 조정에 관한 국민청원' 제출
2016	18세	중앙선거관리위원회: 선거권 연령 18세로 하향 조정하는 공직선거법 개정안 제출(2016.8)
2017		'18세 선거권 국민연대' 출범(2017.1) → 선거권 연령 18세 조정 법안 제출
2018		문재인 대통령, 헌법 개정안 제출(2018.3): 선거권 연령 18세로 규정(제24조)
2020	18세	국회, 18세 이상 국민에게 선거권을 부여하는 공직선거법 개정안 가결(2019.12.27) → 2020년 1월 공포 및 시행

끝에 2019년 12월 27일 국회는 선거제 개편과 함께 18세 이상 국민에게 선거권을 부여하는 공직선거법을 가결했다. 이 선거법은 2020년 1월 14일 공포되었다. 그래서 제21대 국회의원 선거부터 선거일 기준(2020. 4.15) 18세가 넘는 고등학교 3학년 학생들도 투표할 수 있다.

그렇지만 18세 이하 청소년 이외에도, 외국인, 정신 질환자, 범죄자 등에게 선거권을 주지 않는다. 다만 2009년에 개정된 공직선거법은 영주 체류 자격을 얻은 후 3년이 지난 외국인에게 지방 선거에 한하여 선거권을 부여하고 있다. 또한 공직선거법은 •금치산자, 1년 이상의 징역 또는 금고형을 선고받고 집행이 종료되지 않은 자, 선거범, 정치자금법 위반·선거

• 금치산자(禁治産者)
정신이 상실되어 자기 행위의 결과를 판단할 능력이 없는 자로서 가정법원에서 금치산 선고를 받은 자다. 민법이 개정되어, 2013년 7월부터 금치산자 제도 대신에 **성년 후견인** 제도가 실시되었다. 정신적 제약으로 사무를 처리할 능력이 없는 사람에 대해 가족, 검사, 지방자치단체장이 성년 후견인 지정을 가정법원에 신청할 수 있다(민법 제9조).

비용 위반·뇌물 관련 범죄로 100만 원 이상 벌금형이 확정된 후 5년이 경과되지 않은 자 또는 징역형이 확정된 후 10년이 경과되지 않은 자에게 선거권을 부여하지 않는다.

공직선거법에 의해 선거권이 없는 자는 대통령, 국회의원, 지방자치단체장, 지방의원 등에 후보자로 출마할 피선거권도 없다. 대법원 판례를 보면, 2016년 20대 총선을 앞두고 불법 선거운동을 한 혐의로 재판에 넘겨진 A 국회의원에 대하여, 2018년 5월 대법원은 공직선거법 위반 등으로 징역 8개월에 집행유예 2년, 자격정지 1년을 선고한 원심을 확정했다. 이 법에 따라 A 의원의 당선은 무효가 되었고, 향후 10년 동안 선거에 출마할 수 없게 되었다(연합뉴스, 2018.5.11). 또한 2014년 지방선거를 앞두고 사전 선거운동을 하고 불법 정치자금을 받은 혐의로 재판에 넘겨진 B 대전광역시장에 대하여, 역시 2017년 11월 대법원이 정치자금법 위반 혐의로 징역 6개월에 집행유예 2년을 선고한 원심을 확정하여, B 시장의 당선은 무효가 되었고, 향후 10년 동안 선거에 출마할 수 없게 되었다(≪중앙일보≫, 2017.11.14).

하지만 민주주의는 이성적으로 판단하는 능력에 있어서 모두가 동등하다는 **정치적 평등의 원리**에 기초하여 모든 시민이 주권자로서 평등하게 정치에 참여하는 체제다. 이성적인 판단 능력은 고등학교 3학년이나 1학년 학생 사이에 질적으로 차이가 없다. 고등학생도 정치와 관련된 정보를 자유롭게 활용해 합리적으로 판단할 수 있으며, 실제로 학생들은 학생회장을 민주적으로 선출하고 학교 행사를 스스로 결정하는 학교 자치를 경험하고 있다. 이미 브라질, 아르헨티나, 오스트리아 등은 16세 이상 청소년에게 선거권을 부여하고 있지만 교실의 정치화와 불법적인 선거운동 같은 부작용은 발생하지 않는다.

그러므로 나이를 이유로 차별하지 말고, 이제 우리나라도 정치적 평등의 원리와 청소년의 참정권을 보장하기 위하여 선거권 연령을 16세로 낮추는 방안을 사회적으로 논의해야 한다. "학생은 공부에 전념하고 투표와 정치는 대학에 간 다음에 하라"라는 말은 더 이상 설득력이 없다. 유관순(당시 16세) 열사를 포함해 많은 학생들이 목숨 걸고 3·1 독립운동에 참여했고, 3·15 부정선거를 규탄하는 일에 앞장서서 4·19 혁명을 이끌었던 중심에 김주열 학생(당시 16세)을 비롯해 중·고등학생들이 있었으며, 촛불혁명에서 청소년들이 정치권을 비판하며 주체적으로 시위에 참여했다.

고등학생에게 투표권을 준다고 해도, 보수 진영이 우려하는 교실의 정치화나 교사의 선거운동 같은 부작용은 일어나지 않을 것이다. 그런 일은 현재의 법과 제도로 충분히 막을 수 있다. 교실의 정치화가 우려된다면, 교사와 학생이 정치적 중립성과 공정성을 지키는 원칙과 기준을 마련하고, 학생들이 공정하게 투표하는 방법에 대해 선거 교육을 실시하면 된다. 무엇보다도 학생들이 민주주의를 충분히 이해하고 대표자를 합리적으로 선출하는 능력을 기르도록 **민주 시민 교육**을 강화해야 한다. 청소년이 선거에 참여할 권리와 기회를 가지면, 어릴 때부터 민주주의를 직접 체험함으로써 주권자 의식을 갖고 정치에 능동적으로 참여하는 민주 시민으로 성장할 것이다.

06

DEMOCRACY

민주주의의 기준과 발전 정도

오늘날 지구상 대부분의 국가들이 민주주의를 채택하고 있다. 민주주의와 거리가 멀어 보이는 북한의 공식 명칭도 '조선민주주의 인민공화국'이고, 중국은 1949년 신민주주의 혁명을 통해 '중화인민공화국'을 수립했으며, 러시아는 소비에트 연방 해체 이후 1992년 5월 '러시아 연방공화국'을 수립했다. 하지만 이 나라들이 진정으로 민주주의를 실시한다고 보기 어렵다. 그러면 진정한 민주주의와 가짜 민주주의를 어떻게 구별할 수 있을까? 또한 각 나라의 정치적 상황과 역사에 따라 민주주의가 실제로 이루어지는 방식과 정도가 다른데, 민주주의가 어느 정도 발전했는지 어떻게 알 수 있을까?

1. 진짜와 가짜 민주주의를 구별하는 기준은 무엇일까?

오늘날 세계 대부분의 국가들이 민주주의를 표방하고 있지만 통치자가 민주주의를 왜곡하거나 변질시키는 일이 종종 일어나고 있다. 아시아, 남아메리카, 아프리카의 일부 국가에서는 통치자들이 장기간 독재 정치를 하면서 독재를 정당화하기 위해 자기 나라에 적합한 민주주의를 실시한다고 주장하는 경우가 많았다. 예를 들면 1945년에 독립한 인도네시아에서 초대 대통령 아크멧 수카르노(A. Sukarno)는 뛰어난 정치 지도자가 국가와 국민을 지도해야 한다는 주장을 내세워 '인도네시아식 민주주의'를 주창했다. 즉, 독립 이후 나타난 사회 문제와 혼란을 극복하기 위해서는 뛰어난 지도자가 나라를 강력하게 통치해야 한다는 것이었다. 하지만 실제로 인도네시아식 민주주의는 수카르노의 장기 집권과 독재를 정당화하기 위한 수단에 불과했다. 수카르노는 인도네시아식 민주주의를 주장하면서 1945년부터 21년간 장기 집권하다가 국민들의 퇴진 요구에 따라 1966년 3월에 물러났다.

우리나라에서도 비슷한 일이 있었다. 1961년 쿠데타로 정권을 잡은 박정희는 지속적인 경제 성장과 남북통일을 위해 한 지도자가 나라를 연속적으로 통치해야 한다며 **한국식 민주주의**를 주장했다. 그러나 한국식 민주주의는 수카르노의 인도네시아식 민주주의를 모방한 것으로, 이 또한 박정희의 장기 집권과 독재를 정당화하기 위한 수단에 지나지 않았다.

이처럼 형식적으로 민주주의를 채택했다고 모두 민주주의 국가라고 보기 어렵다. 어떤 나라에서 진정으로 민주주의가 실시되고 있는지를 판단하기 위해서는 진짜와 가짜 민주주의를 구별할 수 있는 기준이 필요하다. 이에 대해 로버트 매키버(R.M. MacIver)는 진정한 민주주의를 구별하는 기준을 다섯 가지로 제시했다(MacIver, 1956: 97).

• 사람들이 정부의 정책에 대해 자유롭게 그리고 전적으로 반대 의

건을 표현할지라도 이전과 같이 안전을 보장받는가?

- 정부에 반대되는 정책을 제시하는 조직을 자유롭게 만들 수 있는가?
- 집권당(여당)에 대해 자유롭게 반대하는 투표를 할 수 있는가?
- 집권당에 반대하는 투표자가 많을 경우에, 그 투표로 기존 정부를 물러나게 할 수 있는가?
- 정부를 결정하는 선거가 일정 기간과 조건하에서 주기적으로 행해지는 법적 장치가 있는가?

그런데 매키버가 제시한 구별 기준들은 '정부에 대한 비판' 및 '투표를 통한 정부 교체'와 관련하여 중복된 요소들이 많다. 그리고 컴퓨터와 인터넷, 소셜 네트워크 서비스(SNS)의 발달로 직접 민주주의가 더 강화된 현대 사회의 정치적 상황을 반영하지 못하는 한계를 지녔다.

민주주의는 시민이 주권을 행사하고 기본적 권리를 보장하기 위해 다음과 같은 법과 제도를 갖추어야 한다.

첫째, 민주주의는 통치자의 임기와 연임을 제한하고 시민의 기본적 권리를 보장하는 '헌법'에 기초해야 한다(입헌주의 원리). 즉, 통치자의 권력을 통제하는 가장 효과적인 수단은 임기를 정하고 연속 임명되는 것을 제한하는 규정을 헌법으로 정해두는 것이다. 통치자가 헌법에 의거해 선출되고 헌법에 따라 권력을 행사할 때, 시민의 자유와 기본권을 보장할 수 있다.

둘째, 민주주의는 국가 권력을 법률의 제정(국회), 법률의 집행(행정부), 법률의 적용과 재판(법원)으로 분리시켜 서로 견제하고 균형을 이루도록 조직해야 한다(권력 분립의 원리). 국가 권력을 여러 기관에 분산시킴으로써 지배자의 독재와 권력 남용을 막고 시민의 기본적 권리의 침해를 예방하는 것이 민주주의의 핵심 요소다.

셋째, 민주주의는 모든 시민에게 동등한 자유권, 보통·평등 선거권, 국민 투표권 등 기본적 권리를 보장하는 헌법과 제도를 갖추어야 한다(기본권 보장의 원리). 민주주의는 모든 시민이 정치적으로 평등하다는 전제에서 동등하게 주권을 행사하고 지배에 참여하는 것을 보장하는 제도가 필요하다.

넷째, 민주주의는 시민을 대신해 지배할 대표자를 주기적으로 선출하는 선거 제도가 확립되어야 한다(국민 주권의 원리). 통치자가 독재하거나 권력을 남용하는 것을 통제할 수 있는 효과적인 수단이 바로 선거다. 통치자의 임기를 4~5년으로 정하고 연속 임명되는 기간을 2~3회로 제한함으로써 선거는 주기적으로 통치자의 권력 행사에 대해 평가하여 교체하고 권력 남용을 견제하는 역할을 한다.

다섯째, 민주주의는 개인 및 집단의 차이와 문화적 다양성을 존중하는 전통과 관습을 발전시켜야 한다. 민주주의는 다양한 인종, 민족, 집단을 서로 존중하고 다양한 전통과 문화를 누리면서 함께 평화롭게 상생하는 사회를 만들어야 한다.

민주주의 목적과 기본 원리에 기초하여 진정한 민주주의인지 아닌지를 구분하는 기준과 제도를 제시하면 〈표 6-1〉과 같다.

그러면 민주주의의 기준과 제도에 비추어, 북한과 박정희 정권이 실시한 민주주의가 진짜 민주주의인지 아닌지 살펴보자. 북한은 헌법에서 공식적으로 '조선민주주의 인민공화국'을 채택하고 있다. 하지만 1945년 이후 현재까지 김일성, 김정일, 김정은 3대가 세습을 했고, 최고 지도자의 임기는 한정되지 않고 종신직이다. 그렇기 때문에 통치자를 주기적으로 선출하거나 교체하는 선거가 없다. 조선노동당 하나만

표 6-1 민주주의의 기준과 제도

민주주의의 기준	민주주의의 제도
시민의 대표자(의원, 대통령 등)를 선출하는 선거가 주기적으로 실시되는가?	• 공정한 선거 제도 • 독립된 선거 관리 제도
주기적 선거를 통해 정부와 집권당이 평화적으로 교체되는가?	• 선거를 통한 정부 교체 • 정부 인수 제도
정부가 개인의 자유와 권리를 실질적으로 보장하는가?	• 인권 보장 제도 • 권리 구제 제도
개인, 시민사회단체, 언론 등이 정부를 자유롭게 비판하고 감시하는 활동이 보장되는가?	• 표현의 자유 제도 • 언론의 자유 제도 • 정보 공개 청구 제도
선거 이외에 정부의 입법과 정책 결정 과정에 시민의 참여를 보장하는가?	• 시민의 정치 참여 제도 • 국민 투표, 국민 발안, 국민 소환 제도

존재하기 때문에 선거를 통해 정부와 집권당을 합법적으로 교체하는 것이 불가능하다. 또한 개인의 자유와 권리를 실질적으로 보장하지 않으며, 정부와 최고 지도자에 대해 전혀 비판할 수 없다. 한 예로, 2012년 부자 세습을 통해 국방위원회 위원장과 원수로 추대된 김정은은 1인 독재 체제를 강화하기 위해 고모부인 장성택을 명령 불복과 반당파적 행위 등의 이유로 군사 재판 직후 곧바로 처형했고, 자신에게 비협조적인 고위 간부들을 숙청했다. 북한에서는 노동당 대표위원 및 최고인민회의 대의원 이외에 대다수의 주민이 정치 과정에 참여할 권리와 기회는 주어지지 않는다.

이런 점에서 북한은 민주주의 인민공화국을 내세우고 있지만, 실제로는 모든 시민이 주권자로서 지배에 참여하는 '민주주의'를 실시하지 않으며, 통치자의 세습을 금지해 국가 권력을 다수가 공유하는 '공화국' 도 아니다.

마찬가지로 민주주의의 기준과 제도에 비추어 보면, 우리나라의 박정희 정권(1961~1979)은 '한국식 민주주의'를 실시한다고 주장했지만 실질적으로 민주주의가 이루어졌다고 할 수 없다. 몇 가지 중요한 사례들을 살펴보면, 박정희는 1961년 5·16 쿠데타 직후 '특수범죄 처벌에 관한 특별법' 등을 만들어 4·19 혁명에서 드러난 학생, 노동자, 언론, 정당의 민주화 요구들을 탄압했고, 민주화 운동을 하는 주요 인물들을 구속했다. 또한 쿠데타 직후 민족일보의 사장 조용수를 북한 선전 혐의로 체포하여 1961년 12월에 바로 사형시키기도 했다[2008년 서울중앙지방법원은 조용수에게 무죄를 선고함(연합뉴스, 2008.1.16)].

1964년 8월에는 중앙정보부가 인민혁명당이 북한의 지령을 받고 한일회담 반대 학생시위를 배후에서 조종했다는 '인혁당 사건'을 발표하고, 관련자 41명을 국가보안법 위반으로 구속했다. 또한 1974년 4월 중앙정보부는 민청학련의 정부 전복 사건 배후에 과거 인민혁명당과 재일 조총련계의 조종을 받은 일본 공산당원과 좌파 세력이 작용하여 공산주의 정권 수립을 계획했다는 '인혁당 재건위원회 사건'을 발표했다. 이 사건으로 구속된 8명에 대해, '긴급조치 제2호'로 설치된 비상보통군법회의는 1974년 7월 사형을 선고했고, 이듬해 4월 8일 대법원에서 사형이 확정되었는데, 바로 다음 날 8명의 사형이 집행되었다[2005년 12월, '국가정보원 과거사 진실 규명을 통한 발전위원회'는 중앙정보부의 가혹 행위와 인민혁명당의 구성 및 가입 등에 대한 조작을 인정했고, 2007년 1월 서울중앙지방법원은 희생자 8인에게 무죄를 선고함(≪경향신문≫, 2007.1.23)].

1970년에는 김지하 시인이 박정희 독재 체제하의 재벌, 국회의원, 고위 공무원, 장차관, 장군 등 부정·부패의 주범들을 •을사오적에 비유하여 풍자한 시 「오적(五賊)」을 ≪사상계≫

• 을사오적
1905년 을사늑약의 체결에 찬성한 대신(장관) 이완용, 이근택, 이지용, 박제순, 권중현 등 5명의 매국노를 이르는 말이다.

5월 호에 발표했는데, 박정희 정권은 반공법 위반 혐의로 김지하와 잡지 발행인 및 편집인을 구속하고, 1970년 9월에 ≪사상계≫를 폐간시켰다.

또한 박정희 정권은 장기 집권을 위해 대통령의 연임 금지 조항을 삭제하고 3선 연임을 허용하는 헌법 개정안을 1969년 9월 14일 일요일 새벽, 여당 의원들만 참석한 가운데 국회 별관에서 변칙적으로 통과시켰다. 또한 1972년 10월 17일 비상계엄령을 선포한 후, 대통령의 중임 제한 조항을 철폐하고 대통령 간선제를 채택하며 긴급조치권을 부여하는 •유신 헌법을 제정했다. 유신 헌법은 박정희의 장기 집권을 위해 5000명 이하의 통일주체국민회의 대의원을 통해 간접 선거로 대통령을 선출하게 함으로써, 국민이 선거를 통해 대통령을 선출할 주권을 원천적으로 박탈했다. 그리고 긴급조치 제1~9호를 발동해 유신 헌법 및 독재에 반대하는 집회 및 시위를 금지했으며, 학생, 지식인, 언론인, 시민사회단체 대표를 구속하고 고문하는 등 개인의 자유와 권리를 참혹하게 짓밟았다.

• 유신 헌법
1972년 박정희의 영구 집권이 가능하도록 대통령의 연임 제한을 없애고 대통령을 간접 선출하도록 개정한 헌법이다. 이에 따르면, 대통령은 5000명 이하의 통일주체국민회의에서 토론 없이 선출하고, 대통령의 임기는 6년으로 연임이 가능했다. 또한 대통령이 국회의원의 3분의 1을 추천하고, 국회를 해산할 수 있고, 법관도 임명했다.

이에 1974년 10월 동아일보와 동아방송의 언론인 200여 명이 박정희 정권의 언론 검열에 저항하며 '자유언론 실천선언'을 발표했다. 그러자 박정희 정권은 언론사에 압력을 넣어 1975년 3월 동아일보와 동아방송 소속 언론인 150여 명을 해직시켰다. 이처럼 민주주의의 기준과 제도에 비추어 볼 때, 박정희 정권 시기는 진정한 민주주의가 실시되었다고 보기 어렵다.

다른 나라의 상황을 살펴보면, 전 세계 민주주의 국가는 1860년에 1개

표 6-2 민주주의 국가 수(1860~1990)

연도	1860	1880	1900	1920	1940	1950	1960	1970	1980	1990
국가 수	37	41	43	51	65	75	87	119	121	192
민주주의 국가	1 (2.7)	3 (7.3)	6 (14.0)	15 (29.4)	19 (29.2)	25 (33.3)	36 (41.4)	40 (33.6)	37 (30.6)	65 (33.9)

*( )는 민주주의 국가 수를 백분율로 표시한 것이고, 단위는 %.
자료: 달(2002: 25).

표 6-3 민주주의 국가 수(2006~2018)

연도	2006	2008	2010	2012	2014	2016	2018
민주주의 국가	82 (49.1)	80 (47.9)	79 (47.3)	79 (47.3)	76 (45.5)	76 (45.5)	75 (44.9)

*( )는 민주주의 국가 수를 백분율로 표시한 것이고, 단위는 %.
자료: The Economist Intelligence Unit(2019b).

국에 불과하던 것이 1960년에 36개국(41.4%), 1990년에 65개국(33.9%)으로 증가했지만, 국가 비율로 보면 1990년까지 전 세계 국가의 3분의 1 정도에 불과했다. 그리고 최근 이코노미스트(The Economist Intelligence Unit, 2019b)의 조사에 따르면, 전 세계 167개국 중에서 민주주의 국가는 2006년 82개국(49.1%)으로 조금 증가했지만, 그 후 점차 민주주의가 후퇴하는 국가들이 나타나면서 2018년 75개국(44.9%)으로 줄어들었다.

2. 민주주의가 발전했는지 어떻게 알 수 있을까?

민주주의가 어느 정도 발전했는지를 평가하는 방법은 다양하지만, 그중 이코노미스트(The Economist Intelligence Unit, 2019a; 2019b)가 2006년부터 세계 167개 국가를 대상으로 민주주의의 발전 정도를 조사한 **민주주의 지수**(democracy index)가 유용하다. 민주주의 지수는 '선거 과정과 다원주의', '정부 기능', '정치 참여', '정치 문화', '시민 자유' 5개 영역에서 60개 항목을 조사해 0~10 척도로 측정된다.

5개 영역이 충실하게 보장되어 민주주의 지수가 8.01 이상인 나라들은 '충분한 민주주의(Full Democracies)'로 분류된다. 선거 제도가 확립되고 시민의 자유는 보장되지만 정부의 권력 분립이 충분하게 이루어지지 않고 정치 문화가 성숙하지 못해, 민주주의 지수가 6.01~8.00인 나라들은 '결점 있는 민주주의(Flawed Democracies)'로 구분된다. 그리고 표면적으로 민주주의를 채택했지만, 주기적인 선거를 통해 정권이 교체되지 않으며 반대 정당과 정치인, 언론에 대한 탄압이 심하고 법의 지배와 권력 분립이 낮은 수준에 머물러서, 민주주의 지수가 4.01~6.00인 나라들은 '혼합 체제(Hybrid Regimes)'로 분류된다. 형식적으로 민주주의 제도를 채택했지만 실제로는 독재가 장기간 지속되며 정부가 언론을 국유화하거나 정부에 대한 비판을 탄압하여, 민주주의 지수가 4.00 이하인 나라들은 '권위주의 체제(Authoritarian Regimes)'로 구분된다.

이코노미스트의 조사 결과를 종합해 보면, 2017년과 비교할 때 2018년에 48개국의 민주주의 지수는 상승했지만, 42개국은 하락했고, 77개국은 정체되었다. 167개국 중에 민주주의 국가는 2006년 82개국(49.1%)에서 2018년 75개국(44.9%)으로 줄어들었다. 특히 충분한 민주주의가 발전한 국가는 2006년 28개국에서 2018년 20개국으로 감소했다. 반면에 혼합 체제 국가는 2006년 30개국에서 2018년 39개국으로 증가했다.

정치 체제별로 거주하는 인구수를 살펴보면, 2018년 기준 충분한 민

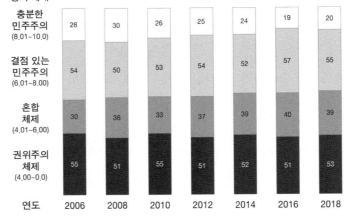

그림 6-1 정치 체제별 국가 수(2006~2018)

정치 체제

충분한 민주주의 (8.01~10.0)	28	30	26	25	24	19	20
결점 있는 민주주의 (6.01~8.00)	54	50	53	54	52	57	55
혼합 체제 (4.01~6.00)	30	36	33	37	39	40	39
권위주의 체제 (4.00~0.0)	55	51	55	51	52	51	53
연도	2006	2008	2010	2012	2014	2016	2018

자료: The Economist Intelligence Unit (2019b).

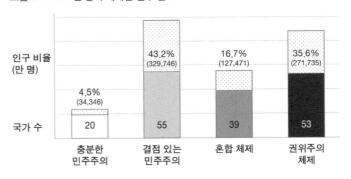

그림 6-2 2018년 정치 체제별 인구 분포

인구 비율 (만 명)

4.5% (34,346) / 43.2% (329,746) / 16.7% (127,471) / 35.6% (271,735)

국가 수: 20 / 55 / 39 / 53

충분한 민주주의 / 결점 있는 민주주의 / 혼합 체제 / 권위주의 체제

자료: The Economist Intelligence Unit (2019a), UNFPA (2019).

주주의 국가에 사는 인구는 3억 4346만 명(4.5%)에 불과했다. 결점 있는 민주주의를 포함하더라도 민주주의 국가에 사는 인구는 36억 4092만 명(47.7%)으로 절반에 미치지 못했다. 반면에 아직도 전체 인구의 3분의

1 이상인 27억 1735만 명(35.6%)이 권위주의 국가에서 기본적 자유와 권리를 억압받으며 살고 있다.

3. 세계 여러 나라의 민주주의는 얼마나 발전했을까?

그러면 세계 여러 나라의 민주주의는 어느 정도 발전했는지 지역별로 각 나라의 민주주의 발전 정도를 살펴보자.

2018년 충분한 민주주의는 서유럽 14개국, 오세아니아 2개국(호주, 뉴질랜드), 북아메리카 1개국(캐나다)에서 발전했다. 그러나 동유럽, 아시아, 중동, 아프리카 지역(섬나라 모리셔스[14] 제외)에서는 충분한 민주주의가 발전한 나라가 없었다. 결점 있는 민주주의는 서유럽 6개국, 동유럽 12개국, 중앙·남아메리카 14개국, 아시아 13개국에서 발달했다. 혼합 체제는 서유럽(터키 제외)과 북아메리카 국가에서는 나타나지 않았지만, 동유럽 9개국, 남아메리카 5개국, 아시아 6개국, 사하라 이남 아프리카 14개국 등 주로 개발도상국에서 나타났다. 권위주의 체제는 사하라 이남 아프리카 22개국과 중동/북아프리카 14개국에 집중되었고, 동유럽과 아시아에서 각각 7개국이 나타났다.

18~19세기에 일찍 민주주의를 실시하고 경제를 발전시킨 서유럽, 북아메리카 선진국들은 2018년 민주주의 지수 평균이 8.35와 8.56으로

---

14 모리셔스는 아프리카 동쪽에 위치한 작은 섬나라다. 면적이 약 2000제곱킬로미터이고(인천시 면적의 2배) 인구는 약 130만 명이다. 1600년대부터 네덜란드, 프랑스, 영국의 식민 지배를 받다가, 1968년 영연방에서 독립하여 공화국을 수립했다. 민주주의 지수는 2006년 8.04에서 2018년 8.22로 충분한 민주주의가 실시되고 있으며, 2018년 1인당 국민총소득은 1만 2050달러였다.

그림 6-3 세계 지역별 민주주의 국가 현황(2018)

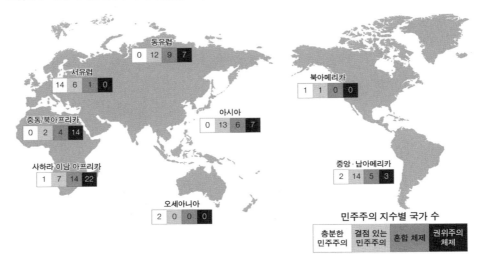

자료: The Economist Intelligence Unit (2019a).

충분한 민주주의가 실현되고 있다. 2018년 1인당 국민총소득 평균은 역시 각각 4만 7894달러와 5만 3855달러로 높은 국민소득 수준을 유지했다. 서유럽과 북아메리카의 1인당 국민총소득은 중앙·남아메리카 국가보다 5~6배, 아시아 국가보다 7~8배, 중동/북아프리카 국가(산유국 제외)보다 12~14배, 사하라 이남 아프리카 국가보다 32~36배 정도 높은 수준을 나타냈다.

동유럽은 20세기 초반 이후 사회주의 국가였다가 1992년 1월 소비에트 연방의 붕괴 이후 민주주의와 시장 경제를 도입했다.[15] 그에 따라

---

15 자본주의와 사회주의는 '생산 수단의 소유 방식'을 기준으로 분류하는 경제 체제다. 자본주의는 개인이나 기업이 토지, 자원 같은 생산 수단을 소유하는 경제 체제이고, 사회주의는 국가나 공동체가 생산 수단을 소유하는 경제 체제다. 반면에 '경제 문제를 해결하는 방

2018년 민주주의 지수 평균이 5.42로 10분의 4 정도의 국가에서 결점 있는 민주주의가 발전했고, 2018년 1인당 국민총소득 평균은 1만 8480달러였다. 하지만 소비에트 연방의 해체 이후에도 여전히 독재와 정치적 혼란을 겪고 있는 국가들은 혼합 체제 또는 권위주의 체제에 머물렀다.

20세기 식민 지배에서 독립하여 민주주의를 도입하고 경제 성장을 추진했던 중앙·남아메리카, 아시아의 개발도상국들은 2018년 민주주의 지수 평균이 각각 6.24와 5.67로, 절반 정도의 국가들에서 결점 있는 민주주의가 발전했다. 그러나 민주주의를 도입했지만 독재 정치와 정치적 갈등이 지속되면서, 남아메리카 국가의 3분의 1, 아시아 국가의 2분의 1 정도가 혼합 체제 또는 권위주의 체제를 나타냈다. 그에 따라 중앙·남아메리카와 아시아 국가(중앙아시아 제외)의 2018년 1인당 국민총소득 평균은 각각 8700달러와 6451달러로, 민주주의가 발전한 서유럽의 6분의 1~8분의 1 수준에 머물렀다. 특히 남아시아 국가들은 독재와 정치적 혼란이 반복되면서 혼합 체제 또는 권위주의 체제에 머물렀고, 2018년 1인당 국민총소득 평균은 1925달러로 매우 가난한 상태다.

중동/북아프리카 국가들은 2018년 민주주의 지수 평균이 3.54로, 3분의 2 정도의 국가들이 권위주의 체제에 머물렀다. 이 지역 국가들은 이

식'을 기준으로 하면, 경제 체제는 시장 경제와 계획 경제로 구분된다. 시장 경제는 무엇을 어떻게 생산하고 소비할 것인지 같은 경제 문제의 해결을 시장에 맡기고, 개인이나 기업이 자유로운 경제 활동을 하고 시장을 통해 생산과 분배, 소비가 자유롭게 이루어지는 경제 체제다. 계획 경제는 국가가 경제 활동을 계획하고 통제하며 국가가 분배하는 경제 체제다. 중국은 독특하게 토지, 은행 등 생산 수단을 국가가 소유하는 사회주의를 기본으로 유지하면서, 동시에 시장을 통해 개인의 자유로운 경제 활동을 허용하는 '사회주의적 시장 경제'를 실시하고 있다.

슬람교와 가부장적 문화가 지배하고 있어서, 왕 또는 종교 지도자가 통치하는 정치 형태를 취하고 있기 때문이다. 이들 국가의 2018년 1인당 국민총소득 평균(산유국 제외)은 3868달러로 가난한 상태에 머물렀다.

그리고 사하라 이남 아프리카 국가들은 2018년 민주주의 지수 평균이 4.36으로, 민주주의가 발전한 나라는 거의 없었고 절반 이상이 권위주의 체제에 머물렀다. 이 나라들은 형식적으로 민주주의를 도입했지만, 쿠데타와 독재, 내전이나 종족(부족) 간 충돌 등으로 정치적 혼란이 반복되고 있다. 그에 따라 2018년 1인당 국민총소득 평균은 1507달러로 매우 가난한 상태다. 특히 민주주의가 발전하지 못하고 권위주의 체제가 지속되면서, 국민소득 1000달러 이하에 머무는 •최빈 개도국 47개국 중 33개국(70.2%)이 아프리카에 집중되어 있다.

2006~2018년 사이 각 국가별 민주주의 지수를 분석해 보면, 대체로 서유럽, 북아메리카, 오세아니아 국가들에서 민주주의가 발전했고 국민소득도 높다는 것을 발견할 수 있다(박상준, 2018b: 165~180).

> • 최빈 개도국
> 유엔 경제사회이사회는 1인당 국내총생산, 신생아 사망률, 문맹률, 고용률 등을 기준으로 세계에서 가장 가난한 국가를 최빈 개도국으로 정했다. 2018년 최빈 개도국은 47개국인데, 그중 33개국(70.2%)이 아프리카에 집중되어 있고, 남아시아에 6개국(12.8%), 태평양의 소규모 섬나라에 5개국이 있다.

서유럽의 경우에 노르웨이(9.55 → 9.87), 아일랜드(9.01 → 9.15), 영국(8.08→8.53) 등 3개국은 민주주의 지수가 상승했지만, 15개국(71.4%)은 하락했으며, 3개국은 정체되었다. 특히 포르투갈(8.16 → 7.84), 프랑스(8.07→7.80), 벨기에(8.15→7.78), 그리스(8.13→7.29)는 충분한 민주주의에서 결점 있는 민주주의로 떨어졌다. 또한 터키의 민주주의 지수(5.70→4.37)는 크게 하락하여 혼합 체제에 머물렀다. 서유럽에서는 2008년 세계 경제 위기를 겪으면서 정부의 위기 대응 부족, 극우 단체와 극우 정

표 6-4 국가별 민주주의 지수의 변화(2006~2018)

정치 체제	국가 \ 연도	2006	2008	2010	2012	2014	2016	2018
충분한 민주주의 (8.01~10.0)	노르웨이	9.55	9.68	9.80	9.93	9.93	9.93	9.87(1)
	뉴질랜드	9.01	9.19	9.26	9.26	9.26	9.26	9.26(4)
	아일랜드	9.01	9.01	8.79	8.56	8.72	9.15	9.15(6)
	캐나다	9.07	9.07	9.08	9.08	9.08	9.15	9.15(6)
	호주	9.09	9.09	9.22	9.22	9.01	9.01	9.09(9)
	스위스	9.02	9.15	9.09	9.09	9.09	9.09	9.03(10)
	독일	8.82	8.82	8.38	8.34	8.64	8.63	8.68(13)
	영국	8.08	8.15	8.16	8.21	8.31	8.36	8.53(14)
	우루과이	7.96	8.08	8.10	8.17	8.17	8.17	8.38(15)
	코스타리카	8.04	8.04	8.04	8.10	8.03	7.88	8.07(20)
결점 있는 민주주의 (6.01~8.00)	대한민국	7.88	8.01	8.11	8.13	8.06	7.92	8.00(21)
	일본	8.15	8.25	8.08	8.08	8.08	7.99	7.99(22)
	칠레	7.89	7.89	7.67	7.54	7.80	7.78	7.97(23)
	미국	8.22	8.22	8.18	8.11	8.11	7.98	7.96(25)
	포르투갈	8.16	8.05	8.02	7.92	7.79	7.86	7.84(27)
	보츠와나	7.60	7.47	7.63	7.85	7.87	7.87	7.81(28)
	프랑스	8.07	8.07	7.77	7.88	8.04	7.92	7.80(29)
	벨기에	8.15	8.16	8.05	8.05	7.93	7.77	7.78(31)
	이탈리아	7.73	7.98	7.83	7.74	7.85	7.98	7.71(33)
	체코	8.17	8.19	8.19	8.19	7.94	7.82	7.69(34)
	그리스	8.13	8.13	7.92	7.65	7.45	7.23	7.29(39)
	인도	7.68	7.80	7.28	7.52	7.92	7.81	7.23(41)
	아르헨티나	6.63	6.63	6.84	6.84	6.84	6.96	7.02(47)
	말레이시아	5.98	6.36	6.19	6.41	6.49	6.54	6.88(52)

	필리핀	6.48	6.12	6.12	6.30	6.77	6.94	6.71(53)
	폴란드	7.30	7.30	7.05	7.12	7.47	6.83	6.67(54)
	헝가리	7.53	7.44	7.21	6.96	6.90	6.72	6.63(57)
	튀니지	3.06	2.96	2.79	5.67	6.31	6.40	6.41(63)
혼합 체제 (4.01~ 6.00)	온두라스	6.25	6.18	5.76	5.84	5.84	5.92	5.63(85)
	부탄	2.62	4.30	4.68	4.65	4.87	4.93	5.30(94)
	네팔	3.42	4.05	4.24	4.16	4.77	4.86	5.18(97)
	태국	5.67	6.81	6.55	6.55	5.39	4.92	4.63(106)
	나이지리아	3.52	3.53	3.47	3.77	3.76	4.50	4.44(108)
	터키	5.70	5.69	5.73	5.76	5.12	5.04	4.37(110)
권위주의 체제 (4.00~ 0.0)	니카라과	5.68	6.07	5.73	5.56	5.32	4.81	3.63(122)
	이집트	3.90	3.89	3.07	4.56	3.16	3.31	3.36(127)
	중국	2.97	3.04	3.14	3.00	3.00	3.14	3.32(130)
	베네수엘라	5.42	5.34	5.18	5.15	5.07	4.68	3.16(134)
	짐바브웨	2.62	2.53	2.64	2.67	2.78	3.05	3.16(134)
	러시아	5.02	4.48	4.26	3.74	3.39	3.24	2.94(144)
	우즈베키스탄	1.85	1.74	1.74	1.72	2.45	1.95	2.01(156)
	예멘	2.98	2.95	2.64	3.12	2.79	2.07	1.95(158)
	시리아	2.36	2.18	2.31	1.63	1.74	1.43	1.43(166)
	북한	1.03	0.86	1.08	1.08	1.08	1.08	1.08(167)

*( )는 167개국 중 순위.
자료: The Economist Intelligence Unit(2019b).

당의 득세, 난민 반대 운동, 테러, 정치 불신 같은 문제가 발생했다. 그로
인해 2010년 이후 포르투갈, 프랑스, 벨기에, 그리스는 정부 기능, 정치
참여, 정치 문화 지수가 낮아지면서 결점 있는 민주주의로 떨어졌다.

마찬가지로 북아메리카의 캐나다(9.07→9.15), 오세아니아의 뉴질랜

드(9.01→9.26)는 민주주의 지수가 상승했지만, 미국(8.22→7.96)은 하락했고, 호주(9.09)는 정체되었다. 미국은 경제 침체와 실업 증가, 러시아의 대선 개입 의혹, 트럼프 대통령의 독단적인 정부 운영, 이민자 추방 정책, 국경 장벽 설치 등으로 인해 정부 기능과 정치 문화 지수가 낮게 평가되면서 2016년 이후 결점 있는 민주주의로 후퇴했다.

동유럽에서 에스토니아(7.74→7.97), 조지아(4.90→5.50) 등 4개국은 민주주의 지수가 상승했지만, 3분의 2 정도인 19개국(67.9%)은 하락했으며, 5개국은 정체되었다. 세계 경제 위기 이후 체코(8.17→7.69)는 충분한 민주주의에서 결점 있는 민주주의로 후퇴했고, 헝가리(7.53→6.63), 폴란드(7.30→6.67)의 민주주의 지수도 크게 떨어졌다. 1992년 소비에트 연방이 해체되면서 동유럽 국가들은 대부분 공산당의 독재 체제를 폐지하고 민주주의와 시장 경제를 도입하면서 경제도 빠르게 성장했다. 하지만 2008년 세계 경제 위기를 겪으면서 정부의 위기 대응 능력이 부족했고 정치적 혼란이 증가해 민주주의가 후퇴하는 경향을 나타냈다.

카자흐스탄(3.62→2.94), 우즈베키스탄(1.85→2.01) 등은 민주주의를 도입했지만 독재와 정치적 혼란이 지속되면서 권위주의 체제에 머물고 있다. 특히 러시아는 소비에트 연방의 해체 이후 민주주의와 시장 경제를 도입했지만, 푸틴의 장기 집권(2000~2024)과 2012년 대통령 부정 선거, 푸틴 반대 시위, 언론 통제 등으로 인해 민주주의 지수가 2006년 5.02(102위)에서 2018년 2.94(144위)로, 혼합 체제에서 권위주의 체제로 떨어졌다.

중앙·남아메리카의 경우, 우루과이(7.96→8.38), 코스타리카(8.04→8.07), 칠레(7.89→7.97), 아르헨티나(6.63→7.02) 등 8개국의 민주주의 지수는 상승했다. 반면에 온두라스(6.25→5.63), 니카라과(5.68→3.63), 베네수엘라(5.42→3.16) 등 12개국(50.0%)은 하락했고, 4개국은 정체되었다. 코스타리카는 1948년 군부 독재자를 쫓아낸 뒤 공화국을 수립하고 1949년 군대를 폐지한 이후, 민주주의가 발전되어 2006년 이후 충분한 민주주의를 유지하고 있다. 반면에 베네수엘라는 석유 가격 하락으로 재정이 악화되고, 170만 퍼센트가 넘는 **초인플레이션**의 지속,[16] 생활필수품의 부족 등으로 사회적 혼란이 발생하고 그리고 니콜라스 마두로(N. Maduro) 대통령의 2018년 대선 개입과 부정 선거, 마두로 퇴진 시위 등으로 인해 선거 과정, 정부 기능이 크게 떨어지면서 2017년 이후 권위주의 체제로 떨어졌다.

아시아의 경우에 충분한 민주주의 국가는 없다. 대한민국(7.89→8.00), 말레이시아(5.98→6.88), 필리핀(6.48→6.71) 등 12개국(50.0%)의 민주주의 지수가 상승했지만, 일본(8.15→7.99), 인도(7.68→7.23), 태국(5.67→4.63), 캄보디아(4.77→3.59) 등 7개국은 하락했고, 5개국은 정체되었다. 일본, 한국, 인도, 필리핀, 말레이시아, 인도네시아 등은 공정한 선거와 정부 기능이 안정화되었지만, 아직 정치 참여가 낮고 정치 문화가 성숙하지 못하기 때문에, 결점 있는 민주주의를 나타냈다.

중국과 북한은 공화국을 표방하지만, 인민대표회의에서 형식적인

---

16 초인플레이션은 경제가 통제 상황을 벗어나 연간 몇백 퍼센트 이상 물가가 상승하는 현상이다. 베네수엘라는 2018년 물가가 170만 퍼센트 상승했다. 지폐 1000장의 가치가 1만 원밖에 안 되어, 지폐로 종이 가방을 만들어 5만 원에 파는 일도 발생했다. 식료품 값은 매일 급등하고, 커피 값의 경우 1년 동안 3500배 상승했다.
초인플레이션은 제1차 세계 대전 후 독일에서도 나타났다. 독일 정부가 전쟁 배상금을 지급하기 위하여, 1921~1923년에 100조 마르크를 발행하면서 물가가 10000% 이상 상승했다. 그에 따라 1923년 11월에 빵 한 개 값이 200억 마르크에서 1400억 마르크로 폭등했다.

간접 선거를 통해 최고 통치자를 선출하고, 통치자의 임기와 연임이 제한되지 않는다. 국민의 직접 선거를 통해 통치자를 주기적으로 교체할 수 없기 때문에, 중국과 북한은 선거 과정 지수가 0.0으로 평가되었고, 정부 기능, 정치 참여 등 다른 영역도 매우 낮게 평가되었다. 중국은 2018년 3월 전국인민대표자회의에서 주석의 연임을 제한하는 헌법을 개정함으로써 시진핑(習近平) 주석이 장기 집권할 수 있는 길을 열어주었다. 그에 따라 중국은 2018년 민주주의 지수가 3.32(130위)로, 권위주의 제체가 지속되었다. 북한은 1945년 이후 김일성 부자에 이어서 손자 김정은이 3대째 세습하며 75년 이상 독재 체제가 지속되고 있다. 북한은 2006년 이후 민주주의 지수가 0.86~1.08로, 최하위 국가(167위)에 머물렀다.

중동/북아프리카의 경우, 튀니지(3.06→6.41), 이스라엘(7.28→7.79) 등 7개국의 민주주의 지수가 상승했다. 반면에 이집트(3.90→3.36), 예멘(2.98→1.95), 시리아(2.36→1.43) 등 8개국(40.0%)은 하락했고, 5개국은 정체되었다. 특히 튀니지는 2011년 1월 재스민 혁명이 성공하여 23년 동안 독재하던 벤 알리 대통령을 쫓아내고 민주주의가 정착되어 가면서, 민주주의 지수가 2006년 3.06(135위)에서 2012년 5.67(90위), 2018년 6.41(63위)로 상승하여 권위주의 체제에서 결점 있는 민주주의로 발전했다.

재스민 혁명의 영향을 받아 중동/북아프리카 국가들에서 독재에 대한 저항 운동이 일어났지만 대부분 실패했다. 이 현상을 '아랍의 겨울'이라고 부른다. 중동 국가들에서 재스민 혁명이 실패한 이유는 중동 지역에 서양의 민주주의가 도입되는 것을 막기 위해 사우디아라비아가 이슬람 정권이나 이슬람 반군 및 테러 집단을 지원했기 때문이다. 2018년에도 오만(3.04), 사우디아라비아(1.93), 이란(2.45) 등 아랍 국가들은 왕 또는 종교 지도자가 통치하는 체제를 유지하기 때문에, 선거 과정 지수 가 0.0으로 평가되었고 다른 영역도 매우 낮게 평가되어 권위주의 체제 에 머물렀다. 또한 시리아는 이슬람국가(IS)와 정부군의 내전, 민간인 대량 학살, 대규모 난민 발생 등으로 인해 민주주의 지수가 2006년 2.36(153위)에서 2018년 1.43(166위)으로 떨어졌다.

사하라 이남 아프리카의 경우, 보츠와나(7.60 → 7.81), 나이지리아 (3.52→4.44), 짐바브웨(2.62→3.16) 등 19개국의 민주주의 지수가 상승 했다. 반면에 남아프리카공화국(7.91→7.24), 에티오피아(4.72→3.35) 등 11개국은 하락했고, 14개국은 정체되었다.

20세기 중반 민주주의를 도입한 이후 지속적으로 발전한 모리셔스 와 보츠와나는 경제도 빠르게 성장하여, 두 나라의 1인당 국민총소득 은 다른 아프리카 국가들보다 7~10배 높은 수준을 나타냈다. 보츠와나 는 1966년 민주주의를 도입한 이후 자원 개발과 경제 성장의 결과를 공 정하게 분배하면서 민주주의를 발전시켜 갔다. 그에 따라 민주주의 지 수는 2006년 7.60(36위)에서 2018년 7.81(28위)로 향상했으며, 섬나라 모 리셔스를 제외하면 아프리카 대륙에서 민주주의가 가장 발전했고, 1인 당 국민총소득이 가장 높은 국가가 되었다.

반면에 대부분의 아프리카 국가들은 장기간 독재, 부족/종족 간 내전, 경제 침체 등을 겪으면서 민주주의가 후퇴하거나 정체되면서, 14개 국가 는 혼합 체제를 나타냈고 22개 국가는 권위주의 체제에 머물렀다. 특히 에티오피아는 1955년에 민주주의를 시작했고 당시 보츠와나보다 경제 적으로 더 잘살았지만, 1974년 쿠데타 이후 군부 독재와 내전이 반복되 고 정치적 혼란이 지속되면서 경제는 침체에 빠졌다. 그로 인해 에티오피아의 민주주의 지수는 2006년 4.72(106위)에서 2018년 3.35(128위)로, 혼합 체제에서 권위주의 체제로 떨어졌으며, 최빈 개도국에 머물렀다.

앞서 살펴보았듯이, 민주주의가 충분하게 발전한 서유럽과 북아메리카 국가들은 경제가 성장하며 국민소득도 높아졌고, 사람들이 자유와 권리를 누리며 살고 있다. 이 나라들은 민주 시민 교육을 통해 어릴 때부터 민주주의에 대해 가르치고 권리와 책임에 대한 의식을 교육함으로써, 주권자로서 정치 과정에 참여하고 공공선에 헌신하는 시민을 길러냈기 때문이다.

반면에 민주주의가 발전하지 못한 아시아, 아프리카, 남아메리카 국가들은 경제가 침체되고 국민소득도 낮은 수준에 머물렀으며, 시민의 기본적 자유와 권리를 억압했다. 이 나라들은 형식적으로 민주주의를 도입했지만, 통치자가 소수의 이익을 위해 권력을 행사하거나 독재를 하는 경우가 많았다. 또는 여러 민족이나 부족 간에 갈등이나 내전이 자주 일어나고 정치적 혼란이 지속되었다. 사람들이 충분하게 민주주의를 배우지 못하고 권리와 책임에 대한 의식이 낮아서 민주주의를 스스로 지킬 수 있는 시민으로 성장하지 못했기 때문이다.

우리나라는 정부 수립 후 40여 년간 독재로 많은 시련을 겪었지만, 시민들이 4·19 혁명, 부마 민주항쟁, 5·18 민주화 운동, 6월 민주화 운동 등을 통해 독재와 부당한 권력에 저항하면서 민주주의를 지켜왔다. 그런 노력을 이어받아 민주주의를 더 발전시키기 위해서는 젊은 세대를 민주 시민으로 기르는 교육이 중요하다. 민주주의는 주권자인 시민에 의해 이루어지기 때문에, 각 사람이 시민으로서의 자질과 능력을 충분히 갖추어야 한다. 서유럽과 북아메리카 선진국의 사례가 보여주듯이, 민주적인 의사 결정과 생활 방식을 몸에 익힌 시민을 기르는 교육을 어릴 때부터 체계적으로 실시해야 한다. 민주주의를 제대로 이해하고 자신의 권리를 행사할 뿐만 아니라 책임을 다하고 다른 민족 및 문화의 다양성을 존중하면서 공공선을 실현하기 위해 정치 과정에 적극 참여하는 **성숙한 시민**을 길러내야 한다.

또한 시민이 주권자로서 국가의 중요한 일을 직접 결정할 수 있는 제도를 마련해야 한다. 최근 발전하는 디지털 기술을 활용하면, 시민이 직접 법률안이나 정책안을 제안하고 온라인 토론과 투표를 통해 의사를 결정하는 시스템이나 플랫폼이 가능하다. 그러므로 소수 대표자에게 위임했던 주권을 되찾아 와서 온라인 토론과 투표 시스템을 통해 시민이 스스로 국가의 중요한 일에 대해 토론하고 결정할 수 있는 디지털 직접 민주주의를 만들어야 한다. 미래에는 젊은 세대들이 법률안이나 예산안을 직접 결정하고 정치 과정에 주권자로서 참여할 수 있는 민주주의 제도를 마련해 주어야 한다.

07

DEMOCRACY

민주주의의 원리와 다수결 규칙

우리는 다수결을 민주주의의 원칙이라고 배웠다. 그래서 공동의 문제를 해결할 때 사람들은 흔히 "민주적으로 다수결로 정하자"라고 말한다. 그런데 다수결이 정말 민주주의의 기본 원리일까?

1. 다수결이 민주주의의 기본 원리일까?

민주주의는 다수의 시민이 지배하는 정치 체제이기 때문에, 다수가 결정하는 것, 즉 **다수결**(majority decision)이 민주주의의 원칙이라고 생각하는 사람들이 많다. 인터넷 백과사전에서도 다수결 원리를 "다수의 결의로 의사를 통일하는 현대 민주주의의 기본 원리"라고 설명하고 있다(DAUM 백과, 2019). 또한 과거 교육부가 만든 고등학교 사회 교과서도 다수결을 민주주의의 운영 원리로 가르치기도 했다(교육부, 1999: 15~16).

하지만 다수결은 민주주의의 기본 원리가 아니라 의사 결정의 규칙이다. 자신의 의견을 충분히 말할 기회를 주지 않으며 토론을 통해 서로 의견을 조정하는 과정을 거치지 않고, 바로 투표해서 다수결로 정하는 것은 결코 민주주의라고 할 수 없다. 이것은 숫자의 힘으로 밀어붙이는 다수의 폭력일 뿐이다.

민주주의는 모든 사람이 이성적 사고와 판단하는 능력에 있어서 동등하고, 지배에 참여할 자격에 있어서 평등하다고 전제한다. 이러한 '정치적 평등'에 기초하여 모든 사람이 토론을 통해 중요한 일을 결정하는 것이 바로 민주주의다. 어떤 일을 결정하기 전에, 그것에 대해 각자의 생각이나 의견을 자유롭게 말하면서 서로 협의하는 것은 시민의 권리이고 절차적 정의다. 그러하기에 '프랑스 인권 선언'은 사람들이 자신의 생각과 의견을 자유롭게 표현하는 것을 기본적 인권으로 제시했다.

인간과 시민의 권리 선언(1789.8.26)

제11조   사상과 의견의 자유로운 의사소통은 가장 귀중한 인간의 권리 중 하나다. 따라서 모든 시민은 자유롭게 말하고, 쓰고, 출판할 수 있다. 다만 법률로 규정된 경우처럼 그런 자유의 남용에 대해 책임져야 한다.

민주주의는 공동체 문제에 대해 구성원들이 충분히 토론하고 협의하는 과정을 보장한다. 토론이란 자유로운 의견 표현과 충분한 협의의 과정을 거쳐 합의(consensus)에 도달하는 과정이다. 그런데 충분한 시간과 절차를 거쳐 토론했음에도 불구하고, 의견 차이가 좁혀지지 않아 상호 합의에 이르지 못하는 경우가 있다. 그런 경우에 최종적인 의사를 결정하는 방식으로 불가피하게 선택하는 것이 바로 다수결이다. 충분한 토론 이후 합의에 이르지 못할 경우, 차선책으로 의사를 결정하는 것이 다수결이다. 이런 측면에서 다수결은 민주주의의 원칙이 아니라 **의사 결정의 규칙**이다.

의사 결정의 규칙으로서 다수결은 어떤 문제를 해결할 때 여러 가지 해결 방안들 중에서 다수의 찬성을 얻은 방안을 선택하는 규칙이다. 민주주의에서 다수결 규칙을 사용하는 이유는 다수결이 다른 결정 방법보다 공정성을 지녔기 때문이다. 어떤 문제에 대해 심사숙고하여 토론하는 과정을 거친 후에 최종적으로 투표로 결정할 때, 다수결 규칙은 각 사람을 모두 한 표로 동일하게 계산한다는 점에서 공정하고 평등하다. 즉, 다수결 규칙은 성별, 지위, 재산, 학력 등에 따라 차별을 두지 않고 의사 결정을 할 때 각 사람의 의사를 한 표씩 똑같이 계산한다. 그래서 다수결이 공정한 의사 결정의 규칙으로 받아들여지는 것이다.

하지만 과반수 이상의 찬성을 얻었다고 할지라도, 만장일치 또는 합의된 의견이 아닌데 어떻게 전체의 의견으로 인정하고 모두가 그 결정에 따라야 할까? 다수결이 정당성을 인정받기 위해서는 의사 결정의 내용이 특정한 집단이 아니라 공동체 전체 또는 공공의 이익을 실현하는 것이어야 한다. 문제를 해결하는 절차가 번거롭고 토론하는 시간이 많이 걸리더라도, 다수결이 공동체의 이익을 실현하는 방향으로 결정되기 위해서는 구성원들이 공정한 절차를 거쳐 충분히 토론하는 것이 보장되어야 한다. 토론 과정에서 다수와 소수가 서로 다른 의견을 조율하고 타협이 이루어질 수 있다. 그렇게 할 때 소수의 의견이 무시되지 않고, 다수의 결정을 소수가 정당한 것으로 받아들일 수 있다.

2. 다수결은 과반수 찬성으로 결정하는 것일까?

다수결로 결정한다고 하면, 대부분 과반수 이상 찬성에 의해 결정하

표 7-1 제13대 대통령 선거(1987)

대통령 후보자	[기호 1] 노태우	[기호 2] 김영삼	[기호 3] 김대중	[기호 4] 김종필
득표율	36.7%	28.0%	27.1%	8.1%

는 것을 생각한다. 하지만 다수결은 의사 결정의 규칙이기 때문에, 문제의 성격이나 중요성에 따라 최다 득표, 과반수 찬성, 5분의 3 찬성, 3분의 2 찬성 등 그 방식이 다양하게 적용된다.

국회, 사회단체 등에서 어떤 문제를 민주적으로 결정하는 규칙으로 일반적으로 많이 사용하는 다수결 방식은 과반수(2분의 1) 찬성이다. 우리나라 국회는 법률안, 예산안 등 대부분의 안건을 처리할 때, 일반적으로 '출석 의원' 과반수 이상의 찬성으로 결정한다(국회법 제109조). 2017년 9월 국회는 김이수 헌법재판소장의 임명 동의안에 대해 투표했는데, 의원 293명 중 찬성 145표, 반대 145표(기권 1, 무효 2)로 과반수에서 2표 모자라 임명 동의안이 부결되었다.

하지만 선거에서 후보자를 선출할 때는 최다 득표 방식이 적용된다. 현재 우리나라는 선거에서 •다수 대표제를 채택하고 있다. 선거에서는 2분의 1 또는 3분의 2가 아니라, 선거구에서 가장 많은 표를 얻은 후보자 1명이 당선된다(공직선거법 제187~191조). 지난 제13대 대통령 선거(1987)에서 노태우 후보는 투표자 2306만 6419명 중 3분의 1 정도인 36.7%를 득표했지만 당선되었다. 여당의 노태우 후보를 지지한

•다수 대표제
각 선거구에서 최다 득표자 1명을 당선인으로 결정하는 제도다. 대통령, 국회의원, 지방자치단체장, 지방의원이 그렇게 해서 뽑힌다. 만약 최고 득표자가 2명 이상인 경우에는 연장자를 당선인으로 결정한다(공직선거법 제187~191조).

시민보다 야당의 김영삼 후보와 김대중 후보를 지지한 시민들(55.1%)이 훨씬 많았지만, 다수 대표제로 인해 과반수가 넘는 국민의 의사가 사표

(死票)로 무시되었다.

제18대 총선(2008)에서 경기도 안산시 상록(을) 선거구의 홍장표 후보는 전체 유권자 중 단지 13.0%의 표만 얻고도 당선되었다. 제20대 총선(2016)에서 인천 부평(갑) 선거구의 정유섭 후보는 문병호 후보보다 26표를 더 얻어 당선되었다. 2014년 6월 지방 선거에서는 서울시 금천구의 강구덕 후보가 이원기 후보보다 단지 2표를 더 얻어 서울시 의원에 당선되었다.

한편, 우리나라에서 대통령은 국민의 직접 선거로 선출되고 국가 행정을 운영하는 중요한 역할을 수행하기 때문에, 대통령을 파면하기 위해서는 국회 재적 의원의 3분의 2 이상의 찬성이 필요하다(헌법 제65조 제2항). 또한 국민의 기본권을 보장하고 국가의 조직 방식을 정하는 헌법을 개정하기 위해서는 재적 의원의 3분의 2 이상의 찬성을 얻어야 한다(헌법 제130조 제1항). 헌법재판소에서 법률의 위헌, 고위 공무원의 탄핵, 정당의 해산 등을 결정할 때는 재판관 9명 중 6명 이상의 찬성을 얻어야 한다(헌법 제113조 제1항).

1954년 이승만 대통령은 대통령의 3선 연임을 제한하는 규정을 없애는 헌법 개정안을 국회에 제출했다. 그에 따라 11월 27일 국회는 비밀 투표를 실시했는데, 재적 의원 203명 중 찬성 135표, 반대 60표, 기권 7표가 나와 1표 부족으로 부의장이 부결을 선포했다. 그러자 자유당이 203명의 3분의 2는 135.333명이기 때문에 소수점 이하를 반올림(四捨五入)하면, 의결 정족수가 135명이므로 헌법 개정안이 가결된 것이라고 주장하면서 11월 29일 헌법 개정안을 다시 안건으로 올렸다. 이에 야당 의원들이 퇴장하자 자유당과 무소속 의원만 참석하여 125명 중 123명이 찬성해 통과시켰다.

이 외에 2004년 3월 12일 국회는 노무현 대통령 탄핵안에 대해 271명 중 찬성 193표, 반대 2표로 가결했고, 박근혜 대통령 탄핵안에 대해서는 2016년 12월 9일 297명 중 찬성 234표, 반대 56표, 기권 7표로 가결했다.

3. 다수결에는 어떤 문제가 있을까?

충분한 토론 후에 합의가 안 되는 경우 불가피하게 다수결로 결정하지만, 민주주의를 실시할 때 의사 결정 규칙으로서 다수결은 여러 가지 문제점을 안고 있다.

첫째, 다수결을 민주주의의 원칙으로 오해해 충분한 토론과 합의 과정을 거치지 않고 바로 다수결로 결정하는 경향이 자주 나타난다. 민주주의는 어떤 일을 결정하기 전에 자신의 의견을 자유롭게 표현하고, 충분한 토론과 협의의 과정을 거쳐 상호 합의에 이르려는 과정이다. 한마디로 민주주의는 충분한 토론과 협의를 통해 합의하는 과정이다. 그래서 자유로운 의견 표현과 토론의 자유를 보장하기 위해 **필리버스터**(filibuster) 제도가 생겼다.[17]

---

17 필리버스터는 다수당의 일방적인 안건 처리를 막거나 지연하기 위해 무제한으로 발언하는 의회의 토론 제도다. 발언 내용은 안건과 관련이 없어도 되고, 발언 시간은 제한받지 않는다.
필리버스터는 이미 로마 시대부터 있었다. 기원전 60년 로마의 마르쿠스 카토는 카이사르 장군의 집정관 출마에 반대하기 위해 밤늦게까지 연설했다. 영국에서는 1874년 조지프 비거 의원이 아일랜드 탄압 법안을 막으려고 반대 연설을 장시간 했고, 1998년 노동당이 발의한 야생포유동물 사냥 법안이 야당 의원들의 필리버스터로 무산되었다. 미국의 경우에는 1957년 스트롬 서몬드 의원이 시민권 법안에 반대하며 24시간 18분, 세계 최장 시간 발

우리나라 국회에서는 필리버스터를 '무제한 토론'이라 부른다. 재적 의원 3분의 1 이상이 서명한 요구서를 국회의장에게 제출하면, 해당 안건에 대해 무제한 토론을 할 수 있다(국회법 제106조의 2). 무제한 토론이 실시되면, 발언을 시작한 의원은 스스로 그만둘 때까지 시간의 제한 없이 계속 말할 수 있다. 그래서 무제한 토론을 '합법적 의사 진행 방해'라고도 한다. 지난 2016년 2월 국회의장이 테러방지법안을 본회의에 직권 상정했을 때, 야당 의원들이 무제한 토론을 연속적으로 한 사례가 있다. 2월 23일부터 9일간 테러방지법안의 표결을 막기 위해 192시간 동안 무제한 토론이 진행되었다. 더불어민주당 이종걸 원내대표가 12시간 31분으로 최장 시간 발언했고, 은수미 의원이 10시간 18분, 정의당 박원석 의원이 9시간 30분 발언하는 등 의원 38명이 이어서 토론했다.

둘째, 다수결은 구성원들의 의견을 공정하게 반영하지 못한다. 다수결을 맹목적으로 따르면, 다수보다 소수의 의견이 더 옳거나 합리적일지라도, 소수의 옳은 의견은 무시되고, 숫자의 논리에 따라 불합리하거나 부정의한 의견이 선택되는 경우가 많다. 충분한 토론과 상호 합의의 과정 없이 다수결로 결정하면, 숫자의 힘으로 밀어붙이는 다수의 폭력이나 횡포가 일어날 가능성이 많다.

이러한 **다수결의 횡포**는 과거 국회에서 종종 일어났다. 국회가 충분한 토론과 협의의 과정을 거치지 않고 정권이나 특정 집단의 이익을 위

언을 기록했고, 1986년 알폰스 다마토 의원은 국방 수권법에 반대하며 23시간 30분을, 2017년 제프 머클레이 의원은 고서치 대법관의 인준을 반대하며 15시간 28분을 연속해서 발언했다. 우리나라에서는 1964년 김대중 의원이 최초로 필리버스터를 했다. 1964년 4월 21일 본회의에서 야당 김준연 의원에 대한 체포 동의안에 반대하며 즉석에서 5시간 19분 발언하여, 결국 체포 동의안은 부결되었다. 또한 1969년 박한상 의원은 상임위원회에서 3선 개헌안에 반대하며 10시간 15분 발언했다.

해 중요한 법률이나 예산안을 불과 몇 분 만에 날치기로 통과시킨 사례가 많았다. 박정희는 5·16 쿠데타(1961)로 정권을 잡은 후, 1969년 장기 집권을 위해 대통령의 3선 연임이 가능하도록 만든 헌법 개정안을 국회에 제출했다. 이에 3선 개헌안에 반대하는 야당 신민당 의원들이 본회의장에서 철야 농성을 시작했다. 그러자 공화당 의원들이 본회의장이 아닌 국회 제3 별관으로 몰래 들어가서 헌법 개정안을 몇 분 만에 통과시켰다. 그에 따라 박정희가 장기 집권하고 독재할 수 있는 길을 열어주었다.

또한 2010년 12월 8일, 국회에서는 국회의장을 대신해 한나라당 정의화 부의장이 2011년 정부 예산안을 상정했는데, 당시 예산안의 증액에 대해 정부가 설명하지 않고 의원들의 질의와 토론을 전혀 거치지 않은 채 바로 투표를 실시했다. 결국에 총수입 314조 6000억 원, 총지출 309조 6000억 원의 정부 예산안이 충분한 토론과 협의 과정 없이 불과 몇 분 만에 통과되었다.

이러한 다수결의 횡포는 불행하게도 국회의원만이 아니라 우리도 일상생활에서 흔히 범하는 잘못이다. 학교나 직장에서 어떤 것을 결정할 때, 다수결이 민주주의 원칙이니 길게 논의할 필요 없이 빨리 투표로 정하자고 말하는 모습을 자주 본다. 하지만 시간이 많이 걸리고 의견이 잘 조정되지 않는다는 이유로 충분한 토론과 협의 과정을 거치지 않고 다수결로 결정하는 것은 전혀 민주적인 의사 결정이 아니다. 그런 결정은 다수결을 빙자하여 개인의 의견을 표현할 자유와 기회를 원천적으로 차단하는 것이고, 토론과 협의를 통해 합의에 도달하는 '절차적 정의'를 위반한 것이며, 숫자의 논리에 따라 다수의 의사를 소수에게 강요하는 횡포다.

국회에서는 다수의 횡포를 막기 위해 무제한 토론이 종료된 안건에 대해서는 과반수 이상 찬성이 아니라 재적 의원 5분의 3 이상의 찬성으로 결정한다(국회법 제106조의 2). 또한 다수당의 횡포를 막기 위해 대통령의 탄핵안, 헌법 개정안 등은 재적 의원 3분의 2 이상의 찬성으로 결정한다. 하지만 2004년 노무현 대통령의 탄핵안을 처리하는 사례에서 드러났듯이, 3분의 2 이상의 찬성으로 결정하더라도 다수결 규칙이 근본적으로 소수자의 권리를 완전히 보장할 수 없고, 실제적으로 소수의 의견을 존중하기 어렵다.

셋째, 다수결의 문제점은 다수결을 적용하기 어려운 문제들이 많다는 것이다. 다수결을 민주주의의 원칙으로 오해하면, 모든 일을 다수결로 결정하려는 잘못을 범할 수 있다. 다수결을 적용하기 위해서는 먼저 다음의 몇 가지 사항을 고려해야 한다.

다수결은 신념, 종교, 과학적 지식 등의 문제에 적용할 수 없다. 진보 또는 보수 자체는 개인의 가치관이나 신념의 문제이기 때문에, 어느 것이 옳고 그르다고 단정하기 어렵고 다수결로 결정할 수 있는 문제가 아니다. 최근 유럽에서 극단적인 이슬람교도들의 자살 폭탄 테러가 심해졌는데, 그렇다고 해서 이슬람교를 금지할지의 문제를 다수결로 결정할 수 없다. 일부 극단주의자들의 테러 때문에 이슬람 종교 자체를 다수결로 금지하는 것은 종교의 자유라는 기본적 인권을 부정하는 잘못을 범하는 것이다.

또한 다수결은 보통 '일반적 문제'를 결정할 때 적용하는 의사 결정의 규칙이기 때문에, 보통 사람들이 '전문적 문제'를 다수결로 결정하는 것은 민주적인 의사 결정이 아니다. 이러한 다수결의 잘못은 최근 대학 입학 문제와 관련하여 대입제도개편 공론화위원회에서 다수결로 결정한 사례에서 드러났다. 2018년 4월 11일, 교육부는 2022학년도 대학입학제도 개편안을 발표하면서 주요 안건을 국가교육회의에서 결정하도록 넘겼다. 이에 4월 16일, 국가교육회의는 '대입제도개편 공론화위원회'를 구성하여 일반 시민들의 의견을 수렴해 결정하기로 했다. 공론화위원회는 7월 11일 무작위로 시민참여단 490명을 구성해 대입제도 개편안에 대한 토론과 설문조사를 진행했다. 그러나 시민참여단의 설문조사 결과, '수능 정시 위주 전형으로 45% 이상 선발한다'는 1안과 '수능전 과목을 절대평가로 전환한다'는 2안의 결과가 각각 52.5%와 48.1%로 나와서 통계적으로 유의미한 차이가 없었다. 대입제도개편 공론화위원회와 시민참여단이 4개월 동안 많은 예산과 시간을 들여 토론하고 설문조사를 했지만, 현재 대입제도를 거의 유지하고 점진적으로 개선해 간다는 원론적인 결정만 내려졌다.

이처럼 교육부가 '전문적인' 대학 입시 문제를 전문 지식이 없는 일반 시민들의 설문조사를 통해 다수결로 결정한 것 자체가 잘못이었다. 대입제도는 초·중등 교육과 대학의 학생 선발에 대한 전문적 이해력이 필요하고, 교육 이외에 사교육, 취업, 학력 간 임금 격차 등 여러 요인을 고려하여 결정해야 할 전문적 문제이기 때문이다.

어떤 문제를 다수결로 결정하려면, 다수결에 참여하는 사람들이 먼저 합리적으로 생각하는 능력을 갖추고, 개인의 이익(私益)과 공동체의 이익(公益)을 조화시켜 판단하는 '시민적 덕성' 또한 갖추어야 한다. 그렇지 못하면, 몇 시간 또는 몇 주 동안 토론을 할지라도 결국 개인의 이익을 위해 결정하게 된다. 그러면 문제는 해결되지 않으며 구성원 사이의 대립과 갈등은 더 심해질 것이다. 이런 경우 다수결은 민주주의로 포장된 •중우 정치로 전락한다.

나와 생각과 의견이 다른 사람들과 충분한 시간에 걸쳐 서로 협의하고 타협하면서 상호 합의에 이르고자 하는 '과정' 자체가 민주주의다. 다수결이 민주적 의사 결정 방식으로 인정

● 중우 정치(Ochlocracy)
어리석은 민중이 지배하는 것을 말한다. 소크라테스, 플라톤은 민주주의가 어리석고 변덕스러운 민중의 지배, 즉 중우 정치의 위험을 안고 있다고 비판했다.

받으려면, 충분한 토론과 합의의 과정을 거치는 **절차적 정의**가 먼저 정착되어야 한다. 또한 모든 사람이 충분히 합리적으로 사고하는 능력 그리고 개인의 이익과 공공의 이익을 조화시키는 성품을 길러야 한다. 그래서 합리적 사고력, 시민적 덕성을 갖춘 시민을 기르는 민주 시민 교육이 필요하다.

08

대의 민주주의와 선거, 돈

과거 학교에서는 선거가 민주주의의 핵심 제도라고 가르쳤다. 그에
따라 선거는 민주주의의 꽃이고, 선거와 민주주의를 동일한 것으로 생
각하는 사람들이 많다. 그런데 정말 선거가 민주주의를 위해 만들어진
제도일까? 누가 왜 선거를 만들었을까?

1. 선거는 정말 민주주의를 위해 만들어졌을까?

학교에서는 근대 시민혁명 이후 민주주의가 다시 부활했다고 가르
친다. 그런데 우리가 배운 것과 달리, 사실 근대 시민혁명을 주도한 부
르주아(자본가), 지식인 계급들은 군주 정치를 대신할 정치 체제로 민주
정치가 아니라 '공화 정치'를 도입했다.

미국의 독립혁명(1776)이 성공한 후 건국을 주도한 사람들은 다수의
민중 또는 시민 전체가 지배하는 민주 정치가 아니라 소수의 부르주아
와 지식인 계급이 지배하는 **공화 정치**를 주장했다. 존 애덤스(J. Adams,

그림 8-1 제7회 지방 선거의 투표소 모습

기 표 소
POLLING BOOTH

민주주의 꽃은 선거 입니다

선거관리위원회

독립 전쟁의 지도자로, 미국의 제2대 대통령)는 미국은 영토가 넓고 인구가 많아서 사람들이 직접 지배할 수 없다는 이유를 들면서, 독립 이후 새로운 국가를 만들 때 다수가 가진 권력을 '소수의 현명한 사람들'에게 위임하는 것이 중요하다고 주장했다. 그에 따라 1787년에 제정된 미국 헌법은 입법권은 상원/하원에, 행정권은 대통령/부통령에게 위임하는 공화 정치를 채택했으며, 또한 시민들이 대통령과 부통령을 직접 선출하는 것이 아니라 각 주에서 선출된 '소수 선거인단'이 간접 선출하도록 만들었다. 이런 간접 선거는 현재까지 유지되고 있다.

그리고 미국 헌법의 초안을 작성했던 제임스 매디슨(J. Madison)도 『페더럴리스트 페이퍼』(1787)에서 시민 전체가 아니라 '소수 계급'이 지배하는 공화 정치를 옹호했다. 그는 선출된 소수 계급이 많은 사람들의 의견을 정화시켜서 국가의 이익(공공선)에 부합하도록 만들기 때문에, 공화 정치가 민주 정치보다 더 우수한 정치 체제라고 주장했다. 일반 국민들보다 선출된 대표자가 제시하는 의견이 공공선에 더 일치한다는 것이다. 공공선을 수호할 대표자를 선출하는 데 적합한 정치 체제가 바로 공화 정치였다. 다수의 시민은 지배에 참여하는 것이 아니라 단지 지배를 담당할 대표자를 선출하는 투표자가 되고, 선거를 통해 지배자를 임명하는 것이 **공화 정치** 또는 **공화 정부**(republican government)의 중요한 제도다(매디슨·해밀턴·제이, 『페더럴리스트 페이퍼』, No.10 [1995: 65~67], No.57 [1995: 345, 347]).

> 이 주제에 대한 관점에서 순수한 민주 정치, 즉 직접 정부를 구성하고 집행하는 소수 시민으로 구성된 사회는 파벌의 악영향에 대한 해결책을 제시할 수 없다. …… 그러한 민주 정치는 언제나 소란과 분쟁의 연속이었고 개인의 안전 및 재산권과 거리가 멀고 수명도 짧았다. ……
> 공화 정치, 즉 대표자가 지배하는 정부는 다른 가능성을 열어주고 우리가 추구하는 해결 방안을 약속한다. …… 민주 정치와 공화 정치의 가장 큰 차이점은 두 가지다. 첫째, 공화정의 경우 시민이 선출한 소수의 대표자에게 정부(지배)를 위임한다는 사실이다. 둘째, 공화정은 더 많은 수의 시민들과 더 넓은 범위의 국가로 확장될 수 있다는 것이다.
> — 매디슨, 『페더럴리스트 페이퍼』, No.10 [1995: 65]

마찬가지로 프랑스 혁명(1789)의 주도 세력들도 일반 민중들이 지배에 참여하는 것을 두려워했기 때문에, 민주 정치가 아니라 공화 정치를 원했다. 혁명을 주도했던 에마뉘엘 시에예스(E. Siéyès)는 프랑스가 다수 민중이 지배하는 민주주의 국가가 되어서도 안 되고, 민중은 대표자를 통해서만 발언하고 행동해야 한다고 주장했다. 경제에서 경영자와 일반 노동자가 분리되는 분업이 이루어지는 것처럼, 정치에서도 지배자와 피지배자가 하는 일이 분리되는 '지배의 분업'이 실현되어야 한다고 시에예스는 보았다. 근대 산업 사회에서 일반 민중은 공적 업무에 지속적으로 참여할 여유가 없기 때문에, 공적 업무에 헌신할 수 있는 사람들에게 지배를 위임하는 대의 정부가 필요하다고 주장했다. 이런 대의 정부에서 다수의 시민들이 소수의 대표자를 선출해 국가의 권력과 지배를 위임하는 절차로 만들어진 제도가 바로 **선거**(election)였다(마넹, 2015: 14~15).

이런 생각은 프랑스 혁명을 주도한 세력들 사이에서 널리 공유되었다. 그래서 1795년 제헌의회 의장 부아시 당글라(B. d'Anglas)도 민중 전체가 아니라 '소수 대표자'가 지배하는 공화 정치를 옹호했다. "우리는 뛰어난 자들의 통치를 받아야 하는데, 그런 인물들은 많은 재산을 소유하고, 재산을 많이 소유한 부르주아 계급이 통치하는 나라는 사회 질서에 적합하며, 재산이 없는 민중 계급이 통치하는 나라는 야만 상태에 머문다"라고 당글라는 주장했다(판 레이브라우크, 2016: 123~126).

그에 따라 1795년에 제정된 프랑스 헌법은 공화 정치를 채택했고, 민중은 '대표자를 통하여' 주권을 행사할 수 있다고 정했다. 이 헌법에 따라 선출된 '5명의 총재'가 행정권을 행사하고, '원로원'과 '500인 평의회'가 입법권을 행사하는 프랑스 공화국이 수립되었다. 오늘날 프랑스는 대통령과 총리가 행정권을 나누어 행사하며, 대통령의 임기와 연임이 제한되고, 의회가 입법권을 행사하는 공화국을 유지하고 있다.[18]

---

18 프랑스는 1958년에 대통령과 총리로 구성된 이원 정부제를 채택한 공화국을 수립했다. 이원 정부제(semi-presidential system)는 대통령과 총리가 국가 권력을 나누어 담당하는 정부 형태다. 대통령은 외교와 국방을 담당하고, 총리가 국내의 행정 전반을 담당한다. 시민들이 의원과 대통령을 각각 선출하고, 대통령이 의회의 동의를 얻어 총리를 임명한다. 이러한 형태는 프랑스, 포르투갈 등에서 채택하고 있다. 프랑스처럼 대통령과 총리의 권한이 분리되지 않았지만 현재 우리나라의 정부 형태는 프랑스의 이원 정부제를 모방하여 대

　이처럼 근대 시민혁명의 주도 세력들은 어리석은 민중이 지배에 참여하는 것을 두려워했고, 그래서 다수의 민중 또는 시민 전체가 지배하는 민주 정치 대신에 '소수의 엘리트 집단' 중에서 대표자를 선출해 지배를 위임하는 공화 정치를 도입했다. 그들은 일반 민중은 가난하고 교육을 받지 못해서 이성적 판단력이 부족하기 때문에, 정치에 참여하면 안 된다고 생각했다. 그래서 민중이 기대했던 것과 전혀 다르게, 근대 시민혁명은 혈통으로 세습되는 왕이 통치하던 군주 정치를, 선거로 선출된 소수 엘리트 집단이 지배하는 공화 정치로 바꾸어 놓았을 뿐이었다. 여전히 국가의 지배 권력은 소수 엘리트 집단이 독점했고, 일반 민중은 지배에 참여할 수 없었다. 근대 혁명 이후 20세기 초반까지 유럽과 북아메리카에서 선거에 참여할 수 있는 시민은 일정한 '재산 자격'을

통령과 총리를 두고 있다.

갖춘 성인 남성으로 제한되었다.

하지만 혁명에 참여했던 민중을 배제시키고, 소수 엘리트 계급이 지배하는 공화 정치가 정당성을 확보하기 위해서는 일반 민중의 동의가 필요했다. 그래서 시민혁명의 주도자들은 소수 집단이 지배하는 것을 정당화하는 근거로, 다수의 민중이 국가 권력을 소수에 위임하고 지배하는 데 동의했다고 주장했다. 시민들이 선거를 통해 선출된 소수 계급에게 권력과 지배를 위임하기로 동의했으므로, 소수가 지배하는 정부는 정당한 권력을 행사하고, 다수 시민들은 소수의 지배에 복종할 의무가 생긴다는 것이다. 이것이 사회 계약 사상이다.

이런 주장은 미국의 '독립선언서'에 그대로 반영되었다. 그리고 오늘날까지 이어져 유엔에서 채택한 '세계 인권 선언'은 모든 사람이 대표자를 통해 지배에 참여할 권리를 가지며, 국민의 의사는 선거를 통해 표현된다고 선언하고 있다.

미국 독립선언서(1776.7.4)

…… 모든 사람은 평등하게 창조되었고, 창조주에 의해 양도할 수 없는 권리를 부여받았고, 그중에 생명, 자유 및 행복 추구의 권리가 있다. 이 권리를 보장하기 위하여 사람들에 의해 정부가 조직되었고, 정부의 정당한 권력은 피지배자의 '동의'로부터 나온다. ……

세계 인권 선언(1948.12.10)

제21조

1. 모든 사람은 직접 또는 자유롭게 선출된 대표를 통하여 자국의 지배에 참여할 권리를 가진다.
2. 모든 사람은 자국의 공직에 취임할 동등한 권리를 가진다.
3. 국민의 의사는 정부 권위의 기초가 된다. 이 의사는 보통 및 평등 선거

> 권에 의거하며, 또한 비밀 투표 또는 이와 동등한 자유로운 투표 절차
> 에 따라 실시되는 정기적이고 진정한 선거를 통하여 표현된다.

　다수의 시민들이 자신의 주권과 지배를 소수 대표자에게 위임하기로 동의한다는 것을 표현하는 방식으로 만들어진 것이 바로 선거였다. 일반 시민들이 정치적 의사를 표현하는 방법이 선거이고, 선거에서 지지를 표시하는 것은 소수의 대표자에게 권력과 지배를 맡기는 것에 동의한 것으로 간주된다. 사람들이 볼 때, 혈통에 의해 국가 권력이 '세습'되는 군주 정치보다는 '선거'를 통해 선출된 대표자에게 국가 권력과 지배를 위임하는 공화 정치가 더 공정하고 평등한 것처럼 보였다. 선거를 통해 자신의 주권과 지배를 대표자에게 위임하기로 동의했기 때문에, 소수 엘리트 집단이 국가 권력을 독점하여 지배해도 소수에 의한 정치가 아니고 대표자에 의한 대의 정치가 된다는 것이다. 그에 따라 공화 정치는 선거를 통해 선출된 대표자가 대신 지배하는 •**대의 민주주의**로 불리기 시작했다.

> • 대의 민주주의(representative democracy)
> 시민이 지배에 직접 참여하는 것이 아니라 '선거'를 통해 대표자를 선출하여 지배를 맡기는 정치 체제를 말한다. 그래서 '간접 민주주의'라고 부르기도 한다.

　선거에 의한 공화 정치를 (대의) 민주주의라고 부르는 데 크게 공헌한 사람은 알렉시스 드 토크빌(A. Tocqueville)이다. 토크빌은 1835년 『미국의 민주주의』에서, 선거를 통해 상원/하원 의원과 대통령/부통령을 선출하여 입법권과 행정권을 나누어 행사하는 공화 정치를 미국의 민주주의로 설명했다(판 레이브라우크, 2016: 128~133). 그 후 선거로 선출된 대표자가 시민을 대신해 지배하는 공화 정치를 (대의) 민주주의로 부르게 되었다.

2. 선거는 모든 사람의 평등에 기초하고 있을까?

앞서 보았듯이, 근대 시민혁명의 주도 세력들은 시민 전체가 주권을 갖고 지배하는 민주 정치가 아니라 소수가 권력을 소유하여 지배하는 '공화 정치'를 도입했고, 지배를 담당할 소수 엘리트 집단을 선출하는 방법으로 **선거**를 만들어냈다. 그 배경에는 일반 민중 또는 시민은 비이성적이고 어리석기 때문에 지배에 참여하면 안 되고, 이성적이고 현명한 엘리트 집단이 지배해야 한다는 믿음이 있었다. 어리석은 민중들이 지배에 참여하면 정치적 혼란에 빠지고 공공선을 해치기 때문에, 민중을 대신해 지배할 엘리트를 선출하고, 그 대표자에게 주권과 지배를 위임하는 것에 동의하는 절차로 선거를 만들었다.

이처럼 선거는 지배자와 피지배자가 '질적으로' 다른 존재라고 가정하고, 지배하는 자(대표자)와 지배받는 자(일반 시민)의 **정치적 불평등**을 전제로 한다. 이러한 정치적 불평등에 기초하여 일반 시민이 소수 대표자에게 지배를 위임하는 절차로 만들어진 것이 바로 선거였다.

이런 선거가 정말 민주주의의 핵심 제도라고 할 수 있을까? 선거는 시민의 주권 행사를 대표자의 선출로 한정하고 소수 엘리트에게 주권을 위임하는 것으로 간주되기 때문에, 진정한 민주주의를 위한 제도라고 보기 어렵다. 선거를 통해 뽑힌 대표자에게 주권과 지배를 위임하는 대의 민주주의는 진정한 민주주의가 아니다. 왜냐하면 민주주의는 기본적으로 모든 사람은 동등한 이성적 능력을 가진 존재라는 것, 즉 **정치적 평등**을 전제로 하기 때문이다. 민주주의는 모든 시민이 국가의 중요한 일을 결정하고 집행할 능력과 기회에 있어서 평등하다는 원리에 기초하고 있다. 이러한 '정치적 평등'에 기초하여, 누가 주권을 행사하고

그림 8-2 클레로테리온(kleroterion)
고대 아테네에서 시민 법정의 배심원을 추첨할 때 사용한 기구.
동판에 이름을 적은 후 돌판의 구멍에 넣어 무작위로 뽑았다.

자료: Helon of Troy(2016).

지배할 것인지를 정하는 민주적 방법은 선거가 아니라 평등한 시민들 중에서 무작위로 뽑는 **추첨**(sortition)이다.[19]

400년 전 아리스토텔레스가 『정치학』(6권 2장 [2010: 334~336])에서 지적했듯이, 모든 시민이 추첨을 통해 공직자가 되고, 시민들이 번갈아가며 지배하고 지배받는 것이 민주 정치의 중요한 특성이다. 고대 아테네 민주주의에서는 정치적 평등에 기초하여 법률과 예산 등을 집행할 행정관, 500인회 평의원, 재판을 담당할 배심원 등을 무작위 추첨으로

---

19 모든 사람의 정치적 평등에 기초하여 공직자를 무작위로 뽑는 '추첨' 방식은 오늘날 영국이나 미국 등의 형사 재판의 '배심원' 제도에 남아 있다. 배심원 제도는 일반 시민 중에서 무작위로 뽑힌 배심원들이 재판에 참여하여 피고인의 유무죄를 결정하고, 재판관은 배심원의 유무죄 결정을 따르는 것이다. 우리나라의 경우에 '국민의 형사재판 참여에 관한 법률'이 제정되어 2008년 1월부터 '국민참여재판' 제도가 시행되었다. 국민참여재판에서 배심원은 해당 지역의 만 20세 이상의 국민 중에서 무작위 추첨으로 선정된다(법 제22~23조). 배심원은 유무죄에 대해 만장일치 또는 다수결로 결정하지만, 배심원의 결정은 재판관이 반드시 따라야 하는 것이 아니라 권고 사안에 불과하다.

뽑았다. 추첨으로 뽑는 공직자 수가 1년에 600명 정도였고, 시민 법정이 열릴 때마다 배심원 501명을 추첨으로 뽑았다. 그리고 공직자의 임기는 1년으로 제한되었고, 교대로 돌아가면서 공직을 맡았다. 아테네의 시민 수(3만~4만 명 정도)를 고려하면, 공직에 지원한 시민들은 추첨을 통해 일생에 한두 번은 공직자가 되어 지배에 참여할 수 있었다. 이런 점에서 고대 아테네의 정치 체제를 **추첨 민주주의**라고 부르기도 한다(이지문, 2015: 18~27; 칼렌바크·필립스, 2011).

그 후 14~16세기 이탈리아의 도시공화국들에서 대표자를 뽑는 제도로 '추첨'이 사용되었다. 도시공화국들은 몇백 년의 경험을 통해 선거보다 추첨이 정치적 갈등과 파당을 없애는 데 더 적합한 제도이고, 추첨이 더 민주적이고 평등한 방식이라는 사실을 발견했다.

또한 아리스토텔레스, 몽테스키외, 루소 등은 여러 나라의 역사에 나타난 추첨의 특성에 대한 연구에 의거해, 추첨이 민주 정치의 특성에 적합하고 선거는 귀족 정치의 특성에 가깝다고 지적했다(마넹, 2015: 87~92, 96~105).

민주주의는 모든 시민이 지배를 담당할 능력과 기회에 있어서 동등하다는 정치적 평등의 원리에 기초하기 때문에, **공직의 추첨**과 **공직자의 주기적 교대**가 민주주의의 중요한 특성이다. 그러나 추첨을 통해 공직자를 뽑고 주기적으로 공직을 교대하는 것보다 민주주의에서 가장 본질적인 것은 **시민 전체**가 법률이나 예산 등 국가의 중요한 일을 직접 결정하는 것이다.

따라서 지배자와 피지배자의 정치적 불평등을 전제하고 시민의 주권을 대표자의 투표로 한정하는 '선거'는 민주주의의 핵심 제도라고 말하기 어렵다. 선거를 통해 소수 대표자를 선출한 후, 법률의 제정, 예산안의 결정, 법률과 예산의 집행 같은 지배를 소수 대표자에 위임하는 것은 결국 소수가 국가 권력을 독점하는 과두 정치로 흐르게 된다.

3. 선거가 모든 시민의 의사를 공정하게 반영할까?

선거가 민주주의의 핵심 제도라는 것은 근대 시민혁명 이후 소수 엘리트 집단이 지배하는 공화 정치를 정당화하기 위해 꾸며낸 신화에 불과하다. 20세 이상 성인 남녀가 동등하게 투표하는 보통 선거는 유럽이나 북아메리카 선진국에서도 20세기 초반에 실시되었고, 그 밖의 대부분 국가들은 20세기 중반 이후 시행했다. 즉, 성별, 지위, 재산, 학력에 관계없이 일정 연령의 성인 남녀가 1인 1표씩 동등하게 투표하는 선거가 실시된 것은 그 역사가 100년 정도이고, 대부분의 국가들에서는 60~70년 정도밖에 안 되었다(보통·평등 선거권에 대해서는 4장 참조).

하지만 보통·평등 선거가 실시된다고 할지라도, 정말 선거가 시민의 의견을 공정하게 대표하는 것은 아니다. 2016년 •미국 대통령 선거를 보면, 힐러리 클린턴(H. Clinton) 후보가 6585만 표로 도널드 트럼프(D. Trump) 후보보다 약 290만 표를 더 얻었다. 하지만 트럼프 후보가 각 주별 선거인단 77명을 더 많이 확보해 대통

> **• 미국 대통령 선거**
> 미국은 1787년에 제정된 헌법에 따라, 현재까지 시민 전체가 아니라 각 주에서 선출된 '선거인단'이 대통령과 부통령을 선출하는 간접 선거 제도를 채택하고 있다.

령으로 당선되었다(Leip, 2016). 이처럼 시민들의 직접 투표에서 더 많은 지지를 얻은 후보자가 대통령에 떨어지는 선거가 시민의 의사를 공평하게 대변하는 민주주의 제도인지 의문이 제기되고 있다. 또한 운전면허증이나 사회보장 카드가 없는 이민자, 가난한 흑인과 유색인종 등 약

표 8-1 2016 미국 대통령 선거 결과

대통령 후보	[공화당] 도널드 트럼프	[민주당] 힐러리 클린턴
투표자(득표율)	62,985,134명(45.93%)	65,853,652명(48.02%)
선거인단(비율)	304명(56.5%)	227명(42.2%)

2000만 명 정도가 유권자로 등록하지 못해 투표하지 못했다. 이런 선거를, 시민의 의사를 공정하게 반영하는 민주주의 제도라고 하기 어렵다.

우리나라의 경우도 마찬가지다. 1987년 제13대 대통령 선거에서 유권자 2306만 6419명 중에 노태우 후보는 36.7%, 김영삼 후보는 28.0%, 김대중 후보는 27.1%, 김종필 후보는 8.1%를 득표했다. 야당 후보자를 지지했던 시민의 3분의 2 정도(63.2%)의 의사는 무시되었고, 전체 시민의 3분의 1 정도의 지지를 얻은 노태우 후보가 당선되었다. 투표율이 낮은 국회의원 선거는 더 심각하다. 제18대 총선(2008)에서는 실질 득표율 15% 미만으로 당선된 후보자가 6명이었고, 15~20%로 당선된 후보자도 30명이었으며, 21~35%로 당선된 후보자는 7명이었다. 제19대 총선(2012)에서는 실질 득표율 17~20% 미만 당선자가 5명이었고, 20~25%로 당선된 후보자가 36명이었다.

2016년 미국 대선이나 우리나라 총선에서 나타나듯이, 선거는 모든 시민의 의사를 공정하게 반영해 대표자를 선출하지 못하며, 오히려 다수 시민들의 의사를 왜곡하는 경우도 종종 발생한다. 일단 선거에서 당선되면, 대통령, 국회의원, 시·도 지사 등 대표자들은 시민의 이익을 위해 일하는 일꾼이 아니라 시민 위에 군림하는 '권력자'로 바뀌기 쉽다. 한 번의 선거로, 5000만 시민의 삶에 영향을 미치는 법률과 정책을 만들고 국민의 세금 513조 5000억 원(2020년 예산안)을 어디에 어떻게 사용할 것인지를 정하는 주권은 대통령 1인과 국회의원 300명에게 넘어간다. 또한 법률과 예산을 집행하는 주권은 대통령, 60여 명의 장차관, 소수의 고위 공무원의 손으로 넘어간다.

대의 민주주의에서 선거는 주권자(시민)와 대표자(지배자)의 지위를 뒤바꾸고, 소수 대표자가 주권과 국가 권력을 독점적으로 행사하는 것을 정당화하는 절차에 불과하다. 2~3주 정도의 선거 운동 기간에만 대통령, 국회의원, 지방자치단체장, 지방의원 후보자들이 일반 시민들을 찾아다니며 90도로 허리 숙여 인사하고, 시민들의 요구를 정치에 반영하겠다고 약속한다. 그러나 선거에서 당선되고 나면, 일반 시민을 찾아오지 않고, 시민들이 대표자를 찾아가도 만나기 어렵다.

그래서 루소는, 대의 민주주의에서 시민들이 자유롭다고 생각하지만 실제로 선거 기간에만 자유를 누릴 뿐이고, 대표자를 선출하자마자 그 대표자의 노예가 되어버린다고 비판했다.

> 영국 사람들은 자신이 자유롭다고 생각한다. 그것은 큰 착각이다. 그들은 오직 대표자(하원 의원)를 선출하는 동안만 자유롭다. 선거가 끝나면, 즉시 모든 사람은 다시 (대표자의) 노예가 되고, 아무것도 아닌 존재와 마찬가지이다. 자유를 갖는 짧은 기간에 자유를 사용하는 것을 보면, 사람들이 자유를 잃어버리는 것은 당연하다.
> — 루소, 『사회 계약론』, 3권 15장 [2018: 117~118]

더구나 1995년 6월부터 실시된 '전국 동시 지방 선거'에서는 광역자치단체장, 시·도 의원, 기초자치단체장, 시·군·구 의원, 교육감, 정당 등 후보자 6~7명을 동시 투표하기 때문에, 누가 누구인지도 모른 채 투표하는 **깜깜이 선거**가 이루어지고 있다. 이런 선거가 시민들의 의사를 공정하게 반영한다고 보기 어렵고, 그런 선거를 통해 뽑힌 당선자가 충분한 대표성과 자질을 갖추었다고 말할 수도 없다.

4. 돈이 없어도 선거와 지배에 참여할 수 있을까?

다른 한편으로, 민주주의는 시민이 정치적으로 평등하다고 전제하고 헌법에서 선거권을 보장하므로, 모든 사람이 대통령, 국회의원, 시·도지사, 지방의원 후보자로 자유롭게 출마할 수 있을까?

선거권이 모든 사람에게 동등하게 주어졌지만, 현실적으로 대다수 시민들은 선거에 후보자로 출마할 기회조차 갖기 어렵다. 우리나라의 경우, 공직선거법 제56조에 따라 대통령 후보자는 3억 원, 시·도 지사 후보자는 5000만 원, 국회의원 후보자는 1500만 원을 관할 선거관리위원회에 납부해야 후보자로 등록할 수 있다. 그다음, 선거 운동을 위해 막대한 자금을 써야 한다. 공직선거법 제121조에 의거해 선거에서 사용할 수 있는 법정 선거 비용은 대통령이 510억 원, 시·도 지사는 8억~34억 원, 국회의원은 1억 5000만~2억 원 정도 된다.[20] 하지만 실제 사용하는 선거 비용은 법정 선거 비용의 몇 배 이상 된다는 것이 공공연한 사실이다. 후보자로 등록할 때부터 몇천만 원에서 몇억 원이 필요하고, 선거 운동을 위해서 몇십억 원에서 몇천억 원을 써야 한다. 그렇기 때문에 대부분의 사람들은 선거에 후보자로 출마하기도 어렵다.

---

[20] 공직선거법 제121조에 의하면, 법정 선거 제한 비용은 지역구의 인구수, 읍·면·동 수에 따라 다르게 산정된다.

표 8-2 선거 후보자의 기탁금 및 선거 비용 　　　(단위: 만 원)

구분 후보자	기탁금	법정 선거 비용 (추정액)
대통령	30,000	5,100,000
시·도 지사	5,000	80,000~340,000
국회의원	1,500	15,000~20,000
시·도 의원	300	5,000~6,000

　선거에 출마하기 위해 많은 선거 자금이 필요하기 때문에, 본인이 부자이거나 대기업, 자본가의 지원을 받아야 한다. 「2018년도 국회의원 재산변동사항 신고내역」에 따르면, 2018년 국회의원 289명의 평균 재산은 38억 4466만 원이었다. 재산 규모별로 보면, 5억 원 미만 보유자가 40명(13.8%), 5억~10억 원이 56명(19.4%), 10억~20억 원이 91명(31.5%), 20억~50억 원이 70명(24.2%), 50억 원 이상 보유자가 32명(11.1%)이었다. 국회의원 10명 중 7명(66.8%)이 재산이 10억 원 이상이었으며, 113명(39.1%)은 주택을 2채 이상 보유한 부자였다. 국회의원 10명 중 8명 정도(79.3%)의 재산이 늘었으며, 의원 1인당 평균 1억 1500만 원이 증가했다(뉴스1, 2019.3.28; ≪헤럴드경제≫, 2019.3.28).

　또한 국회의원의 이력을 보면, 대부분 법조인, 의사/약사, 교수, 장군, 대기업 임원, 고위 공무원 등 고소득 전문직에 종사했던 사람들이다. 한국고용정보원의 「2017 한국의 직업정보」 보고서에 따르면, 연간 평균 소득이 가장 높은 직업이 국회의원이었다. 국회의원의 평균 소득은 1억 4000만 원으로, 성형외과 의사와 기업 임원 1억 3000만 원, 대학 총장 1억 1000만 원, 판사 9500만 원보다 더 많았으며, 평균 소득이 가장 적은 방과 후 교사 1500만 원, 시인 1000만 원보다 10~14배 더 많았다(연합뉴스, 2019.4.5; ≪중앙일보≫, 2019.6.10).

선거를 통한 대의 민주주의는 막대한 선거 자금이 필요하기 때문에, 대기업·자본가와 정치인 사이에 은밀한 유착 관계가 형성된다. 부자/자본가는 권력을 얻기 위해 선거 자금을 제공하고, 권력은 자본가들이 돈과 부를 합법적으로 획득·유지할 수 있도록 법과 정책을 실시한다. 경제학자 조지프 스티글리츠(J.E. Stiglitz)가 2011년 5월에 기고한 글 "1%의, 1%에 의한, 1%를 위한(Of the 1%, by the 1%, for the 1%)"에 따르면, 미국의 상원과 하원 의원 대부분이 상위 1% 부자 계급에게 받은 돈으로 선거를 치르고 사무실을 유지하며, 또한 재임 기간 동안 그들을 위해 봉사할 경우 의원직을 그만둘 때 보상을 받는다고 한다. 의원이 선거 이후 사무실을 유지하고 다시 재선되기 위해서는 연간 52만 달러(약 6억 원)가 필요한데, 이 돈의 대부분은 상위 1% 계급의 후원금에서 나온다. 연방선거위원회의 조사에 따르면, 선거 후원금의 80% 이상은 상위 0.5% 계급에서 나오고, 가장 많이 후원하는 집단은 금융업, 사업가, 법률회사, 제약회사, 언론, 에너지 분야 기업이었다(그레이버, 2015: 137~138에서 재인용).

2016년 미국 대통령 선거에서는 힐러리 후보가 12억 9000만 달러(약 1조 3000억 원), 트럼프 후보가 7억 9000만 달러(약 8000억 원)를 선거 자금으로 모금해 사용했다. 그에 따라 트럼프 대통령은 2017년 6월에 대사 19명 중 14명을 거액의 선거 자금을 기부한 사람들로 임명했다. 트럼프 빅토리 위원회 부회장으로 10만 달러를 기부하고 선거 자금을 걷었던 로버트 우드 존슨(R.W. Johnson. 존슨앤드존슨 창업자의 상속자)이 영국 대사에, 광산업자의 부인인 켈리 크래프트(K. Craft)가 캐나다 대사에, 5만 6000달러를 기부한 증권회사 창업자 조지 글래스(G. Glass)가 포르투갈 대사에,

45만 5000달러를 기부한 호텔 운영자 도우 맨체스터(D. Manchester)가 바하마 대사에 내정되었다(≪한국일보≫, 2017.6.27).

이처럼 오늘날 선거를 통한 민주주의는 돈과 자본에 의해 좌우될 수밖에 없다. 그 이유는 많은 선거 비용과 정치 자금을 자본가와 대기업이 지원할 뿐만 아니라, 먹고살기 바쁜 서민이나 노동자는 투표에 참여하기 어려우며, 20대의 투표율은 상대적으로 낮고, 복지 증대·세금 축소 등 선심성 정책으로 투표를 매수하기 때문이다. 그에 따라 정부와 국회는 •대기업과 자본에 유리한 정책과 제도를 만들게 된다. 1985~1995년 사이에 우리나라의 가계 소득 증가율은 8.6%로 기업의 소득 증가율 7.1%보다 더 높았다. 그러나 외환 위기 이후 1996~2007년 사이에 가계 소득이 3.7% 증가하는 데 그쳤지만, 기업 소득은 8.1%로 증가했다. 세계 경제 위기 이후 2008~2012년 사이에는 가계의 소득 증가율이 2.8%에 그치는 데 비해, 기업의 소득 증가율은 11.2%로 크게 상승했다(새로운 사회를 여는 연구원, 2014: 193~194).

> ● 대기업
> 보통 자산 10조 원 이상으로 상호출자가 제한되는 기업 집단을 말한다. 대기업을 가리켜 '재벌'이라고도 하는데, 이 용어는 한국에만 있기 때문에 영어 단어로도 'chaebol'이라고 쓴다. 2018년 자산 총액 10조 원 이상으로 상호 출자 제한받는 대기업은 32개였다.

이러한 상황에도 정부와 국회는 "기업이 살아야 국가 경제가 산다"라는 논리를 내세워 기업에 대한 지원을 늘리고 세금을 깎아주는 법과 정책을 실시했다. 기업 감세 정책으로 인해, 2008년에 기업은 순수익 171조 원에 대해 법인세로 37조 3000억 원(21.8%)을 냈는데, 2012년에는 순수익 213조 원에 대해 법인세는 40조 3000억 원(18.9%)만 냈다. 법인세율이 낮아지면서 혜택을 누린 것은 주로 대기업이다. 2008년 감세 규모 6조 7000억 원 중 2조 7000억 원(40.3%)이 47개 대기업에 대한 세금 감면 혜택이었고, 2012년 감세 규모 9조 5000억 원 중 4조 7000억 원(49.5%)이 53개 대기업에 대한 혜택이었다. 그에 따라 10대 대기업의 현금 자산은 2006년 27조 7000억 원에서, 2012년 123조 7000억 원으로 4.5배 크게 증가했다. 또한 국가 자산 중 대기업의 자산이 차지하는 비중은 2001년 46%에서 2012년 57%로 급증했다(새로운 사회를 여는 연구원, 2014: 228~232). 이런 점에서 우리나라를 **대기업 공화국** 또는 **재벌 공화국**이라고 부르기도 한다. 미국에서도 "골드만삭스(Goldman Sachs)가 미국을 지배한다"라는 말이 공공연한 사실로 받아들여지고 있다.

많은 국가들이 표면적으로 대의 민주주의 형태를 취하고 있지만, 실제적으로는 부자와 대기업의 이익을 실현하는 •**금권 정치**로 나아가고 있다. 금권 정치는 선거 자금을 지원한 대기업과 부자의 이익을 추구하는 법과 정책을 실시함으로써 정경 유착, 노사 간 갈등, 빈부 격차와 양극화를 심화시키고 있다. 단적인 예로, 우리나라 기업의 영업 이익은 1996년 16.5%에서 2012년 27.8%로 증가했지만, 같은 기간에 기업

> • 금권 정치(plutocracy)
> 금권 정치의 영어 단어 'plutocracy'는 그리스어 '부(ploutos)'와 '권력(kratos)'의 합성어다. 역사적으로 금권 정치는 부유한 귀족 계급이 원로원을 장악하고 지배했던 로마 제국 그리고 중세 상공업자들이 지배했던 이탈리아 도시공화국에서 나타났다.

의 임금 분배율은 75.2%에서 63.7%로 오히려 11.5% 하락했다. OECD 국가의 소득 상위 20% 계층은 평균 28%의 세금을 내는데, 우리나라의 소득 상위 20% 계층은 9%의 세금만 냈다(새로운 사회를 여는 연구원, 2014: 193~194, 316). 기업의 영업 이익이 노동자에게 공정하게 분배되지 않기 때문에, 갈수록 기업과 노동자, 상위 계층과 하위 계층의 소득 격차와 양극화가 더 심화되고, 사회적 갈등이 증가하고 있다.

이처럼 선거를 통해 뽑힌 대표자들은 자신의 선거 자금을 지원한 대기업, 부자 등을 위해 법이나 정책을 만들고 권력을 사용하게 되기 때문에, 대의 민주주의는 금권 정치로 흐르기 쉽다. 금권 정치에 저항해 지

난 2011년 미국의 많은 도시에서 점거 운동이 일어나기도 했다. 2011년 9월 17일 뉴욕시에서 시작된 '월스트리트 점거 운동(Occupy Wall Street)' 혹은 '99% 운동'은 이후 트위터, 페이스북 등을 통해 미국 전역으로 빠르게 퍼져 나가 약 2개월 만에 몇백 개 도시로 확산되었다. 하지만 그러한 운동도 금권 정치의 흐름을 막지는 못했다.[21]

5. 왜 투표해야 할까?

그러면 선거는 민주주의 제도가 아니므로, 투표를 하지 말아야 할까? 그렇지 않다. 현재 대의 민주주의를 채택하고 있는 우리나라에서 선거는 시민의 대표자를 선출할 뿐만 아니라 대표자를 교체할 수 있는 유일한 제도다. 선거는 대통령, 국회의원, 지방자치단체장, 지방의원 등의 대표자가 주권자인 시민의 의사와 여론에 귀 기울이도록 만들고, 시민의 자유와 권리를 위해 법률과 예산을 결정하고 집행하도록 만드는 통제 수단이다. 대표자가 임무를 충실히 수행하지 못한다면, 4~5년마다 실시하는 선거에서 투표로 교체할 수 있다. 대표자를 잘못 뽑으면, 불합리한 법률이나 정책이 만들어지고, 내가 낸 세금이 낭비되며, 결국 우리가 수년 동안 많은 피해를 당하고 나라 전체가 어려움을 겪는다. 선거에서 대표자를 합리적으로 선출하는 것이 얼마나 중요한지 우리는 지난 정권에서 10년 동안 비싼 대가를 치르며 경험했다.

21　2011년 9월에 시작된 월스트리트 점거 운동은 경찰의 진압으로 11월에 운동 캠프가 해산되었다(그레이버, 2015: 68~81; 〈KBS 스페셜〉, 2011.11.27 참조).

그런데 최근, 정치에 대한 불신과 무관심이 증가하면서 대의 민주주의는 **참여의 위기**를 맞고 있다. 중앙선거관리위원회 선거통계시스템(2019)의 자료에 따르면, 대통령 선거의 투표율은 점차 하락하고 있다. 제3대 대선(1956)의 투표율은 94.4%, 제4대 대선(1960)은 97.0%로 시민 대다수가 투표에 참여했다. 하지만 이후 투표율이 점차 감소했고 제16대 대선(2002)에서는 70.8%로, 제17대 대선(2007)에서는 63.0%로 떨어졌다. 2017년 촛불집회와 대통령 탄핵 이후 실시된 제19대 대선(투표율 77.2%)을 제외하면, 대통령 선거의 투표율은 1950~1960년대에 비해 2010년대에 20~30% 정도 낮아졌다.

국회의원 선거의 투표율은 더 크게 하락했다. 1948년 첫 총선거부터 제4대 총선(1958)까지는 96~88%로 매우 높은 투표율을 나타냈다. 하지만 제6대 총선(1963)부터 제11대 총선(1981)까지 투표율이 72~78%로 낮아졌다. 그 후 제16대 총선(2000)에서는 57.2%로 낮아졌고, 제18대 총선(2008)에서는 46.1%로 크게 떨어졌다. 국회의원 선거의 투표율은 1950년대에 비해 2010년대에 30~40% 정도 낮아졌다.

이런 낮은 투표율은 정치 참여의 위기뿐만 아니라 **대표성의 위기**를 가져온다. 투표율이 2분의 1 이하로 낮아지고 실질 득표율 3분의 1 이하로 당선된 후보자가 많아지면, 과연 국민을 대표하는 당선자가 맞는지, 그 대표성에 의문이 제기된다. 그리고 낮은 투표율로 인해 대표자로서 도덕성과 능력이 부족한 후보자가 당선되면, 정치에 대한 불신도 더 커진다.

실제로 총선 결과를 분석해 보면, 제18대 총선에서 245개 선거구 중 43명의 후보자가 유권자 3분의 1 이하의 지지를 얻고 당선되었다. 실질 득표율 15% 미만으로 당선된 후보자가 6명이고, 15~20%로 당선된 후

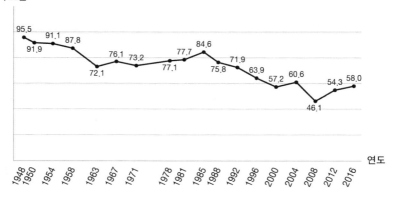

그림 8-3 **국회의원 투표율의 추이(1948~2016)**

투표율

95.5
91.9 91.1 87.8
72.1 76.1 73.2
77.1 77.7 84.6
75.8 71.9
63.9
57.2 60.6
46.1 54.3 58.0

연도

1948 1950 1954 1958 1963 1967 1971 1978 1981 1985 1988 1992 1996 2000 2004 2008 2012 2016

자료: 중앙선거관리위원회 선거통계시스템(2019)의 자료를 토대로 작성.

보자는 30명, 21~35%로 당선된 후보자는 7명이었다. 제19대 총선에서
도 246개 선거구 중 41곳에서 유권자 4분의 1의 지지도 얻지 못한 당선
자가 나왔다. 실질 득표율 17~20% 미만으로 당선된 후보자가 5명이었
고, 20~25%로 당선된 후보자가 36명이었다(≪경향신문≫, 2008.4.12; ≪세
계일보≫, 2012.4.14).

   이러한 정치 참여와 대표성의 위기에 더해, 우리나라의 경우 정치인
들이 당선을 위해 지역감정을 부추기고 정치적으로 이용하면서 **지역주
의 투표** 경향이 나타난다. 지역감정과 지역주의로 인해 경상도, 전라도,
충청도 지역에서는 특정 정당의 후보자에게 무조건 투표하는 경우가
많았다.

   지역주의 투표 경향은 국회의원 선거에서 뚜렷하게 나타났다. 제12대
국회의원 선거(1985)에서는 여당인 민주정의당의 후보자가 경상도, 전
라도, 충청도 지역에서 약 40~50% 정도씩 고르게 당선되고, 야당인 신

한민주당과 민주한국당도 세 지역에서 약 20~30% 정도씩 당선되었다. 하지만 제13~19대 국회의원 선거 결과를 살펴보면, 경상도, 전라도, 충청도 지역에서 특정 정당의 후보자가 거의 독점적으로 당선되는 경향이 나타났다. 제14대 총선에서 민주자유당의 당선자는 경상도 지역에서 53명(77.5%)에 달했지만 전라도 지역에서는 2명(5.1%)에 불과했다. 민주당의 당선자 역시 경상도 지역에서 0명이었지만 전라도 지역에서는 37명(94.9%)에 달했다.

이런 지역주의 투표 경향은 제16~19대 총선에서 더욱 뚜렷하게 나타났는데, 제16대 총선에서 한나라당의 당선자는 경상도 지역에서 64명(98.5%)에 달했지만, 전라도 지역에서는 0명이었고, 충청도 지역에서는 4명(12.5%)에 불과했다. 반면에 새천년민주당의 당선자는 경상도 지역에서 0명이었지만 전라도 지역에서는 25명(86.2%)이었다. 자유민주연합은 경상도와 전라도 지역에서 단 1명의 당선자도 내지 못했지만, 충청도 지역에서는 11명(45.8%)의 당선자가 나왔다. 제19대 총선에서 새누리당의 당선자는 경상도 지역에서 64명(95.5%)에 달했지만 전라도 지역에서는 0명이었다. 반면에 민주통합당의 당선자는 경상도 지역에서 3명(4.5%)에 불과했지만 전라도 지역에서 25명(83.3%)이 나왔다. 자유선진당의 당선자는 경상도와 전라도, 대전 및 충북 지역에서 0명이었고 충남 지역에서도 3명(12.5%)에 불과했다. 그에 따라 제19대 총선 이후 충청도 지역에 기반을 둔 자유선진당은 해체되었다.

이처럼 정치적 무관심과 낮은 투표율로 인해 참여의 위기와 대표성의 위기가 발생하고 지역주의 투표 경향이 나타나면서 대의 민주주의는 커다란 위기를 맞고 있다. 그러므로 시민의 주권을 회복하고 민주주의를 발전시키기 위해서는 정치에 관심을 갖고 선거에서 지역주의 투

표 8-3 정당의 지역별 국회의원 당선자 수(1985~2012)　　　　　　　　　　　　　(단위: 명)

구분	정당	경상도 지역	전라도 지역	충청도 지역	대통령/여당
제12대 (1985)	민주정의당	25(43.1)	18(50.0)	12(50.0)	전두환/ 민주정의당
	신한민주당	17(29.3)	7(19.4)	6(25.0)	
	민주한국당	10(17.2)	6(16.7)	5(20.8)	
제13대 (1988)	민주정의당	38(57.6)	0(0.0)	9(33.3)	노태우/ 민주정의당
	통일민주당	25(37.9)	0(0.0)	2(7.4)	
	평화민주당	0(0.0)	31(83.8)	0(0.0)	
	신민주공화당	2(3.0)	0(0.0)	15(55.6)	
제14대 (1992)	민주자유당	53(77.5)	2(5.1)	13(46.4)	노태우/ 민주자유당
	민주당	0(0.0)	37(94.9)	4(14.3)	
	통일국민당	7(9.9)	0(0.0)	6(21.4)	
제15대 (1996)	신한국당	51(68.0)	1(2.7)	3(10.7)	김영삼/ 신한국당
	새정치국민연합	0(0.0)	36(97.3)	0(0.0)	
	자유민주연합	10(13.3)	0(0.0)	24(85.7)	
제16대 (2000)	한나라당	64(98.5)	0(0.0)	4(12.5)	김대중/ 새천년민주당
	새천년민주당	0(0.0)	25(86.2)	8(33.3)	
	자유민주연합	0(0.0)	0(0.0)	11(45.8)	
제17대 (2004)	한나라당	57(88.2)	0(0.0)	1(4.2)	노무현/ 열린우리당 (김종필 낙선 후 정계 은퇴)
	새천년민주당	0(0.0)	5(16.1)	0(0.0)	
	열린우리당	4(5.9)	25(80.6)	19(79.2)	
	자유민주연합	0(0.0)	0(0.0)	4(16.7)	
제18대 (2008)	한나라당	46(67.6)	0(0.0)	1(4.2)	이명박/ 한나라당
	통합민주당	2(2.9)	25(80.6)	8(33.3)	
	자유선진당	0(0.0)	0(0.0)	14(58.3)	
제19대 (2012)	새누리당	64(95.5)	0(0.0)	12(50.0)	박근혜/ 새누리당
	민주통합당	3(4.5)	25(83.3)	9(37.5)	
	자유선진당	0(0.0)	0(0.0)	3(12.5)	

*(   )는 당선자 수를 백분율로 표시한 것이고, 단위는 %.
자료: 중앙선거관리위원회 선거통계시스템(2019)의 자료를 토대로 재정리.

표, •**연고주의 투표**를 극복하고, 대표자의 도덕
성, 공약, 정치적 능력 등을 고려해 합리적으로
투표하는 것이 매우 중요하다. 선거는 진정한
민주주의를 실현하기 위해 만들어진 제도는

> • 연고주의(緣故主義) 투표
> 후보자의 자질, 도덕성, 공약 등
> 을 고려하지 않고, 후보자와의 혈
> 연, 학연, 지연 등 인간적 관계에
> 따라 투표하는 경향을 말한다.

아니지만, 대의 민주주의에서 주권자인 시민의 의사를 법률과 예산의
결정에 충실하게 반영할 대표자를 선출하는 유일한 제도이고, 권력을
남용하거나 도덕성·능력이 부족한 대표자를 교체할 수 있는 합법적 수
단이다. 그래서 우리는 투표해야 한다.

민주주의와 미디어, 자본

오늘날 민주주의에서 미디어는 시민의 여론을 형성해 정부에 전달하고 또한 정부의 정책을 시민들에게 알려주는 다리 역할을 한다. 신문, 방송 같은 전통적 미디어 외에 최근 소셜 네트워크 서비스(SNS), 소셜 미디어가 발달하면서 시민과 정부의 쌍방향 소통이 활성화되고 정치 참여도 활발해지고 있다. 반면에 미디어가 중요한 역할을 하면서, 정보의 왜곡이나 조작, 가짜 정보와 가짜 뉴스 등도 함께 증가해 민주주의를 위협하고 있다. 그러면 구체적으로 미디어는 민주주의에서 어떤 역할을 할까? 미디어의 뉴스는 누구의 돈으로 어떻게 만들어질까? 오늘날 미디어는 민주주의를 위태롭게도 할까?

1. 민주주의에서 미디어는 어떤 역할을 할까?

민주주의에서는 사람들이 사회 문제에 대해 함께 토론하여 공동으로 결정한다. 사람들이 자유롭게 토론하고 소통하는 것이 민주주의 사회에서 중요하다. 그래서 일찍이 '프랑스 인권 선언'(1789)은 사상과 의견의 자유로운 소통과 미디어의 자유를 중요한 인권으로 제시했다.

이에 따라 민주주의에서는 사람들이 문제를 함께 토론하여 공유된 의견, 즉 '여론'을 형성하는 공간 또는 장소가 발달한다. 이러한 공적인 토론의 공간을 **공론의 장**이라고 한다. 공론의 장은 사람들이 자신의 생각과 의견을 자유롭게 표현하고 합리적으로 토론하는 공간이고, 토론을 통해 여론이 형성되는 공적 공간이다. 고대 그리스에서는 시민이 광장, 민회 같은 공론의 장에 모여 공동체의 중요한 문제를 직접 토론하고 결정했다. 모든 시민들이 공론의 장에 자유롭게 참여하여 토론할 수 있었고, 토론 내용은 사람들의 '입에서 입으로' 전해지면서, 다수의 사람들이 공유하는 여론을 형성했다.

반면에 근대 유럽에서는 모든 사람이 아니라 주로 '귀족, 지식인, 자본가 계급'이 극장이나 카페 같은 공론의 장에 모여 공동체 문제와 정치 현안에 대해 토론했다. 여기서 토론된 내용은 신문, 잡지 등 '미디어(media)'를 통해 다수의 사람들에게 전파되었다. 고대 그리스와는 달리, 미디어가 공론의 장에서 토론된 내용을 빠르게 전파함으로써 다수의 사람들이 공유하고 여론을 형성한 것이다. 이렇게 형성된 여론은 다시 미디어를 통해 정치인과 정부 관료들에게 전달되어 법률 제정과 정책 결정에 영향을 미쳤다. 미디어는 일반 시민과 정부의 중간에서 여론을 정부에 전달하고 또한 정부의 정책과 제도를 시민들에게 알려주는 통로 역할을 했다. 이렇게 미디어가 여론 형성과 전달, 정부의 정책 결정 과정에 막대한 영향력을 행사하게 되면서, 오늘날 **미디어를 통한 민주주의**가 발달하고 있다. 이런 이유에서 미디어 또는 언론을 •**제4부(제4의 권력기관)**라고 부르기도 한다.

● 제4부(the forth branch)
민주주의 국가는 권력 분립의 원리에 따라 법의 제정은 입법부(국회)에서, 법의 집행은 행정부에서, 법의 적용과 판결은 사법부에서 담당한다. 이 3부 외에 여론 형성과 정부의 정책 결정에 미디어가 막대한 영향력을 행사하면서, 미디어(언론)를 '제4부'라고 부른다.

그런데 20세기 후반 이후 인터넷, 스마트폰의 발달로 유튜브, 페이스북, 트위터 같은 '뉴미디어(new media)'가 등장했다. 신문, 라디오, 텔레비전 같은 전통적 미디어는 소수 자본가나 집단이 미디어 콘텐츠의 제작과 공급을 독점하고 다수의 일반 사람들은 그것을 수동적으로 받아들이는 구조였다. 하지만 뉴미디어의 발달로 미디어 콘텐츠의 생산자와 수용자의 관계 및 의사소통의 방식에서 획기적인 변화가 나타났다. 뉴미디어 환경에서는 기존의 전통적 미디어를 통하지 않고 누구나 자유롭게 콘텐츠와 정보를 만들어 제공할 수 있으며, 다수의 사람들이 직접 쌍방향으로 소통할 수 있다.

뉴미디어는 인터넷과 통신망을 통해 전 세계 사람들을 네트워크로 연결하기 때문에, 시간과 공간의 제약을 받지 않고 누구든지 동시에 접근할 수 있고 많은 사람들이 직접 쌍방향으로 소통하며 다수의 사람들에게 정보를 빠르게 전파할 수 있다. 이런 뉴미디어 환경에서 개인이 직접 다양한 형태의 콘텐츠를 만들어 제공하는 '1인 미디어' 또는 '시민 미디어'가 발전하고 있다. 우리나라에서도 개인이 콘텐츠를 작성해 제공하는 '오마이 뉴스', '아프리카 TV', '유튜브 1인 방송' 등이 등장했고, 각 지역별로 다양한 시민 미디어들이 나타났다. 인기 있는 1인 미디어의 경우, 구독자가 몇십만 명에서 몇백만 명에 이르면서 여러 가지 면에서 영향력을 발휘하고 경제적 수입도 얻고 있다. 2017년 통계청은 유튜브, 아프리카 TV, 페이스북 등에서 활동하는 1인 미디어 크리에이터들을 '미디어 콘텐츠 창작자'라는 새로운 직업으로 공식 분류했다(통계청, 2017.7.3).

유튜브에서 활동하는 1인 크리에이터를 살펴보면(2019년 6월 30일 기준), 1인 미디어의 영향력을 쉽게 알 수 있다. 아역 모델 나하은(10세)이 2014년 7월 〈어썸하은(Awesome Haeun)〉을 개설해 본인의 일상생활과 모델 활동 등을 방송했는데, 구독자는 355만 명 정도이고 누적 조회 수는 4억 8000만 회였다. 이 초등학생 유튜버가 벌어들이는 광고 수입이 월 1억 원 정도로 추정된다. 나동현(40세)은 2010년 5월 온라인 게임에 대해 해설하는 〈대도서관 TV〉라는 1인 방송을 시작했는데, 구독자가 187만 명이고 누적 조회 수는 11억 5000만 회였다. 대도서관의 월 광고 수입은 약 1억 원 정도로 추정되고, 유튜브의 인기를 바탕으로 여러 방송사에 출연하고 있다. 또한 박막례 할머니(73세)는 2017년 1월 〈박막례 할머니(Korea Grandma)〉를 개설해 자신의 일상생활을 방송했는데, 2년 만에 구독자가 90만 명에 달했고, 누적 조회 수는 1억 5000만 회였다. 그 인기에 힘입어 2019년 박 할머니는 구글(GOOGLE)의 초대를 받아 수전 워치츠키(S. Wojcicki) 유튜브 최고경영자를 만났으며, 책도 출간했다.

이렇게 뉴미디어가 발달하면서, 공론의 장에서 토론된 내용을 전파하고 여론을 형성하던 전통적 미디어의 역할과 영향력이 축소되고 있다. 요즘, 학생과 청장년층은 종이 신문을 구독해 읽는 사람이 거의 없고, 주로 스마트폰이나 태블릿을 통해 포털 사이트에 게시되는 신문·방송 뉴스의 제목만 '훑어본다'. 미디어별 뉴스 이용률을 보면, 종이 신문의 구독률은 1996년 69.3%에서 2018년 9.5%로 급감했지만, 모바일 인터넷을 통한 뉴스 이용률은 2011년 19.5%에서 2018년 80.8%로 급증했다(한국언론진흥재단, 2018a: 31~32, 67).

최근 트위터, 페이스북, 카카오톡, 텔레그램 등 •**소셜 미디어**가 일반

그림 9-1 미디어와 시민, 정부의 상호작용 관계

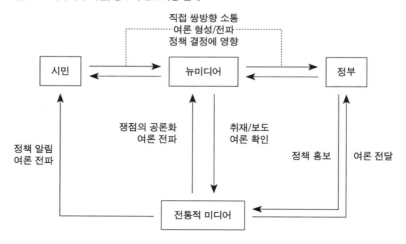

• 소셜 미디어(social media)
소셜 네트워크에서 다수의 사람들이 생각, 경험, 정보와 관련된 글, 사진, 동영상 등 콘텐츠를 공유하고 쌍방향으로 소통할 수 있는 온라인 플랫폼이다.

화되면서 사람들이 광장이나 카페 같은 장소에 직접 모일 필요 없이 스마트폰이나 태블릿을 통해 공동체 문제에 대해 함께 토론하는 **온라인 공론의 장**이 발전했다. 소셜 미디어는 스마트폰을 이용해 여러 사람이 직접 쌍방향으로 소통하고 의견을 공유하는 온라인 공론의 장이 되기도 하고, 동시에 거기서 토론된 내용을 다른 많은 사람들에게 빠르게 전파하는 미디어 역할도 한다.

이와 같은 소셜 미디어의 발달은 정치에도 변화를 일으켰다. 신문이나 방송을 거치지 않고 소셜 미디어를 이용해 일반 시민과 정치인·정부 관료가 쌍방향으로 소통하고 시민이 정치 과정에 참여하는 통로가 확대되고 있다.

최근 기존의 방송사를 통하지 않고 정치인이 소셜 미디어를 통해 다수의 사람들과 쌍방향으로 직접 소통하는 '1인 정치 방송'도 늘고 있다.

2011년 4월부터 2012년 12월까지 김어준은 이명박 정부를 풍자하는 팟캐스트 〈나는 꼼수다〉(약칭 '나꼼수')를 71회 방송했다. 나꼼수는 주류 언론이 다루지 않는 부분을 거침없이 폭로하고 정치 현실을 풍자적으로 다루었기 때문에, 회당 100만~600만 건 내려받기를 할 정도로 수많은 사람들이 청취했다. 그 후 제19대 대선 후보자이자 자유한국당 대표를 지낸 홍준표가 2018년 12월 유튜브에서 〈TV 홍카콜라〉라는 1인 방송을 시작했는데, 구독자가 30만 7000명에 달했다. 국회의원과 보건복지부 장관을 지낸 유시민도 2019년 1월 우리나라의 사회 문제와 정책에 대한 사실을 제대로 알린다는 목적으로 〈유시민의 알릴레오〉 팟캐스트를 시작했는데, 그 구독자가 11만 3000명 정도 되었다(2019년 6월 30일 기준).

또한 소셜 미디어를 통해 정치적 견해를 다수의 사람들에게 직접 전달하고 사람들의 반응과 의견을 수용하는 정치인과 관료들도 급증하고 있다. 이를 두고 **트위터 정치**, **페이스북 정치**라는 말이 새로 생겼다. 대표적으로 미국 트럼프 대통령은 기존의 신문과 방송을 거치지 않고 트위터에 Donald. J. Trump(@realDonaldTrump)를 개설해 자신의 견해와 정책 결정을 사람들에게 직접 전달하고 있다. 트럼프의 팔로어는 6075만 명에 달한다(2019년 6월 30일 기준). 2018년 12월 23일 트럼프 대통령은 시리아 철군을 반대하며 갈등을 빚던 제임스 매티스(J. Mattis) 국방장관을 해임하고 패트릭 섀너핸(P. Shanahan)을 장관대행으로 임명하는 사실을 기존의 언론이 아니라 자신의 트위터로 직접 알리기도 했다.

우리나라의 경우, 조국 민정수석이 대통령의 개헌안, 검경 수사권 조정, 정보경찰의 개혁 등 정치 문제에 대한 의견을 페이스북에 자주 올리면서 청와대의 입장을 직접 알렸고, 그것이 또 언론을 통해 보도되었

그림 9-2 미국 트럼프 대통령의 트위터 게시글

 Donald J. Trump ✔
@realDonaldTrump

매우 유능한 국방부 부장관 패트릭 섀너핸이 2019년 1월 1일부터 국방부 장관 직무대행 역할을 수행할 것이라는 사실을 발표하게 되어 기쁘다. 패트릭은 국방부 부장관과 보잉사에서 일하며 많은 업적을 이루었다. 그는 훌륭하게 임무를 수행할 것이다.

2018년 12월 23일

자료: Donald J. Trump 트위터(2018.12.23).

다. 이에 야당에서 조국 민정수석이 페이스북 정치를 하고 있다고 비판하기도 했다. 이 외에도 박원순 서울시장은 페이스북을 통해 정치적 활동을 소개하는데, 팔로어가 43만 7000명에 달했다. 이재명 경기도지사역시 페이스북에 자신의 견해와 정치적 활동을 직접 알리는데, 팔로어가 28만 6000명이었다. 황교안 자유한국당 대표도 정치적 활동에 페이스북을 활용하며, 팔로어는 7만 1000명이었다(2019년 6월 30일 기준).

이렇듯 소셜 미디어를 통해 일반 시민과 정치인·정부 관료가 쌍방향으로 직접 소통하고 거기서 형성된 여론이 정부의 정책 결정에 반영되는 것이 가능해졌다. 소셜 미디어를 통한 정치 참여가 활성화된 사례를 살펴보면, 2019년 5월 25일 실천교육교사모임은 "조선일보에서 주는 승진 가산점, 당장 폐지하라"라는 성명서를 페이스북에 올렸다. 이 성명서를 많은 교사들이 페이스북에 공유하면서 사회적 이슈가 되었고, 그 문제가 여러 종이 신문에 보도되었다. 그에 따라 불과 8일 뒤인 6월 3일 유은혜 교육부 장관이 조선일보에서 주는 '올해의 스승상' 대회의 수상에 승진 가산점을 주는 제도를 폐지하겠다고 발표했다.

그림 9-3 유은혜 부총리 겸 교육부장관의 페이스북 게시글

 부총리 겸 교육부장관 유은혜
2019년 6월 3일 · 🌐

오늘 교육부는, 정부와 민간기관이 공동으로 주관했던 '올해의 스승상' 대회에서, 상을 받은 수상자에게 부여된 승진 가점 등의 인사상 특전을 폐지하기로 했습니다.

이에 따라 올해부터는 '올해의 스승상' 수상자에게 제공됐던, 승진가점(연구실적 평정점)은 없어집니다. 다만, 스승상 본래의 취지는 존중되어야 하므로, 상 자체가 없어지는 것은 아닙니다.

후속 조치로, '연구대회 관리 훈령'과 '교육공무원 승진규정 개정'도 상세히 살펴보려고 합니다. 합리적으로 개선될 수 있도록 현장의견 경청하며 잘 살펴보겠습니다.

👍❤️😊 717   댓글 56개 공유 24회

자료: 부총리 겸 교육부장관 유은혜 페이스북(2019.6.3).

또 다른 예로, 2018년 9월 25일 부산에서 음주운전 자동차에 치인 윤창호 씨가 사망하는 사고가 발생했다. 이에 윤 씨의 친구들은 10월 2일 '청와대 국민청원' 게시판에 "음주운전 교통사고로 친구 인생이 박살났습니다. 제발 도와주세요"라는 제목으로 음주운전 처벌 강화를 요청하는 글을 올렸는데, 30일 동안 40만 6655명이 동의했다.[22] 윤 씨 친구들은 음주운전 사망 사고에 살인죄를 적용해 처벌을 강화하는 법률 개정안, 일명 '윤창호법'을 직접 만들어 국회의원 299명에게 이메일로 보냈다. 이런 사실이 미디어를 통해 보도되면서 음주운전을 강하게 처벌해

---

22 2017년 문재인 정부는 일반 국민이 대통령에게 사회 문제를 해결해 달라고 직접 요구할 수 있는 통로로 **청와대 국민청원** 플랫폼을 만들었다. 누구나 자유롭게 문제 해결을 요구하는 글을 올릴 수 있고, 그에 대해 30일 동안 20만 명 이상이 동의하면 관련된 정부 부처에서 해결 방안에 대해 답변한다. '청와대 국민청원'은 스페인 마드리드시에서 전체 시민의 '2%'(약 6만 명)의 동의를 얻은 정책안을 시의회에 자동 상정하여 결정하는 **디사이드 마드리드**(decide.madrid.es)의 직접 민주주의 플랫폼을 본떠 만든 것이다.

야 한다는 여론이 형성되었다. 그에 따라 10월 22일 여야 의원 100여 명이 공동으로 음주운전 사망사고에 대해 처벌을 강화하는 윤창호법을 발의했다. 이 법안은 국회에서 신속하게 처리되어, 11월 29일 "음주운전으로 사람을 사망에 이르게 한 경우 3년 이상의 징역 또는 무기징역에 처하는" '특정범죄 가중처벌 등에 관한 법률' 개정안이 통과되었다.

이처럼 뉴미디어는 온라인 공론의 장이면서 동시에 미디어 역할을 하기 때문에, 시민들이 공동체 문제에 대해 직접 토론하고 정치 과정에 주체적으로 참여할 수 있는 기회와 방법을 확장시켰다. 그러므로 뉴미디어 시대에 우리는 주권자로서 공동체 문제에 관심을 갖고 미디어를 통해 쌍방향으로 토론하고 정치 과정에 능동적으로 참여하는 민주 시민이 되어야 한다. 그렇게 함으로써 민주주의를 더 발전시키고 우리의 자유와 권리가 더 확실히 보장되는 민주 사회를 만들 수 있다.

2. 뉴스는 '누구의 돈'으로 만들어질까?

미디어가 여론을 형성하고 선거와 정책 결정에 미치는 영향력이 커지면서, '프랑스 인권 선언'(1789) 이후 모든 민주주의 국가는 미디어의 자유를 기본적 인권으로 보장하고 있다. 우리 헌법 제21조도 언론의 자유를 기본권으로 보장한다. 그에 따라 현재 우리나라에는 일간 신문사 164개(이 중 종합 일간지 13개, 경제 일간지 8개)를 포함해, 인터넷 신문, 지역 신문사 모두 합쳐 4200여 개의 신문사가 있다. 지상파 방송사는 4개, 보도 및 종합 편성 채널은 6개, 그 밖에 오락, 교육, 종교 등 특수 방송사가 몇십 개에 달한다.

하지만 최근 스마트폰과 태블릿이 보편화되고 소셜 미디어가 발달하면서, 사람들이 미디어를 이용하는 방식이 크게 바뀌고 있다. 2018년 미디어 이용률을 보면, 텔레비전 93.1%, 모바일 인터넷 86.7%, PC 45.4%, SNS 49.9%, 라디오 20.8%, 종이 신문 17.7%, 잡지 4.2%로 나타났다. 종이 신문과 잡지의 이용률은 급감했지만, 모바일, SNS 등의 이용률은 급증했다. 특히 종이 신문의 이용률은 1996년 85.2%, 2010년 52.6%, 2015년 25.4%, 2018년 17.7%로 급격하게 감소했으며, 종이 신문의 정기 구독률은 1996년 69.3%, 2006년 40.0%에서 2018년 9.5%로 급속하게 줄어들었다. 반면에 모바일 인터넷 이용률은 2010년 31.3%, 2013년 68.0%, 2018년 86.7%로 크게 증가했다(한국언론진흥재단, 2018a: 31~32, 67).

이렇게 종이 신문의 구독률은 급감했지만, 각 신문사가 발행하는 신문 부수는 줄어들지 않았다. 2017년 신문사의 1일 발행 부수는 조선일보 146만 부, 중앙일보 97만 부, 동아일보 96만 부, 매일경제 71만 부, 한국경제 53만 부, 한겨레 23만 부, 한국일보 22만 부, 경향신문 19만 부, 문화일보 18만 부에 달했다(한국ABC협회, 2019). 각 신문사에서 매일 수십만 부를 발행하지만 실제 종이 신문을 구독하는 사람이 별로 없어서, 각 지역의 신문지국으로 배달된 신문들이 포장지를 뜯지도 못한 채 계란판 만드는 공장으로 옮겨지는 경우도 많다(〈KBS 저널리즘 토크쇼 J〉, 2019.6.9; ≪미디어오늘≫, 2019.6.8). 발행 부수는 많지만 유료 구독률이 9.5% 이하로 떨어졌기 때문에, 사실상 구독료를 받아 신문을 발행할 수 없다.

그러면 신문의 뉴스는 누구의 돈으로 만들어질까? 신문사들은 일반 독자가 아니라 대기업의 광고를 통해 신문의 발행 비용을 충당한다. 다

그림 9-4 매일경제 부장이 삼성 미래전략실 차장 장충기에게 보낸 문자 내용

삼성그룹 미래전략실 장충기 차장

2015년 6월

존경하는 실차장님! 어제 감사했습니다. 면세점 관련해서 ○○○ 국장과 상의해 보니 매경이 어떻게 해야 삼성의 면세점 사업을 도와줄 수 있는지를 구체적으로 알려주셨으면 좋겠다고 합니다. ○○○ 올림

2015년 10월

존경하는 사장님! 그동안 많이 배려해 주시고 도와주셔서 제가 부장이 됐습니다. 머리 숙여 깊은 감사를 드립니다. 꾸우벅. 이번 주 토요일 점심에 클럽하우스에서 인사드리겠습니다. ○○○ 올림

자료: ≪미디어오늘≫(2018.4.2).

시 말해 신문사는 광고주인 대기업의 입장을 반영하고, 대기업(재벌)과 자본의 이해관계를 옹호하는 기사를 쓰게 되는 구조다.

실제로 언론사가 얼마나 대기업의 입장과 이해관계를 반영하는지 보여주는 사례가 삼성그룹의 장충기 사장과 언론사 기자들이 주고받은 문자를 통해 드러났다. 2018년 3월 MBC의 〈탐사기획 스트레이트〉와 ≪미디어오늘≫은 전 삼성그룹 미래전략실 차장(사장급) 장충기와 매일경제, 동아일보, 중앙일보, 한국일보, YTN 등 주요 언론사 기자들이 주고받은 문자 내용을 공개했다. 이 문자들은 삼성과 언론사가 깊은 유착관계를 맺고 있다는 사실을 잘 보여주었다(≪미디어오늘≫, 2018.4.2).

2014년 12월 제일모직이 주식시장에 상장되면서, 이재용 삼성전자 부회장 등 3남매는 제일모직의 전환 사채를 구입한 81억 원의 730배에 달하는 5조 8999억 원의 평가 차익을 얻었다(≪경향신문≫, 2018.3.5). 이에 삼성전자는 이 사실이 언론에 보도되지 않도록 개입했다. 커뮤니케

이선팀장 이인용은 장충기 차장에게 "방송은 K, M, S 모두 다루지 않겠다고 한다. 종편은 JTBC가 신경이 쓰여서 ○○○ 대표께 말씀드렸는데 걱정하지 않아도 된다고 했다. 신문은 말씀하신 대로 자극적인 제목이 나오지 않도록 챙기겠다"라고 문자 메시지를 보냈다. 실제로 그날 KBS, MBC, SBS의 뉴스에 제일모직 상장 보도가 나오지 않았다.

또한 대기업과 자본가는 '광고를 통해' 신문이나 방송이 자신에게 불리한 보도를 하지 못하도록 압력을 넣거나 자신의 이익을 반영하는 뉴스를 쓰도록 만든다. 경제개혁연구소가 삼성그룹의 광고 시장 지배력을 분석한 결과에 따르면, 2007년 11월 삼성의 비자금 의혹이 폭로되었을 때, 삼성그룹은 삼성에 비판적인 보도를 한 경향신문과 한겨레신문에 대해 광고를 대폭 줄였다. 삼성의 경향신문 광고비는 월 평균 39.6%, 한겨레신문 광고비는 월 평균 8.7%까지 떨어졌으며, 12월에는 두 신문사에 대한 광고를 전면 중단했다. 또한 삼성 비자금 재판이 진행되던 2009년 8월부터 이건희 회장이 특별 사면된 12월까지 삼성그룹의 광고는 조선, 중앙, 동아일보에 집중되었지만, 경향신문과 한겨레신문에는 거의 없었다. 삼성그룹의 신문 광고비에서 조선, 중앙, 동아일보 3개 신문사가 차지하는 비중은 2007년 26.04%에서 2009년 33.85%로 확대되었는데, 경향신문과 한겨레신문은 2009년에 각각 0.03%와 0.02%로 대폭 줄었다(≪미디어스≫, 2010.9.9).

다른 한편, 미디어가 경제 활동뿐만 아니라 정치 과정에 막대한 영향력을 미치기 때문에, 자본가와 대기업은 합법적으로 미디어를 소유하여 여론, 선거, 정책 결정을 좌우하고자 한다. 삼성그룹의 창업주 이병철 회장은 1965년에 ≪중앙일보≫를 창간했다. 삼성 이건희 회장의 장인 홍진기가 1968년부터 1986년까지 중앙일보의 사장 및 회장을 맡았고, 그의 아들 홍석현(이건희의 처남)이 1994년부터 사장(1994~1999)과 회장(1999~2017)을 맡으며 삼성그룹의 간부들을 주요 보직에 임명했다. 2018년 1월부터 홍석현이 중앙홀딩스 회장을 맡아 중앙그룹을 총괄하고, 그의 아들 홍정도가 중앙일보와 JTBC 사장을 겸직하고 있다. 2017년 중앙일보의 주식 소유 지분을 보면, 홍석현 회장이 주식 15.6%를 소유한 최대 주주이고, 중앙홀딩스가 64.7%를 소유하고 있다.

문화일보의 경우, 현대중공업에서 만든 문우언론재단과 동양문화재단이 주식을 각각 30.6%(총 61.2%) 보유한 최대 주주이고, 현대그룹 명예회장의 비서실장 출신인 이병규가 2004~2013년 문화일보 사장을 거쳐 2014년부터 2019년 현재 회장 및 발행인을 장기간 맡고 있다. 또한 현대자동차는 한국경제신문의 주식 20.5%를 보유한 대주주다.

방송사의 경우, 1990년 태영건설의 윤세영 회장이 SBS홀딩스를 통해 서울방송(SBS)을 설립했다. 2017년 SBS의 주식 소유 지분을 보면, SBS홀딩스가 주식 36.9%를 소유하여 최대 주주인데, 윤세영이 SBS홀딩스의 주식을 61% 정도 소유한 대주주이고, 1990년 설립 때부터 1997년까지 사장과 회장을 맡았다(한국언론진흥재단, 2018b: 387~393; 이은주, 2008: 59~74).

그 밖에 한겨레신문, 경향신문, 서울신문을 제외하면,[23] 대기업이나 설립자 친족이 최대 주주로 지배하는 신문사와 방송사가 많다. 조선일보는 1933년 방응모 사장 이후 방씨 후손이 사장을 이어받고, 1993년

---

[23] 2017년 언론의 주주와 소유 지분을 보면, 한겨레신문은 우리사주조합이 20.0%, 소액 주주가 72.3%를 소유했고, 경향신문은 임직원이 33.6%, 자기 주식이 51.4%를 차지했으며, 서울신문은 우리사주조합이 28.8%, 기획재정부가 30.5%, 포스코가 19.4%를 소유했다(한국언론진흥재단, 2018b: 387~388).

부터 2019년 현재까지 방상훈이 장기간 사장을 맡고 있다. 방상훈이 조선일보의 주식 30.0%를 소유한 최대 주주이고, 전체적으로 방씨 친족이 주식의 73.6%를 소유하며 실질적으로 지배하고 있다. 1902년 인촌 김성수가 창간한 동아일보는 그 후손이 사장을 이어받고 있으며, 2008년부터 2019년까지 김재호가 사장을 맡고 있다. 김성수 가문에서 설립한 인촌기념회가 동아일보의 주식 24.1%, 김재호가 22.2%, 기타 김씨 친족이 22.5% 정도 소유하여 실질적으로 지배하고 있다. 한국일보의 주식은 동화기업이 60.0%, 동화엠파크가 39.9%를 소유하고 있다.

2017년 종합 편성 채널의 주식 소유 지분을 보면, JTBC는 중앙홀딩스가 주식 23.9%를 소유한 최대 주주이고, 채널A는 동아일보가 주식 29.3%를 소유한 최대 주주다. TV조선은 조선일보가 20.3%, 대한항공이 9.7%, 부영주택이 5.5% 주식을 소유했다. MBN은 매일경제신문이 주식 26.7%를 소유한 최대 주주이고, YTN은 한전케이디엔이 21.4%, 한국인삼공사가 19.9%, 미래에셋생명보험이 14.9%의 주식을 소유했다. 그리고 지역 종합일간신문과 지역 민영방송의 경우는 건설회사와 지역 기업이 대주주인 경우가 많았다(한국언론진흥재단, 2018b: 387~397).

이렇듯 소수의 대기업 또는 자본가가 언론을 직접 소유하거나 광고를 통해 간접 지배하면서 많은 미디어가 실제적으로 대기업과 자본가의 입장 및 이해관계를 대변하는 매체로 변질되고 있다. 그에 따라 미디어는 '언론의 자유와 보도의 공정성'을 외치지만, 실상 그 콘텐츠는 객관적이고 공정하기보다는 대기업이나 자본가의 입장과 이익을 정당화하고 여론을 왜곡하는 경우가 많다.

실제 사례를 보면, 2006년 4월 현대자동차 정몽구 회장이 검찰 수사를 받을 때, 한국경제와 문화일보는 "현대차 해외시장 기반 흔들, 재계정 회장 구속 땐 산업 붕괴, 현대차 그룹의 글로벌 경영이 검찰 수사로 타격이 예상된다"와 같은 기사나 사설을 자주 보도함으로써 경제 위기감을 과도하게 조성하면서 여론을 왜곡시켰다. 그리고 전국언론노조 SBS본부에 따르면, 2015년 초 윤세영 회장이 보도본부 부장 이상 보직자 전원을 소집한 오찬 자리에서 '박근혜 정권을 비판하지 말라'는 취지의 보도지침을 내렸다. 그리고 2016년 10월에는 "자유 민주주의와 시장 경제를 발전시키며, 심각한 안보 환경을 직시하고 여론을 선도한다", "모든 부서에서 협찬과 정부 광고 유치에 적극 나서라" 등의 내용이 담긴 'SBS 뉴스 혁신'이라는 보도지침을 보낸 것으로 드러났다(≪경향신문≫, 2017.9.5).

이처럼 대기업과 자본이 미디어를 직간접적으로 지배하면서, 사실을 객관적이고 공정하게 보도하고 정부와 대기업을 비판·감시하는 미디어의 공적 역할이 상당히 축소되어 변질되었다. 그에 따라 사람들은 미디어에서 정부와 기업에 대한 정확한 사실과 정보를 얻을 수 없고, 그만큼 정부와 기업에 대해 비판적으로 토론하고 여론을 형성하는 주체가 되지 못한다. 오히려 대기업과 자본의 지배를 받는 미디어가 제공하는 편향되고 왜곡된 내용을 받아들여야 하는 **수동적 소비자**로 전락한다(박상준, 2012: 16~18).

한국언론진흥재단(2018a: 63~64)의 조사에 따르면, 2018년 직접 신문을 구독하는 비율은 급감했지만 인터넷 포털 사이트에서 제공하는 뉴스를 수동적으로 이용하는 사람들은 급증했다. 네이버, 다음 등 포털 사이트를 언론이라고 생각하는 응답자가 62.0%(20대 73.0%, 30대 69.4%, 40대 68.4%)에 달했다. 또한 포털 사이트 첫 화면의 뉴스 제목이나 사진을 보고 클릭한다는 응답자가 58.3%를 차지했으며, 실시간 검색 순위에 오른 인물이나 사건을 찾아본다는 응답자도 52.1%였다. 결국 종이 신문을 직접 구독하거나 신문사 사이트를 찾아가서 뉴스를 읽는 사람은 급감하고, 포털 사이트가 임의로 선정한 뉴스 기사만 검색해 훑어보는 수동적 소비자들이 급증하고 있다.

3. 미디어는 민주주의를 위태롭게 할까?

미디어는 여론을 형성하고 전파함으로써 선거와 정책 결정에 커다란 영향력을 행사한다. 1952년 미국은 역사상 처음으로 미국 대통령 후보 지명을 위한 공화당과 민주당의 전당대회를 ABC, NBC, CBS에서 동시 방송했다. 3개 방송 채널이 편집한 화면과 해설은 가정에서 TV를 보는 시청자들에게 전당대회 현장을 '있는 그대로 전달하는 것처럼' 보였지만, 사실 3개 방송 채널에 따라 전당대회가 진행되는 장면과 해설 방식에는 큰 차이가 있었다. 다시 말해 시청자들은 실제 모습이 아니라 3개 방송 채널이 '특정하게 편집한' 화면과 해설을 통해 전혀 다른 3개의 전당대회 현장을 본 것이다(케롤, 2001: 32~33). 이처럼 미디어는 '편집된' 정치 현상과 정보를 제공해 사람들의 관심과 인식의 틀을 정하고, 그렇게 함으로써 여론이 특정한 방향으로 형성되도록 만들고 나아가 투표에 커다란 영향을 미친다.

그렇기 때문에 대기업뿐만 아니라 정부도 은밀하게 미디어를 통제하고자 한다. 대기업은 자본(돈)의 힘으로 그리고 정부는 권력과 국가 기관을 활용해 미디어에 압력을 넣거나 통제한다. 대기업이나 정부는 자본과 권력을 이용해 특정 집단에게 유리하게 또는 불리하게 여론이 형성되도록 미디어의 콘텐츠를 왜곡하거나 조작한다.

영화 〈공작〉에서 나타난 것처럼, 제15대 대통령 선거 직전에 당시 여당 후보의 지지율을 올리기 위해 1997년 12월 10일 이회창 후보의 비선 조직이던 한성기와 장석중은 중국 베이징에서 북한 대외경제위원회 참사관 리철운, 김영수 등을 만났다. 이 자리에서 한성기 등은 북한에 "12월 14일이나 15일경 판문점에서 북한 군인들이 무력시위를 벌여 달라"라고 요청했다. 하지만 북한이 답변하지 않았고 실제 무력시위는 발생하지 않았다. 이런 사실이 검찰 수사로 드러나면서, 이를 **총풍 사건**이라 불렀다.[24]

검찰 수사와 재판으로 총풍 사건의 실체가 알려지면서, 제15대 국회의원 선거 직전 판문점에서 북한군의 무력시위도 정치적인 거래로 요청된 것이라는 의혹이 제기되었다. 실제로 1996년 제15대 총선을 앞두고 4월 5~7일에 북한은 기습적으로 판문점 공동경비구역에 무장 병력 100~300여 명을 투입해 진지 구축 작업을 했다. 이러한 북한군의 무력시위를 신문과 방송이 며칠 동안 대대적으로 보도하면서, 전쟁의 공포감과 불안이 조성되었다. 그 결과, 4월 11일 총선에서 기존의 예상을 뒤집고 경기 북부 지역과 강원도에서 몰표를 얻은 여당(신한국당)이 크

---

24 1998년 10월 서울중앙지검이 총풍 사건의 관련자 3명을 재판에 넘겼고, 2000년 12월 11일 서울중앙지법은 "목적을 달성하지 못했어도 범행을 모의하고 실행에 옮긴 것만으로도 국가 안보에 심각한 위협이고, 선거 제도에 대한 중대한 침해"라며 피고인 3명에게 국가보안법의 위반 등을 적용해 징역 3~5년, 자격정지 2~3년의 실형을 선고했다. 2001년 2심 재판부는 피고인 3명이 사전 모의를 했다고 보기 어렵기 때문에, 북한 측 인사들과 접촉한 점 등에 대해 국가보안법 위반 혐의만 인정해 징역 2~3년과 집행유예 3~5년을 선고했다. 그리고 2003년 대법원에서 2심 판결이 확정되었다(연합뉴스, 1999.2.1; 뉴시스, 2003.9.26; ≪아시아경제≫, 2015.8.24).

게 승리했다. 신한국당이 139석을 차지해 거대 여당을 유지했고, 반면에 국민회의는 76석, 자민련은 50석, 민주당은 15석에 그쳤다. 그 후 남한의 선거 직전에 북한군이 휴전선에서 군사 행동을 하는 현상을 일컫는 **북풍**(北風)이라는 말이 생겼다.

이명박 정부 때는 용산 참사로 인해 정부를 규탄하는 촛불시위가 확산되자 청와대가 연쇄살인범을 활용해 촛불시위와 반대 여론을 덮으려 했다는 사실이 밝혀졌다. 2009년 1월 20일, 경찰이 재개발을 반대하는 철거민들을 강경 진압하면서 6명이 사망하고 30여 명이 부상당하는 용산 참사가 일어났다. 그러자 청와대 국민소통비서관실 행정관이 경찰청 홍보담당자에게 연쇄살인사건을 활용해 용산 참사를 덮도록 하라는 보도지침을 메일로 보냈다. 이 메일에는 언론이 경찰의 입만 바라보는 실정이므로 1월 24일 검거된 연쇄살인범 강호순의 수사 내용을 적극 활용해 언론에 기삿거리를 제공함으로써 촛불시위를 차단해 달라는 요구와 함께, 연쇄살인사건 담당형사의 인터뷰, 수사 관련 증거물과 정보 공개를 활용하라는 구체적인 보도 지침이 담겨 있었다. 청와대의 지침에 따라 경찰청은 언론계 인사와 접촉해 경찰을 옹호하는 기사를 쓰도록 하고, 전국 사이버수사 요원 900명에게 용산 사건과 관련한 각종 여론 조사의 투표에 참여하고 인터넷 게시판 등에 게시물이나 댓글을 하루에 5건 이상 게재하도록 했다(≪서울신문≫, 2018.9.5).

그리고 박근혜 정부에서는 청와대 홍보수석이 KBS의 세월호 보도에 불법적으로 개입한 사실이 드러났다. 2014년 4월 21일, KBS 9시 뉴스에서 해경의 세월호 구조 과정을 비판하자, 당시 홍보수석이 KBS 보도국장에게 전화를 걸어 정부에 대한 비판을 자제하고, 보도 내용을 대체해 달라고 요구했다. 이렇게 세월호 침몰 사고 당시 KBS 보도에 개입한 청와대 전 홍보수석에게 2018년 12월 서울중앙지법은 방송법 위반으로 징역 1년에 집행유예 2년을 선고했다(〈KBS 뉴스〉, 2018.12.14).

또한 청와대가 정부에 유리하게 여론을 조작하기 위해 국군기무사령부(약칭 '기무사') 등을 동원해 댓글을 쓰도록 지시한 사실이 드러났다. 서울중앙지검은 2016년 여론 조작에 개입한 기무사 전 참모장 2명, 청와대 홍보수석실의 전 뉴미디어비서관 2명을 재판에 넘겼다. 기무사의 전 참모장은 2016년 8~11월 사드 배치에 찬성하거나 박근혜 전 대통령의 탄핵을 반대하는 여론을 조성하는 등 정치에 관여했다. 청와대 전 뉴미디어비서관 2명은 2011년 7월~2013년 2월 기무사의 댓글 공작 조직인 스파르타 팀을 통해 온라인에서 정치에 개입했다(연합뉴스, 2019. 4.15).

한편, 전통적 미디어 환경에서는 주로 대기업이나 정부가 자본과 권력의 힘을 이용해 거짓 정보나 가짜 뉴스를 만들어 여론을 왜곡했다. 하지만 뉴미디어 환경에서는 소셜 미디어를 통해 개인도 쉽게 가짜 정보와 뉴스를 만들어 불특정 다수에게 빠르게 퍼뜨릴 수 있다. 거짓 정보와 가짜 뉴스는 사람들의 호기심을 더 자극하기 때문에, 진짜 사실보다 6배 이상 빠르게 전파된다. **가짜 뉴스**는 허위 사실이나 왜곡된 정보를 제공함으로써 여론을 왜곡하고, 선거와 정책 결정 과정에서 사람들이 잘못된 선택을 하도록 만든다. 그 결과, 가짜 정보와 가짜 뉴스는 민주주의의 기본 질서를 위태롭게 만들고 경제적 피해도 입힌다.

가짜 뉴스의 대표 사례는 5·18 광주 민주화 운동에 북한군이 개입했다는 주장이다. 2013년 5월 15일 TV조선과 채널A는 시사 프로그램에서 "5·18 당시 북한군 1개 대대가 광주에 침투했다"라는 탈북자의 주장을 마치 사실처럼 그대로 보도했다. 이 가짜 뉴스를 일부 보수 단체와

표 9-1 2018 가짜 뉴스 순위

순위	가짜 뉴스	순위	가짜 뉴스
1	대북 쌀 지원으로 쌀값 폭등 (39%)	6	북한 헬기 용인에 기습 남하? (26%)
2	태극기 사라진 정상회담 (30%)	7	노회찬 대표 부인 전용 운전기사? (26%)
3	36억 쓴 박근혜 억울? … 특활비 가짜뉴스 (29%)	8	'임을 위한 행진곡'에 예산 12조 원? (25%)
4	평화협정 맺으면 주한 미군 철수? (28%)	9	예멘 난민 신청자, 월 138만 원 지원? (22%)
5	토지 공개념, 사회주의 제도? (27%)	10	5·18 유공자, 현 정부서 급증? (21%)

자료: 〈JTBC 뉴스〉(2018.12.31).

정치인이 사실처럼 퍼뜨리면서 역사적 사실을 왜곡하고 지역감정과 갈등을 지금까지 부추기고 있다. 또한 2016년 지만원은 인터넷 신문 ≪뉴스타운≫을 통해 5·18 민주화 운동을 북한 특수군이 일으킨 폭동이라는 가짜 뉴스를 퍼뜨렸는데, 2017년 8월 광주지방법원은 지만원과 ≪뉴스타운≫이 허위 사실을 유포해 피해를 입힌 사람들에게 8200만 원을 손해 배상하라고 판결했다(뉴스1, 2017.8.11).

2018년에는 보물선과 관련된 또 다른 가짜 뉴스가 전국을 떠들썩하게 만들었다. 7월 신일그룹은 전설의 보물선 '돈스코이호'에 약 150조 원에 달하는 금괴 200톤이 있고 그 보물선을 인양하겠다는 기자 회견을 열었다. 이런 돈스코이호 가짜 뉴스에 속아서 2600여 명이 90억 원 정도를 투자했다가 피해를 보았다. 결국 2019년 5월 서울남부지법은 돈스코이호 인양 작업을 지휘한 신일그룹 경영진에게 투자 사기로 징역 1년 6개월~4년을 선고했다.

이처럼 가짜 뉴스는 여론을 왜곡시킬 뿐만 아니라 경제적 피해도 입한다. 가짜 뉴스가 판을 치면서 최근 방송사에는 가짜 뉴스를 검증하는 "팩트 체크"(JTBC), "사실은"(SBS), 〈저널리즘 토크쇼 J〉(KBS), 〈당신이 믿었던 페이크〉(MBC) 등의 코너와 프로그램이 생겼다.

　민주주의는 진실된 정보와 사실에 의거하여 합리적으로 토론해 합의하는 과정이다. 그렇기 때문에 대통령, 장관, 국회의원 등이 미디어에서 하는 거짓말 또는 거짓 정보는 정치에 대한 불신을 증대시키고, 민주주의의 기본 질서를 무너뜨린다. 2016년 대선 과정부터 당선 이후 미국 대통령 트럼프가 쏟아낸 여러 가지 거짓말과 허위 사실은 미국 정부에 대한 신뢰를 깨뜨리고, 몇백 년 동안 쌓아온 미국 민주주의의 토대를 무너뜨리고 민주 정치를 위태롭게 만들었다. 실제로 미국 정치인의 발언을 검증하는 단체인 폴리티팩트(politifact.org)는 2016년 미국 대선 기간 동안 트럼프 후보의 공식 발언 중 69%(대부분 거짓말 21%, 거짓말 33%, 완전한 거짓말 15%)를 거짓말로 분류했다(레비츠키·지블랫, 2018: 246~251).

　소셜 미디어에 무분별하게 제공되는 가짜 뉴스나 허위 사실이 여론을 왜곡하고 사회적 분열과 갈등을 부추기며, 나아가 선거와 정책 결정에 부정적인 영향을 미친다. 그에 따라 최근 각 나라마다 가짜 정보와 뉴스를 규제하거나 처벌하는 법을 만들고 있다. 독일은 2018년 1월부터 가짜 뉴스의 삭제를 의무화하는 법률을 시행했다. 소셜 미디어 기업은 가짜 뉴스나 혐오 발언을 담은 게시물과 영상 등을 점검하고 24시간 안에 삭제할 의무가 있으며, 삭제하지 않을 경우 최대 5000만 유로(약 600억 원)의 과태료를 부과받는다. 2019년 5월 싱가포르 의회는 가짜 뉴스를 처벌하는 법안을 통과시켰다. 이 법안에 따르면, 소셜 미디어의 게시물이 가짜인 경우 정부가 해당 게시물 옆에 경고 문구를 달도록 명령할 수 있으며, 심한 경우에는 삭제할 수 있다. 특히 악의적이고 공익을 해치는 내용인 경우에, 소셜 미디어 기업은 8억 5000만 원정도의 벌금을 내고, 가짜 뉴스를 유포한 개인은 10년 이하의 징역에 처한다.

우리나라에서도 가짜 뉴스를 규제하는 법안이 20여 건 제출되었지만, 2019년 9월까지 한 건도 통과되지 못했다. 2017년 9월 자유한국당 이장우 의원이 가짜 뉴스의 유포자를 처벌하는 '정보통신망 이용촉진 및 정보보호 등에 관한 법' 개정안을 발의했는데, 이 법안은 본인 또는 제3자의 정치적 또는 경제적 이익을 위해 고의로 거짓 사실 또는 왜곡된 사실을 언론 보도로 오인하게 한 자에 대해 1년 이하의 징역 또는 1000만 원 이하의 벌금에 처하도록 한다. 2018년 4월 더불어민주당에서는 가짜 뉴스 대책단장 박광온 의원 외 28명이 포털 사이트 등에 가짜 뉴스의 삭제 의무를 부과하는 '가짜정보 유통방지에 관한 법률' 제정안을 발의했다. 이 법안은 정보통신 서비스 제공자는 위법한 가짜 정보에 대한 삭제 요청이 들어올 경우에 24시간 이내에 삭제해야 하며, 이를 위반하면 매출액의 10% 이상에 해당하는 과징금을 부과하고, 가짜 정보를 생산한 자는 5년 이하의 징역 또는 5000만 원 이하의 벌금에 처하도록 규정하고 있다.

뉴미디어 환경에서 정부가 가짜 뉴스와 정보를 규제하는 법과 제도를 만드는 것도 필요하다. 하지만 무엇보다도 각 개인이 소셜 미디어에 글을 쓰거나 전파하기 전에, 관련된 사실과 자료를 충분히 확인한 후 진실된 정보를 만들고, 수많은 정보와 뉴스가 진짜인지 아닌지 비판적으로 확인해 보고 활용할 수 있는 능력을 갖추어야 한다. 뉴미디어 환경에서는 누구나 정보와 뉴스를 쉽게 만들어 빠르게 전파할 수 있기 때

표 9-2 미디어 콘텐츠의 비판적 평가 방법

미디어의 평가 기준	미디어 콘텐츠의 비판적 평가 질문
생산자의 의도와 메시지	• 누가, 언제, 왜 그 미디어 콘텐츠를 만들었는가? • 그 콘텐츠가 전달하는 메시지와 가치는 무엇인가?
자료/근거의 신뢰성과 타당성	• 미디어에서 제시한 자료와 근거는 신뢰할 수 있는가? • 그 자료와 근거는 타당한가?
미디어의 영향	• 미디어 콘텐츠의 내용으로 이익을 얻는 사람 또는 집단은 누구인가? • 미디어 콘텐츠의 내용으로 불이익(손해)을 당하는 사람 또는 집단은 누구인가?
미디어의 객관성과 공정성	• 같은 콘텐츠(뉴스)를 다른 미디어에서는 어떻게 제시(설명)하는가?

문에, 미디어 콘텐츠의 내용을 비판적으로 따져보고 활용할 수 있는 능력, 즉 **미디어 리터러시**(media literacy)를 길러야 한다. 이런 능력이 뉴미디어 시대를 살아가는 민주 시민에게 요구되는 중요한 자질이다.

10

DEMOCRACY

우리나라의 민주 공화국 도입

민주 공화국으로서 대한민국이 건국된 지 100년이 넘어가는 때에 민주 공화국이 무엇인지 정확하게 알고, 우리나라에서 민주 공화국이 언제 어떻게 형성되고 발전해 왔는지 이해하는 것이 필요하다. 하지만 민주 공화국을 민주주의 국가와 같은 형태로 잘못 이해하는 사람들이 많고, 또한 민주 공화국을 광복 이후 1948년 미군이 우리나라에 도입했다고 생각하는 경우도 많다. 그런데 정말 민주 공화국과 민주주의 국가는 같은 것일까? 우리나라 민주 공화국은 광복 후 미국이 전해준 것일까?

1. 민주 공화국이란 무엇일까?

2013년에 개봉한 영화 〈변호인〉에서 송우석 변호사가 고문 피해 대학생의 무죄를 주장하면서 헌법 제1조를 힘주어 말하는 장면은 1000만 관객에게 깊은 감동을 주었다. 또한 2016년 가을부터 2017년 봄까지, 촛불집회에서 수백만 명의 사람들이 한 목소리로 외치면서 헌법 제1조와 민주 공화국은 다시 주목받았다. 그에 따라 2018년 8월 헌법재판소가 설문조사한 결과, 가장 많은 사람들(27.3%)이 가장 좋아하는 헌법 조항으로 '제1조'를 선택했다(연합뉴스, 2018.8.27).

1000만 명이 넘는 사람들이 영화 〈변호인〉을 보면서 들었고, 촛불집회 현장에서 수없이 외친 말이 "대한민국은 민주 공화국이다"(헌법 제1조 제1항)다. 그런데 사람들에게 정작 민주 공화국이 무엇인지 물어보면, 제대로 알지 못한다. 많은 사람들이 민주 공화국을 민주주의 국가또는 민주주의와 같은 형태로 잘못 이해하고, 민주주의의 반대는 •공산주의라고 잘못 알고 있다. 그 이유는 이승만, 박정희 정권에서 6·25 전쟁과 남북 분단을 이용해 반공(反共)을 정책의 기본으로 삼고 반공주의(反共主義) •이데올로기를 주입했기 때문이다.

그러면 헌법 제1조에서 정한 민주 공화국이란 무엇이고, 민주주의와 어떻게 다를까? 헌법 제1조에서 채택한 '민주 공화국'은 민주정과 공화정을 결합한 국가 형태다. 앞서 살펴본 대로 '민주정'은 시민 전체가 국가 권력을 가지고 번갈아 가며 지배하는 정치 체제이고, '공화정'은 왕이 존재하지 않고 2인 이상의 사람 또는 기관이 국가 권력을 공동 소유하여 함께 지배하는 정치 체제다. 종합하면, **민주 공화국**은 왕이 존재하지 않으며 다수가 국가 권력을 공동 소유하며 함께 지배하는 공화국을 기반으로 민주 정치를 실시하는 나라다. 한마디로 민주 공화국은 세습 군주정을 부정하고 민주 정치를 실시하는 국가다.

반면에 민주주의 국가는 단순히 왕이 있고 없고를 떠나 '다수의 시민'

• 공산주의
부와 재산을 공동 소유하고 공동체 생활을 추구하는 사상이다. 재산 소유에 따른 계급이 존재하지 않고, 부의 분배와 갈등을 조정할 정부(국가)는 필요 없어진다. 공산주의 사상은 마르크스가 이론화했지만, 레닌과 스탈린이 공산주의 정당의 독재 체제로 변질시켰다.

• 이데올로기
특정한 집단의 이익을 정당화하기 위해 만들어진 가짜 이념이나 사상이다. 공산주의, 외모지상주의, 학벌주의 등도 일종의 이데올로기다.

또는 '시민 전체'가 주권을 소유하고, 일반 시민이 지배하는 정치 체제를 채택한 국가다. 민주주의 국가는 영국, 일본처럼, 형식적이지만 왕이 존재하고 왕과 시민이 함께 지배하는 정치 ― 의원내각제 ― 를 실시할 수도 있다. 반면에 미국, 프랑스처럼 왕이 존재하지 않고, 시민 전체가 주권을 갖고 지배하는 정치 ― 대통령제, 이원 정부제 등 ― 를 실시할 수도 있다.

다만 오만, 사우디아라비아 등 일부 국가를 제외하면, 오늘날 대부분의 국가들에서 왕 혼자 국가 권력을 소유하고 지배하는 군주 정치는 거의 폐지되었고, 시민 전체가 주권을 갖고 지배하는 민주 정치가 보편화되었다. 대부분의 국가에서 군주정이 사라졌으며 공화 정치와 민주 정치가 유사한 형태로 실시되기 때문에, 오늘날 민주 공화국과 민주주의 국가가 비슷한 형태로 잘못 이해되고 있다.

2. 우리나라는 왜 민주 공화국일까?

우리 헌법은 왜 민주주의가 아니라 민주 공화국을 채택했을까? 우리나라에서 국가의 이름을 '대한민국(大韓民國)'으로 정하고, 국가 형태를 '민주 공화국'으로 공식 채택한 것은 1919년 4월 11일 '대한민국 임시헌장'에서다. 임시헌장은 대한민국 임시정부가 선포한 우리나라 최초의 근대적 헌법이다. 대한민국 임시헌장에서 민주 공화국을 채택한 이유는 독립 이후 다시 조선 왕조와 대한제국의 세습 군주정으로 복귀하는 것(•복벽주의)을 금지하기 위해서였다. '공화국'은 주권을 포기한 무능한 조선 왕조와 군주정으로 복귀하는 것을 금지한다는 것이고, '민주정'은

그림 10-1 대한민국 임시헌장

1919년 4월 11일 상하이 임시정부가 선포한 대한민국 임시헌장 제1조는 "대한민국은 민주 공화제로 함"을 적고 있다.

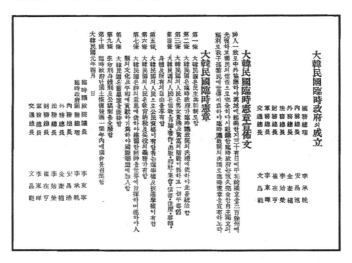

자료: 국가보훈처(1999). 국가기록원 제공.

● **복벽주의(復辟主義)**
대한제국 멸망 이후 국권을 회복하고 조선 황제의 복고를 추진했던 것을 '복벽주의' 또는 '복벽운동'이라고 한다. 1912년 고종의 밀지를 받고 임병찬이 독립 의군부를 조직해 국권 반환 요구서를 총독부로 보내고 전국적으로 의병 전투를 준비했지만 실패했다.

왕과 소수 양반이 아니라 '시민 전체'가 국가의 주인으로서 주권을 갖고 지배하는 정치를 하겠다는 것으로 이를 헌법에 명시한 것이다(박상준, 2018a: 37~38). 그래서 국가의 이름(國號)을 '대한제국(大韓帝國)'(황제가 혼자 주권을 갖고 통치하는 나라)에서 '대한민국(大韓民國)'(시민이 주권을 갖고 지배하는 나라)으로 바꾼 것이다. 이런 이유에서 헌법 제1조에서 대한민국은 '민주 공화국'이라고 명시했고, 대한민국을 국제 사회에 알리는 공식 명칭은 'Republic of Korea'로 표시하고 있다.

제헌헌법(1948.7.17 공포)

전문

유구한 역사와 전통에 빛나는 우리들 대한국민은 기미 삼일운동으로 대한민국을 건립하여 세계에 선포한 위대한 독립정신을 계승하여 이제 민주독립국가를 재건함에 있어서 정의인도와 동포애로써 민족의 단결을 공고히 하며 모든 사회적 폐습을 타파하고 민주주의 제제도를 수립하여 ……

단기 4281년 7월 12일
대한민국 국회의장 이승만

제1장 총강

제1조   대한민국은 민주 공화국(民主 共和國)이다.

제2조   대한민국의 주권은 국민에게 있고 모든 권력은 국민으로부터 나온다.

1919년 대한민국 임시헌장에서 채택한 민주 공화국은 1948년 제헌헌법에 그대로 계승되었고, 지금까지 우리 헌법에 계속 유지되고 있다. 우리나라는 세습 군주정을 인정하지 않고 대통령과 행정부, 국회, 법원이 국가 권력을 공동 소유하여 함께 지배한다는 점에서 '공화국'이다. 그리고 시민 전체가 주권을 가지고 지배에 참여한다는 점에서 '민주정'이다. 그래서 우리나라는 민주 공화국이다.

대한민국 헌법(1987.10.29)

…… 우리 대한국민은 3·1 운동으로 건립된 대한민국 임시정부의 법통과 불의에 항거한 4·19 민주 이념을 계승하고, ……

제1조   ① 대한민국은 **민주 공화국**이다.

②대한민국의 주권은 국민에게 있고, 모든 권력은 국민으로부
터 나온다.

3. 민주 공화국은 광복 후 서구 사회에서 전해진 것일까?

그럼에도 불구하고 많은 사람들이 민주 공화국은 광복 이후 서구 사
회에서 우리나라에 전해졌으며, 1948년 미군정이 민주 공화국을 도입
한 것이라고 생각하는 경우가 많다. 정말 민주 공화국은 미국이나 서구
사회가 전해주었을까?

전혀 그렇지 않다. 공화정과 민주정을 결합한 민주 공화국은 유럽이
나 북아메리카 국가에서는 나타나지 않은 새로운 국가 형태다. 영국의
권리장전, 프랑스의 인권 선언서와 헌법, 미국의 독립선언서와 헌법 등
서구 사회에서는 민주 공화국(democratic republic)이란 국가 형태가 나타
나지 않았다. 프랑스 혁명 후 절대 군주제를 무너뜨리고 부르주아 계급
들이 만들고자 했던 새로운 정치 형태는 '공화정'이었다. 미국에서 독
립혁명 이후 13개 주 대표 55명이 모여 만든 헌법은 '연방 공화제'를 채
택했다. 또한 일본과 중국에서도 국가 형태로서 민주 공화국은 나타나
지 않았다.

이처럼 민주 공화국은 서구 사회에서 전파된 것이 아니라 조선 왕조
의 부패와 무능, 대한제국의 멸망, 일제의 식민 지배와 항일 독립운동
과정에서 고유하게 형성된 국가 형태다. 그리고 광복과 남북 분단,
6·25 전쟁, 독재 같은 우리나라의 정치적 상황과 역사 속에서 발전된

국가 형태다.

　우리나라는 1392년 이성계가 조선을 건국하면서 왕이 혼자 주권을 독점하고 통치하는 군주 정치가 500년 동안 유지되었다. 그 후 1897년 고종이 대한제국을 선포하고 황제가 되었다. 하지만 1910년 일본이 대한제국을 강제 병합하면서 주권을 상실했다. 이런 정치적 상황에서 독립협회, 신민회, 독립운동 세력 등이 「대동단결선언」, 「3·1 독립선언서」를 통해, 부패하고 무능한 군주정을 폐지하고 일반 국민이 주권을 갖고 지배하는 '민주 공화국'을 수립하자고 제안했다. 그에 따라 1919년 4월 11일 중국 상하이에서 독립운동 세력들이 연합하여 대한민국 임시정부를 수립하면서 민주 공화제를 공식 채택했다. 광복 이후 1948년 7월, 제헌 국회에서도 별다른 이의 없이 임시헌장에서 정한 민주 공화국을 그대로 계승했고, 현재까지 헌법 제1조에서 우리나라의 국가 형태로 계속 유지되고 있다.

　하지만 헌법이 여러 차례 개정되면서 공화국도 변경되었다. '통치자의 선출 방식과 지배 방식'에 따라 우리나라 공화국의 시기는 달라진다. 그래서 헌법은 아홉 차례 개정되었지만 제9공화국이 아니라 현재 제6공화국이다.

　제1공화국은 1948년 7월 국회에서 선출하는 '대통령과 부통령제'를 채택한 제헌헌법에 의해 형성되었다. 제2공화국은 4·19 혁명 이후 국회에서 선출하는 '대통령과 국무총리'가 외교·군통수권과 행정권을 서로 나눠 행사하는 의원내각제를 채택한 3차 개정 헌법(1960.6)에 의해 성립되었다. 제3공화국은 박정희 등 군부 세력의 5·16 쿠데타 이후 다시 국민의 '직접 선거'로 선출된 '대통령제'를 채택한 5차 개정 헌법(1962.12)에 의해 형성되었다. 그러나 1972년 10월 박정희는 장기 집권

표 10-1 헌법에 나타난 국가 형태와 공화국의 구분

헌법	공포일	국가 형태	공화국 구분
대한민국 임시헌장	1919.4.11	제1조 대한민국은 **민주 공화제**(民主共和制)로 함.	대한민국 임시정부
대한민국 임시헌법	1919.9.11	제1조 대한민국은 대한 인민으로 조직함.	
대한민국 임시헌법	1925.4.7	제1조 대한민국은 **민주 공화국**(民主共和國)임.	
대한민국 임시약헌	1927.3.5	제1조 대한민국은 민주 공화국이라 **국권**(國權)은 **인민**(人民)에게 있음. 광복 완성 전에는 국권이 광복 운동자 전체에 있음.	
대한민국 임시약헌	1940.10.9	제1조 대한민국의 **주권**(主權)은 **국민**(國民)에 있되, 광복 완성 전에는 광복 운동자 전체에 있다.	
대한민국 임시헌장	1944.4.22	제1조 대한민국은 민주 공화국임.	
제헌 헌법	1948.7.17	제1조 대한민국은 **민주 공화국**이다. 제2조 대한민국의 주권은 국민에게 있고 모든 권력은 국민으로부터 나온다.	제1공화국
제1차 개정 헌법	1952.7.7	〃	
제2차 개정 헌법	1954.11.29	〃	
제3차 개정 헌법	1960.6.15	〃	제2공화국
제4차 개정 헌법	1960.11.29	〃	
제5차 개정 헌법	1962.12.26	제1조 ① 대한민국은 민주 공화국이다. ② 대한민국의 주권은 국민에게 있고, 모든 권력은 국민으로부터 나온다.	제3공화국
제6차 개정 헌법	1969.10.21	〃	
제7차 개정 헌법	1972.12.27	제1조 ① 대한민국은 민주 공화국이다. ② 대한민국의 주권은 국민에게 있고, 국민은 그 **대표자**나 **국민투표**에 의하여 주권을 행사한다.	제4공화국

제8차 개정 헌법	1980.10.27	제1조 ① 대한민국은 민주 공화국이다. ② 대한민국의 주권은 국민에게 있고, 모든 권력은 국민으로부터 나온다.	제5공화국
제9차 개정 헌법	1987.10.29	〃	제6공화국

을 위해 5000명 이하로 구성된 '통일주체 국민회의'에서 대통령을 '간접 선출'하고 연임을 허용하는 7차 개헌(1972.12)을 함으로써 제4공화국이 시작되었다. 전두환 등 신군부 세력의 12·12 쿠데타 이후 5000명 이상으로 구성된 '대통령선거인단'에서 대통령을 간접 선출하는 8차 개헌(1980.10)을 하여 제5공화국이 성립되었다. 하지만 6월 민주화 운동으로 다시 국민의 '직접 선거'로 대통령을 선출하는 9차 개정 헌법(1987.10)에 의해 제6공화국이 시작되었고, 지금까지 유지되고 있다(헌법의 개정과 선거의 역사는 '부록 2' 참고).

우리나라 민주 공화국의 발전 과정[*]

조선 왕정, 대한제국에서 대한민국으로

민주 공화국이 광복 이후 미국에서 전해진 것이 아니라 우리나라의 정치적 상황과 역사를 통해 고유하게 발전해 온 것이라면, 우리나라에서 민주 공화국은 언제 어떻게 형성되고 발전되었을까? 역사적 자료를 통해 우리나라에서 민주 공화국이 형성되고 발전되어 온 과정을 제대로 이해해 보자.

1. 조선 중기: 중국의 공화정이 소개되다

중국, 일본, 우리나라에서 사용되는 **공화제**(共和制) 또는 **공화정**(共和政)이란 말은 고대 중국 주나라의 집단 지배 체제에서 유래된 것이다. 사마천(司馬遷)이 쓴 『사기』의 기록에 따르면, 주나라의 여왕(厲王)은

---

[*] 이 글은 「우리나라 민주 공화국의 발전 과정 탐색」, ≪초등교육연구≫, 30집 1호(전주교대, 2019), 1~19쪽을 수정·보완한 것이다.

포악하고 사치하며 오만해서 국민이 왕을 비판하자, 비판하는 사람들을 감시하고 처형했다. 그러자 여왕 37년에 국민들이 반란을 일으켰고, 여왕은 체로 도망쳤다. 그에 따라 기원전 841~828년 왕이 없는 기간에 소공과 주공 두 사람이 정무를 맡아 지배했는데, 이 시기를 '공화'라고 했다.

> …… 왕은 듣지 않았다. 그러자 나라에 감히 말하려는 자가 없어졌고, 3년 뒤 서로 힘을 합쳐 난을 일으켜서 여왕을 습격했다. 여왕은 체로 도망쳤다. …… 소공(召公)과 주공(周公) 두 재상(相)이 정치를 돌보니 '공화(共和)'라 했다. 공화 14년(기원전 828년) 여왕이 체에서 죽었다. ……
> — 사마천, 『사기(史記)』 권4, 「주본기(周本紀)」 7장 [2010: 407~408]

중국의 학자들이 『사기』 권4, 「주본기」 7장 여왕에 대한 기록에서 **공화**라는 단어를 찾아서, 왕 한 사람이 국가 권력을 가지고 통치하는 군주정에 반대되는 정치 체제로서, 왕이 존재하지 않고 여러 사람이 국가 권력을 나누어 행사하는 정치 체제를 가리켜 '공화제' 또는 '공화정'이라고 불렀다.

이러한 중국의 공화제 개념이 17세기 중반 조선 지배층에 소개되었다. 『효종실록』에 따르면, 효종 6년(1655) 10월에 임금과 신하들이 『시전(詩傳)』 유월장(六月章)에 대하여 읽고 토론하는 자리에서 김익희가 『사기』에 나오는 주나라의 여왕과 선왕의 업적에 대해 소개할 때, 여왕이 도망한 후 주공과 소공 2명이 지배하던 시기를 '공화제(공화정)'라고 설명했다.

> …… 김익희가 아뢰기를,

"여왕이 체 땅에 달아난 뒤 주공과 소공이 공화제(共和制)를 14년간 실시하여 왕의 은택이 사라지지 않았으므로 선왕(宣王)이 비록 그것을 힘입은 바가 있으나, 또한 다 문·무(文武)와 성·강(成康)으로부터 내려오는 공렬이 없어지지 않았기 때문입니다." ……

— 『효종실록(孝宗實錄)』: 효종 6년 을미(1655 순치) 10월 26일
(한국고전종합DB, 2019b)

이처럼 17세기 중반에 공화제는 왕이 존재하지 않고, 2인 이상의 사람들이 국가 권력을 공유하고 함께 정치하는 정치 체제로 소개되었다. 당시 공화제는 세습 군주정에 반대되는 정치 체제로 이해되었기 때문에, 공화제를 주장하는 것은 곧 왕정을 부정하는 반역죄에 해당되었다. 그래서 조선 왕조에서 감히 공화제 또는 공화정을 주장하는 사람은 없었다.

2. 조선 후기:
서양의 공화정이 소개되고 민주정과 혼용되다

그 후 19세기 후반에 다른 나라의 정치 체제를 분류할 때, 공화제 또는 공화정이란 말이 다시 사용되었다. 1881년 일본에 파견되었던 신사유람단의 민종묵이 작성한 보고서에서, 세계 여러 나라의 정치 체제를 군민공치(君民共治), 입군 독재(立君獨裁), 귀족 정치(貴族政治), 공화 정치(共和政治)로 분류하면서 '공화정'이라는 용어를 사용했다(정옥자, 1965: 135). 군민공치는 왕과 국민이 함께 지배하는 입헌 군주제이고, 입군 독재는 왕 혼자 통치하는 전제 군주제, 공화 정치는 왕이 존재하지 않고 여러 사람들이 국가 권력을 공유하여 함께 지배하는 정치 체제다. 공화

정치의 예로 미국의 연방 공화제가 소개되었다.

　이와 비슷한 맥락에서 1884년 2월 ≪한성순보≫는 "각국근사: 미국 지략"에서 미국의 정치를 **합중공화**로 간략하게 소개했다. ≪한성순보≫는 미국이 세습 군주제를 부정하며, 통치자인 대통령과 부통령을 국민이 공동으로 선출하고 임기가 4년으로 제한되어 있으며, 국가 권력 중 행정은 대통령이 통할하고, 외교 조약·재상의 추천과 탄핵 등은 의회가 담당하는 방식으로 국가 권력을 공동 소유하며 함께 정치하기 때문에, '공화정'이라고 설명했다. 미국 공화정의 특성은 왕 대신에 대통령과 부통령 2인이 행정권을 갖고 지배하고, 상하 양원이 법률 제정과 조약 등의 입법권을 행사하며, 대통령의 임기가 제한되어 있어서 주기적으로 선출되는 것이다.

> 미국은 북아메리카주에 있다. …… 정치는 소위 **합중공화**(合衆共和)이다. 전 국민이 합동으로 협의하여 정치를 하고, 세습 주군을 세우지 않으며 관민의 기강이 엄하지 않고, 오직 대통령이 모든 정무를 총재하는데, **대통령**은 전 국민이 공동으로 **선출**한다. **임기**는 4년으로 한정했고, …… 부통령 또한 전 국민이 공동으로 선출한다. 대개 대통령은 해군, 육군의 군무를 총리하며, 상원과 협의하여 외교 조약을 정한다. …… 또 대통령 밑에는 재상이 7인 있는데 이를 **내각**이라 한다. …… 모든 국내의 법도(法度), 법령은 **상하 양원**에서 모두 의정하기 때문에, 양원 의원이 먼저 논의하여 가하다고 결정하고 나서 나중에 만약 대통령이 불가하다고 하면 양원에서 다시 논의하여 협의한다. ……
>
> ― ≪한성순보(漢城旬報)≫,
> "각국근사: 미국지략(各國近事: 美國誌略)"(1884.2.17)

　민종욱의 보고서와 비슷하게, 유길준은 1895년 일본을 유람한 후 출판한 책『서유견문』에서 정체를 군주정체, 압제정체, 귀족정체, 입헌정체, 합중정체 다섯 가지로 분류했다(유길준, 1895: 143~145). ≪한성순보≫ 와 마찬가지로 유길준은 합중정체의 예로 미국의 공화정을 제시했다.

제1 군주(君主)의 단단한 정체(政體)
제2 군주의 명령하는 정체 또한 압제정체(又曰 壓制政體)
제3 귀족(貴族)의 주장하는 정체
제4 군민(君民)의 공치(共治)하는 정체 또한 입헌정체(又曰 立憲政體)
제5 **국인(國人)의 공화(共和)하는 정체** 또한 **합중정체**(又曰 合衆政體)
— 『서유견문(西遊見聞)』(유길준, 1895)

또한 독립협회는 ≪독립신문≫을 통해 국민 주권 사상에 기초해 의 회를 설치하고 국가 권력을 분립시키고 법에 따라 지배하는 민주 공화 국으로 개혁해야 한다는 생각을 널리 전파했다. 1898년 독립협회는 모 든 국민이 나라의 주인으로서 주권을 가지며 정부가 국민을 위해 정치 하는지 감독하고 그렇지 않은 정부를 교체할 수 있는 민주 공화국을 건 설해야 한다고 주장했다. 그렇지만 당시 절대 왕정이 유지되고 있는 조선의 정치적 한계에 부딪혀, 1898년 7월 독립협회의 윤치호는 민주 공화국이 아니라 기존 중추원을 개편하여 의회원을 만들고, 왕권을 일 부 제한하는 입헌 군주제를 청원하는 상소를 고종에게 올렸다(신용하, 1976: 197~210).

…… 대한 인민이 …… 매년 세금을 내서 정부 경비를 쓰게 하면서 인민 의 일을 돌보아 달라 하고 인민이 나라의 주인인데, 주인인 체 아니하고 월급을 주어준 관인들로 하여금 주인의 일을 돌보아 달라 하였더니, 이 고 용한 사환들이 차차 변하여 사환에서 상전이 되고 정작 주인은 노예가 되

어 자기들의 생명과 재산을 본래 고용하였던 사환들에게 무리하게 잃어버리니, 그 실상을 생각하면 주인들이 못나서 사환들이 그 모양이 된 것이라. ……

　　　　　　— 《독립신문》, "제손씨 편지" [광무 2년(1898) 11월 16일]

…… 그런고로 정부를 만들 때에 이것을 본받아서 세계 개화 각국이 정부를 조직하였는데, …… 생각하고 방책 내는 마을을 외국서는 말하되 **의회원**이라 하며, 의회원에서 작정한 방책과 의사를 시행하는 마을을 **내각**이라 하는 것이라. …… 그런고로 대한도 차차 일정 규모를 정부에 세워 이 혼잡하고 규칙 없는 일을 없애려면 불가불 의정원이 따로 있어 국중에 그 중 학문 있고 지혜 있고 좋은 생각 있는 사람들을 뽑아 그 사람들을 '**행정하는 권리**'는 주지 말고 '**의논하여 작정하는 권리**'만 주어 좋은 생각과 의논을 날마다 공평하게 토론하여 이해 손익을 공변되게 토론하여 작정하야, 대황제 폐하께 이 여러 사람의 토론하여 작정한 뜻을 아뢰어 재가를 물은 후에는 그 일을 내각으로 넘겨 내각에서 그 작정한 의사를 가지고 '규칙대로 시행'만 할 것 같으면, 두 가지 일이 전수히 되고 내각 안에 분잡한 일이 없을 터이라. ……

　　　　　　— 《독립신문》, "논설" [광무 2년(1898) 4월 30일]

이처럼 19세기 후반 세계 여러 나라의 정치 체제를 소개할 때, 공화정은 세습 군주정을 부정하고 2인 이상의 사람이 국가 권력을 공유하여 함께 지배하는 정치 체제를 의미했다.

다른 한편, 공화정이 서양의 정치 체제로 소개되었을 때, 공화정을 민주정과 같은 의미로 함께 사용하는 경우도 있었다. 고종 34년(1897) 9월에 정재승 등의 상소에서는 세계 여러 나라의 정체를 분류하면서, 왕이 통치하는 정체로서 전제 군주제, 입헌 군주제와 비교하여, '대통령'이 국가의 지배 권력(大權)을 소유하여 통치하고, 일반 국민이 정치에 참여하는 정체를 '공화제'로 소개했다. 그 이후 우리나라에서 공화정은 일반 국민이 정치에 참여하는 민주정과 같은 의미로 혼용되기도 했다.

> …… 지구상의 만국(萬國)은 모두 자주 독립으로 일정한 대권(大權)을 삼지만, 위호(位號)는 나라의 습속에 따라서 각각 달라 대황제(大皇帝)라고 하기도 하고 대군주(大君主)라고도 하고 대통령(大統領)이라고도 하며, 정치 체제는 혹 군주가 전제(專制)하기도 하고, 혹은 군민(君民)이 함께 다스리기도 하고, 혹은 국민이 참여하는 '**공화**(共和)'를 하기도 하여 각각 인주(人主, 임금)의 권한을 한정합니다. 이것이 '만국공법'이 만들어지게 된 까닭입니다. ……
> —『승정원일기(承政院日記)』, 고종 34년 정유(1897) 9월 8일
> (한국고전종합DB, 2019c)

고종 37년(1900) 5월에 중추원 의장 신기선 등의 상소에서도 동양의 군주제와 서양의 공화제를 비교하면서, 유럽 및 미국의 정치 체제를 모두 공화제라고 불렀다. 여기서도 공화제는 민주정과 같은 의미로 사용되었다.

> …… 그리고 우리 동양 3국이 모두 군주제(君主制)를 정체(政體)로 삼고 있으니 구미(歐美) 여러 나라에서 **공화제**(共和制)라고 하는 것과는 다릅니다만, 임금은 임금답게 신하는 신하답게 행동하며 선을 칭찬하고 악을 미워하기를 동일한 규범으로 삼고 있으니, 저들이 말하는 국사범(國事犯)을 잡아 넘겨주기를 허락하지 않는다는 것은 바로 그들 의회가 자국의 이익을 꾀하려는 주장일 뿐, 군주제 정부에서 반드시 따라야 하는 것은 아닙니다. ……
> —『승정원일기』, 고종 37년 경자(1900) 5월 26일
> (한국고전종합DB, 2019d)

또한 20세기 초반 법학이나 정치학 책들은 공화정을 모든 인민(국민)

이 정치에 참여하는 민주정과 같은 의미로 설명했다. 1905년에 출판된 교재 『법학통론』은 정치 체제를 지배 권력의 소유자 수에 따라 군주정, 과인정(과두정), 공화정으로 구분했는데, 공화정을 통치권이 인민 전체에 있고 국가의 정치를 인민이 스스로 행하는 정치 체제, 즉 '민주정'으로 정의했다(유성준, 1905: 66).

을사늑약 이후 일본의 탄압이 심해지자, 1907년 양기탁, 안창호 등은 신민회(新民會)를 결성해 왕 혼자 지배하는 낡은 관습을 버리고, 일반 국민이 국가의 주인이 되는 '입헌 공화국'을 건설해야 한다는 사상을 널리 전파했다. 1910년 2월 ≪대한매일신보≫에 게재된 "20세기 신국민"이란 논설은 인민(국민)이 국가의 주인이 되고 루소의 자유와 평등 정신이 실현된 나라를 입헌 공화국으로 설명했다. 이 설명에 따르면, 입헌 공화국은 국가의 주인으로서 인민이 정치하는 민주주의 국가에 해당된다.

> …… 서양은 암흑시대가 오래 걸리지 않아 지나가고 …… 도덕, 정치, 경제, 종교, 무력, 법률, 학술, 공예 등이 장족의 진보를 이루었으니, 이제야 국가의 이익이 날로 많아지며 인민의 복이 날로 확대되어 전제 봉건의 낡고 추한 폐단이 없어지고 **입헌 공화**(立憲 共和)의 복음이 두루 퍼져서, 국가는 인민의 낙원이 되며, **인민은 국가의 주인**이 되어, …… 루소의 평등, 자유정신이 이에 성공되었도다. ……
>
> — ≪대한매일신보(大韓每日申報)≫,
> "논설: 20세기 신국민(二十世紀新國民)"(1910.2.23)

이처럼 공화정을 민주정과 같은 의미로 이해한 것은 20세기 중반까지 이어졌다. 1914년 출판된 사전 『영한ᄌ뎐』은 영어 'democracy'를 '민주정체'로, 'republic'은 '민주국, 공화국, 공화정체'로 번역했다. 즉,

민주정과 공화정을 유사한 의미로 번역했다. 이와 비슷하게 1954년에 출판된『사회과학사전』도 공화국(공화정)과 민주국(민주정)을 동의어로 설명했다(교문관편집부, 1914; 선문사편집부, 1954). 이 사전에 따르면, 공화국은 군주국에 반대되는 것으로 국가 원수의 지위를 소유한 왕이 없는 국가다. 세습 군주정과 귀족정이 사라진 상황에서 공화정은 곧 민주정과 같은 의미로 이해되었다.

3. 독립운동 시기: 1919년 임시정부에서 민주 공화제를 채택하다

대한제국의 멸망(1910)과 중국의 신해혁명(1911)은 지식인과 독립운동 세력들이 독립 이후 우리나라의 정치 체제로서 군주정이 아니라 공화정을 선호하도록 이끌었다. 그들에게 '독립'이란 대한제국의 황제가 포기한 주권을 국민이 되찾는 것이고, 따라서 독립 이후에는 무능한 왕 또는 황제가 아니라 국민이 주권을 가지고 지배하는 국가를 새로 건설해야 한다는 생각이 널리 확산되었다. 그에 따라 항일 독립운동을 주도한 사람들은 독립 이후 새로 건설할 국가는 만인 평등사상과 국민 주권 사상에 기초한 민주 공화국이 되어야 한다는 생각을 공유했다.

이렇게 공유된 생각들은 해외 각지에 흩어져 있던 독립운동 세력들의 단결을 호소하는「대동단결선언」으로 나타났다. 1917년 7월 신규식, 조소앙, 신채호 등은 국민 주권 사상에 기초해 헌법을 제정하고 임시정부를 수립해야 한다는「대동단결의 선언」을 발표했다. 이 선언은 순종 황제가 1910년 대한민국의 영토, 국민, 주권을 포기했으므로 일반 국민이 주권을 넘겨받았고 국민이 지배할 권리를 가진다는 '국민 주권 사상'을 제시하고, 그에 따라 황제가 혼자 지배하는 옛 나라(舊韓)인 대한제국(大韓帝國)이 멸망한 날이 곧 국민이 주권을 갖고 지배하는 새로운 나라(新大韓)인 '대한민국(大韓民國)'이 건국되는 최초의 날이라고 선언했다. 그리고 국가의 헌법을 제정하고 최고기관과 중앙총본부 – 대한민국 임시정부 – 를 조직하여 국민의 의사에 합하여 법에 따라 지배하는 국가, 즉 민주 공화국을 건설해야 한다고 주장했다(조동걸, 1989: 320~325).

…… 융희 황제가 **삼보**[三寶: 『맹자(孟子)』에 언급된 영토, 국민, 정치—인용자 주]를 포기한 경술년(1910) 8월 29일은 즉 우리 동지(국민)가 삼보를 계승한 8월 29일이니, 그동안 한순간도 삼보가 멈춘 적이 없음이라. 우리 동지는 완전한 상속자니 저 황제권(皇帝權) 소멸의 때가 곧 **민권**(民權) 발생의 때요, 구한국(舊韓)의 최후의 날은 즉 **신한국**(新韓) 최초의 날이니, 무엇 때문인가. …… 한국인(韓人) 사이의 **주권**을 주고받는 것은 역사상 불문법의 **국헌**(國憲: 나라의 헌법—인용자 주)이오. 한국인이 아닌 사람(非韓人)에게 주권 양여는 근본적 무효요, **한국**(韓國)의 국민성이 절대 허락하지 않는 바이라. 고로 경술년 융희 황제의 주권 포기는 즉 우리 국민 동지에 대한 묵시적 선위이니, 우리 동지는 당연히 삼보를 계승하여 통치할 특권이 있고 또 대통(大統)을 상속할 의무가 있도다. ……
                                    — 「대동단결의 선언(大同團結의 宣言)」(1917.7)

한편 일본에서는 유학생들이 조선청년독립단을 결성하고, 한인 유학생 400여 명이 참석한 가운데 1919년 2월 8일 일본의 수도 도쿄에서 독립선언서를 발표했다. 이 「2·8 독립선언서」는 우리나라 최초로 전제 군주제 대신에 '민주주의' 국가를 건설하자고 공식 선언한 문서다. 이 선언서는 처음으로 민주주의를 새로운 국가의 정치 체제로 제시했다.

이처럼 동학 농민 운동, 독립협회, 신민회 등이 제시한 만인 평등사상과 국민 주권 사상을 통해 국가의 주인임을 자각했던 민중들은 국내에서 항일 독립운동에 참여하거나 해외로 망명하여 임시정부를 조직하는 데 참여했다. 「대동단결의 선언」, 「2·8 독립선언서」, 3·1 운동에서 우리나라가 자주 독립국임을 선언했고, **새로운 대한민국(新韓國)을** 건설해야 한다고 주장했으므로, 새로 독립된 국가를 건설하는 것이 국민적 과제로 등장했다. 그런 선언과 3·1 운동을 계기로 국내외에 분산되어 활동하던 독립운동 세력들이 연합하여 새로운 대한민국 임시정부를 만들게 되었다. 3·1 운동 직후 1919년 4월 11일 중국의 상하이에서 신규식, 이동녕, 이시영 등 각 지역의 대표자 27명이 모여 대한민국 임시의정원 회의를 개최하면서, 새로운 국가의 이름(國號)을 '대한민국'으로 정하고 국가 형태를 민주 공화제로 채택하는 '대한민국 임시헌장'을 의결했다.

대한민국 임시정부는 왕 대신에 주석과 부주석이 통치하고 임기는 3년으로 제한되며, 법의 제정권은 임시의정원(국회)에 있고, 법의 집행권은 임시정부(주석과 부주석)가 공동 소유하여 함께 지배했고(공화정), 그리고 일정 자격을 갖춘 국민(公民) 모두가 정치에 참여할 권리를 주었다(민주정). 이런 점에서 대한민국 임시정부의 국가 형태는 민주 공화국이었다.

대한민국 임시헌장(1919.4.11)

제1조   대한민국(大韓民國)은 **민주 공화제**(民主共和制)로 함.

제2조   대한민국은 임시정부(臨時政府)가 임시의정원(臨時議政院)의 결의에 의하야 차를 통치함.

제3조   대한민국의 인민(人民)은 남녀 귀천 및 빈부의 계급이 없고 일절 평등(平等)임.

제5조   대한민국의 인민으로 공민(公民) 자격이 유한 자는 선거권 및 피선거권이 유함.

제10조   임시정부는 국토 회복 후 만 일 개년 내에 국회(國會)를 소집함.

대한민국 임시헌장(1944.4.22)

제1조   대한민국은 **민주 공화국**(民主共和國)임.

제35조   국무위원회 주석 및 부주석과 국무위원의 임기는 3개년으로 정하되 연선될 수 있음.

그 후 1930~1940년대 좌파와 우파의 대립을 통합하려는 시도에서 정치, 경제, 교육 세 영역에서 평등을 실현하는 *삼균주의를 반영하여 민주 공화국의 이념이 더 확장되었다. 1935년 의열단, 한국독립당, 신한독립단 등의 대표들이 모여 결성한 민족혁명당은 정치, 경제, 교육의 평등에 기초한 진정한 민주 공화국을 건설해야 한다고 선언했다. 김구 등이 결성한 한국

> *삼균주의(三均主義)
> 정치, 경제, 교육 세 영역의 평등을 기반으로 개인, 민족, 국가 간에 균등한 삶이 이루어지는 민주 공화국을 건국하겠다는 이념이다. 1920년대부터 제시되었고 1941년 임시정부가 대한민국 건국의 기본 이념으로 선포했다.

국민당은 정치, 경제, 교육의 평등이라는 3대 원칙을 확립한 완전한 민주 공화국을 제시했다. 또한 지청천 등이 조직한 조선혁명당은 정치,

경제의 평등에 기초하여 민족적 자주 독립을 이룬 진정한 민주 공화국의 건설을 선언했다. 이러한 좌파의 평등 요소를 결합함으로써 민주 공화국의 이념이 확장되었다. **평등**은 정치 영역에서 보통 선거로, 경제 영역에서 토지와 대기업의 국유화로, 교육 영역에서 무상 교육으로 제시되었다. 그에 따라 1941년 임시정부는 삼균주의를 기반으로 정치, 경제, 교육 세 영역에서 평등이 실현된 민주 공화국을 건국의 기본 이념으로 삼는 '대한민국 건국강령'을 공포했다.

대한민국 건국강령(1941.11.28)

제3장 건국(建國)

2. **삼균제도**(三均制度)를 골자로 한 헌법을 실시하여, 정치와 경제와 교육의 민주적 시설로 실제상 균형을 도모하며, 전국의 토지와 대생산기관의 국유가 완성되고 전국 학령아동의 전수가 고급교육의 면비수학(학비를 면제받고 교육받음―인용자 주)이 완성되고 보통 선거 제도가 구속 없이 완전히 실시되어, 전국 각리동촌과 면읍과 도군부와 도의 자치조직과 행정조직과 민중단체와 민중조직이 완비되어 삼균제도가 배합 실시되고 경향 각층의 극빈계급의 물질과 정신상 생활 정도와 문화 수준이 제고 보장되는 과정을 건국의 제2기라 함.

---

4. 광복과 정부 수립 시기:
남한에서 민주 공화국 정부가 수립되다

1919년 4월 대한민국 임시헌장에서 국호를 '대한민국'으로 정하고, 국가 형태를 민주 공화제(민주 공화국)로 채택했기 때문에, 광복 이후 1948년 7월 제헌의회에서 헌법을 만들 때에도 임시정부의 전통을 그대로 이어

받아 "대한민국은 민주 공화국이다"라고 정하는 안이 별다른 의견 없이 통과되었다. 「대동단결선언」과 3·1 운동으로 수립된 임시정부의 법적 정체성과 전통을 계승해야 한다는 생각이 널리 공유되었기 때문이다.

대한민국 헌법(1948.7.17 공포)

제1조　　대한민국은 **민주 공화국**이다.

제2조　　대한민국의 주권은 국민에게 있고, 모든 권력은 국민으로부터 나온다.

제31조　입법권은 국회가 행한다.

제51조　대통령은 행정권의 수반이며 외국에 대하여 국가를 대표한다.

제53조　대통령과 부통령은 **국회**에서 무기명 투표로써 각각 선거한다.

제55조　대통령과 부통령의 임기는 4년으로 한다. 단, 재선에 의하여 1차 중임할 수 있다.

제76조　사법권은 법관으로써 조직된 법원이 행한다.

하지만 광복 이후 미국과 소련의 신탁 통치, 남북한의 정부 수립과 관련해 좌파와 우파의 이념적 대립이 심해졌다. 좌파 진영은 민주 공화국을 자본주의 체제를 정당화하는 정치 체제로 비판하면서 모든 사람이 평등하게 사는 '인민 공화국'을 주장했고, 사회적 평등을 실현하기 위해 권력의 집중을 강조했다. 그에 반대하여 우파 진영은 민주 공화국을 주장했고, 권력의 분립을 제시했다. 이런 좌우의 대립 속에서 제헌 헌법을 주도했던 유진오가 민주 공화국의 의미에서 **권력 분립의 요소**를 더 분명하게 만들었다. 그에 따르면, '공화국'은 세습 군주를 갖지 않은 국가를 말한다. 그런데 공화국 중에도 권력 분립을 기본으로 한 민주정을 채택한 국가가 있고, 독일의 나치스 정부처럼 권력 분립을 유명무실하게 만든 정치 체제를 채택한 국가도 있으며, 권력 통합을 한 소비에

트 연방 국가도 있다. 그러므로 '민주정'을 기본으로 하는 '공화국'이라는 의미에서 '민주 공화국'이라는 용어를 사용하는 것이 적절하다고 주장했다(유진오, 1952: 45).

좌우 진영의 갈등 속에서 이승만 정부와 우파 진영은 정권과 기득권을 유지하기 위해 민주 공화국에 **반공주의** 이념을 추가했다. 이승만 정권은 1948년 10월 **°여순 사건**을 이용해 반공주의를 퍼뜨리고 반란자들을 '빨갱이'로 몰아 학살하며 반공국가 체제를 구축해 나갔다. 제주 4·3 항쟁을 진압하라는 정부 명령을 받은 여수·순천 지역의 제14연대 군인들은 동족의 가슴에 총을 겨눌 수 없다며 제주도 파병을 거부하고 10월 19일 봉기했다.

● 여순 사건
1948년 10월 19일부터 27일까지 여수·순천 지역에서 국방경비대 군인들이 일으킨 반란과 이에 참여한 좌파의 봉기를 진압한 사건이다. 유혈 진압으로 약 2000~5000명이 사망한 것으로 추정된다.

군인들의 봉기는 지역 좌파 세력과 주민들이 동참하면서 여러 군 지역으로 확산되었다. 이에 위협을 느낀 이승만 정부는 북한과 연계된 공산주의자들이 여수·순천에서 반란을 일으켰고 많은 인명을 학살한 악마라고 발표했다. 언론이 정부의 발표를 받아 적어서 좌파 세력이 저지른 활동을 과장하고 왜곡해 보도함으로써 빨갱이에 대한 부정적 이미지와 반공 이데올로기를 널리 전파했다.

이렇게 여순 사건을 통해 만들어진 빨갱이는 단지 공산주의 이념을 추구하는 사람이 아니라 양민을 학살하는 살인마이고 따라서 그냥 죽여도 되는 악마라는 경멸적 이미지가 덧씌워졌다. 그래서 빨갱이를 없애는 것은 곧 국가를 위하는 애국이고 민주주의를 지키는 행위로 간주되었다. 이처럼 이승만 정부는 여순 사건을 이용해, '반공' 이데올로기를 기준으로 반공을 맹신하는 사람은 대한민국의 국민이요 애국자이고, 반면에 공산주의자는 '빨갱이＝반국가적인 사람＝악마'라고 낙인찍어 정치적·사회적으로 탄압하고 학살하는 공포 정치를 펼쳤다. 이승만은 빨갱이에 대한 부정적 이미지와 적대감을 퍼뜨림으로써 정권을 유지하는 수단으로 반공주의를 이용했다(김득중, 2009: 38~49, 62~63, 556~561). 이승만 정부가 여순 사건을 진압하는 과정에서 전남 7개 지역에서 1만여 명이 학살되었는데, 이 중에 국군과 경찰에 의한 희생자가 95%에 달한다.[25]

나아가 이승만 정권은 반공 이데올로기를 이용해 1948년 4월 3일부터 전쟁 이후 1954년 9월 21일까지 제주도 민간인을 '빨갱이'로 몰아 대량 학살했다. '제주4·3사건 진상규명 및 희생자 명예회복 위원회'의 조사에 따르면, 민간인 희생자가 1만 4000여 명에 달하고, 희생자 중에 10세 이하의 어린이가 5.6%, 61세 이상의 노인이 6.2%를 차지했다(제주4·3 사건 진상규명 및 희생자 명예회복 위원회, 2003).[26]

또한 이승만 정권은 6·25 전쟁 기간 중에 ●국민보도연맹에 소속된 사람들을 '빨갱이'로 몰아 군인, 경찰, 반공 단체가 집단 학살하도록 했다. 경찰청 과거사위원회에 따르면, 전쟁 당시 민간인 1만 7716명이 학살되었는데, 그중에 3593명이 국민보도연맹원이었다. 2009년 '진실·화해

> ● 국민보도연맹 사건
> 전쟁 발생 후 보도연맹원들이 반란을 일으킬 수 있다는 이유로 국군, 경찰 등이 국민보도연맹 소속 민간인을 집단 학살한 사건이다. 이승만 정부는 1949년 공산주의에 물든 사람들을 전향시킨다는 취지로 '국민보도연맹'이라는 반공 단체를 만들었는데, 단원이 30만 명에 달했다.

---

25 여순 사건 진압 후 전라남도가 발표한 자료에 따르면, 7개 지역에서 희생자가 3458명(사망자 2633명, 행방불명 825명)이었고, 파괴된 가옥이 1596채였다. 반면에 여수지역사회연구소가 1997~2003년 여순 사건의 피해자를 조사한 결과에 따르면, 여수 5000명, 순천 2200명, 광양 1300명, 구례 800명, 보성 400명, 고흥 200명, 곡성 100명으로, 7개 지역에서 총 1만 명의 희생자가 발생했다. 희생자의 95%가 국군과 경찰에 의해 학살되었고, 희생자의 대부분은 10~30대였다(김득중, 2009: 346~355).

26 2019년 1월 17일 제주지방법원은 제주 4·3 사건 생존 수형인에 대해 공소기각 판결을 내리며 무죄를 선고했다(연합뉴스, 2019.1.17).

를 위한 과거사 정리위원회'는 전쟁 중 국민보도연맹원 4934명이 희생되었다고 밝혔다. '민간인학살 진상규명 범국민위원회'는 6만 명의 국민보도연맹원이 학살되었다는 증언과 자료를 확보했으며 실제 희생자는 20만 명이 넘을 것이라고 주장했다(연합뉴스, 2006.10.16; ≪경향신문≫, 2009.11.26).

5. 독재 시기: 민주 공화국이 왜곡되고 변질되다

이처럼 불행하게도 우리나라 민주 공화국은 1950~1980년대 이승만, 박정희, 전두환 정권의 장기 집권과 독재로 왜곡되고 변질되었다. 1950년 제2대 총선에서 야당이 압승하여 국회에서 이승만의 재선이 어렵게 되자, 6·25 전쟁 중인데 이승만 정권은 자유당을 만들어 1951년 11월 대통령 직선제 개헌안을 국회에 제출했다. 하지만 이 개헌안은 1952년 1월 국회에서 부결되었다. 이에 이승만 정권은 계엄령을 선포하고, 헌병대가 야당 의원 50여 명을 연행하여 그중 12명을 공산주의 혐의로 구속하는 부산 정치 파동을 일으켰다. 그 후 자유당은 대통령 직선제 중심의 정부안과 내각 책임제 중심의 국회안 중에서 필요한 내용만 뽑아내 **발췌 개헌안**을 마련했다. 같은 해 7월 7일, 군인과 경찰이 국회의사당을 포위한 가운데 야당 의원의 출입을 막고 여당 국회의원들만 참석해 기립 투표하는 방식으로 출석 의원 166명 중 찬성 163표, 기권 3표로 발췌 개헌안을 통과시켰다. 개정된 헌법에 의해 1952년 제2대 대통령 선거에서 국민 직선제로 이승만이 당선되었다.

1954년 제3대 총선에서 다수를 차지한 자유당은 이승만의 장기 집권을 위해 초대 대통령에 한하여 중임 제한을 없애는 헌법 개정안을 또다시 제출했다. 그러나 11월 27일 국회 투표 결과, 찬성 135표, 반대 60표가 나와서 의결 정족수(재적 의원 3분의 2 이상은 136명)에서 '1표'가 모자라 국회부의장이 부결을 선포했다. 그런데 이틀 후 자유당은 재적 의원 203명의 3분의 2는 135.333……명이므로, 사사오입(반올림)하면 135명이라는 논리를 내세워 부결된 '제2차 헌법 개정안'을 다시 가결 처리했다. 이 **사사오입 개헌**으로 이승만이 장기 집권할 수 있는 길을 열어주었고, 대통령이 장기 집권을 위해 헌법을 마음대로 바꾸는 나쁜 전례를 만들었다.

대한민국 헌법(1954.11.29 일부 개정)

제53조   ① 대통령과 부통령은 국민의 **보통**, **평등**, **직접**, **비밀투표**에 의하여 각각 선거한다.

제55조   대통령과 부통령의 임기는 4년으로 한다. 단, 재선에 의하여 1차 중임할 수 있다.

6·25 전쟁 이후 경제 상황은 나빠지고 사회 곳곳에서 부정부패가 심했기 때문에, 비민주적인 헌법 개정으로 장기 집권을 시도한 이승만과 자유당의 지지율은 떨어지고 여론도 역시 좋지 않았다. 그러자 1960년 제4대 대통령·부통령 선거에서 이승만 정권은 공무원과 경찰뿐만 아니라 정치 깡패까지 동원해 야당의 선거 운동을 방해하고 여러 가지 선거 부정을 저질렀다. 내무부 장관은, 지역별로 40% 정도의 표를 사전에 기표하여 투표함에 미리 넣어두고 또 투표자를 3~9명씩 조를 이뤄 투표하게 한 후 자유당 운동원에게 보여주고 투표함에 넣도록 지시했다. 또한 투표함을 개표하는 도중에 이기붕의 득표율이 100%에 가깝게

나오자, 내무부 장관이 "이승만은 80%로, 이기붕은 70~75% 선으로 조정하라"라고 지시했다. 그에 따라 이승만 대통령 후보가 86.0%, 이기붕 부통령 후보가 79.2%로 당선되었다고 발표했다. 이러한 부정 선거를 규탄하는 시위가 선거 당일부터 일어났고, 4월 19일에는 서울에서 학생, 교수, 시민 10만여 명이 시위에 참가했고 그 후 3·15 부정 선거에 대한 반발과 이승만의 퇴진을 요구하는 시위가 전국적으로 확산되었다 (4·19 혁명).

결국 4월 26일 국회는 3·15 부정 선거를 무효로 처리하고 대통령 선거를 다시 실시한다는 결의안을 만장일치로 채택했다. 다음 날 이승만 대통령이 사퇴를 발표했고, 이승만의 12년 장기 집권과 독재가 끝났다. 이승만 정권은 빨갱이와 반공 이데올로기를 내세워 반대 세력들을 학살하거나 탄압했으며, 헌법을 비민주적으로 개정하여 장기 집권했고 부정 선거를 저질렀다. 이처럼 통치자의 연임 제한과 선거를 통해 통치자를 주기적으로 교체하는 민주 공화국의 원리가 이승만 정권 당시 심각하게 훼손되었다.

4·19 혁명 이후 계속되는 사회적 혼란을 틈타 1961년 5월 박정희 중심의 군부 세력이 쿠데타를 일으켰다(5·16 쿠데타). 그들은 **반공**을 국가 정책의 근본으로 제시하고 부패 척결, 경제 재건 등을 공약으로 발표했다. 쿠데타 직후 국가재건비상조치법을 만들어 "공산주의의 침략으로부터 국가를 수호하고, 부정·부패·빈곤으로 인한 국가의 위기를 극복하여 진정한 민주 공화국을 재건"할 것을 선언했다. 또한 1962년 헌법을 개정해 "5·16 혁명의 이념에 기초하여 새로운 민주 공화국을 건설해야 한다"라고 선언했다.

그 후 1969년 8월 박정희와 공화당은 장기 집권을 하기 위해 반공과 국가 안보를 강화하고 경제 개발을 지속해야 한다는 명분을 내세워 대통령의 연임 금지 조항을 삭제하고 '3선 연임'을 허용하는 헌법 개정안을 제출했다. 하지만 야당 의원의 반발이 심해 국회에서 처리되기 어렵게 되었다. 그러자 9월 14일 일요일 새벽 2시경, 공화당 의원과 무소속 의원들만 참석한 가운데 국회 별관에서 변칙적으로 개정안을 가결했다 (3선 개헌).

대한민국 헌법(1969.10.21 일부 개정)

제69조   ① 대통령의 임기는 4년으로 한다.
③ 대통령의 **계속 재임은 3기**에 한한다.

1970년대에 들어오면서 박정희는 장기 집권과 독재를 정당화하기 위해 반공주의 요소를 더 강화하여, 민주 공화국을 공산주의 국가에 대립되는 '반공 국가'로 만들어갔다. 박정희는 지속적인 경제 개발, 반공, 통일을 위해 우리나라의 분단 상황과 역사에 적합하게 민주주의를 토착화시켜야 한다는 논리를 내세워 소위 **한국적 민주주의**를 주장했다. 1972년 10월 17일 박정희 정권은 비상계엄령을 선포해, 국회를 해산하고 정치 활동을 금지했으며, 한국적 민주주의 실현과 통일을 위해 새로운 헌법(유신 헌법)을 제정하겠다고 선언했다. 비상계엄 상태에서 국회가 아니라 비상국무회의에서 유신 헌법을 만들었고, 국민 투표로 확정되었다. 대통령의 연임 제한 조항을 철폐하고 대통령 간선제를 채택하며 긴급조치권을 부여하는 유신 헌법은 한국적 민주주의로 위장해 박정희의 영구 집권과 독재를 법적으로 가능하게 만들었다.

대한민국 헌법(1972.12.27 전부 개정)

제1조 　① 대한민국은 민주 공화국이다.

　　　　② 대한민국의 주권은 국민에게 있고, 국민은 그 **대표자나 국민투표에 의하여 주권을 행사**한다.

제36조 　② **통일주체국민회의** 대의원의 수는 2,000인 이상 5,000인 이하의 범위 안에서 법률로 정한다.

제39조 　① 대통령은 **통일주체국민회의에서 토론 없이 무기명 투표**로 선거한다.

제40조 　① 통일주체국민회의는 국회의원 정수의 3분의 1에 해당하는 수의 국회의원을 선거한다.

　　　　② 제1항의 국회의원의 후보자는 **대통령이 일괄 추천**하며, 후보자 전체에 대한 찬반을 투표에 붙여 재적 대의원 과반수의 출석과 출석 대의원 과반수의 찬성으로 당선을 결정한다.

제41조 　① **통일주체국민회의**는 국회가 발의·의결한 **헌법 개정안을 최종적으로 의결·확정**한다.

제47조 　대통령의 **임기는 6년**으로 한다.

제53조 　① 대통령은 천재·지변 또는 중대한 재정·경제상의 위기에 처하거나, 국가의 안전보장 또는 공공의 안녕질서가 중대한 위협을 받거나 받을 우려가 있어, 신속한 조치를 할 필요가 있다고 판단할 때에는 내정·외교·국방·경제·재정·사법 등 국정 전반에 걸쳐 필요한 **긴급조치**를 할 수 있다.

　　　　④ 제1항과 제2항의 긴급조치는 사법적 심사의 대상이 되지 아니한다.

제59조 　① **대통령은 국회를 해산**할 수 있다.

제103조 　② 대법원장이 아닌 법관은 대법원장의 제청에 의하여 **대통령이 임명**한다.

이처럼 **유신 헌법**은 경제 개발과 반공주의 이데올로기를 내세워 박정희가 영구 집권할 수 있는 헌법적 토대를 제공함으로써 민주 공화국

그림 11-1 1972년 대통령 선거를 위해 체육관에 설치된 통일주체국민회의의 투표소 모습

자료: 공보처 홍보국 사진담당관(1972a). 국가기록원 제공.

을 심각하게 왜곡시키고 변질시켰다. 박정희 정권의 왜곡된 통치를 정리하면, 첫째, 일반 국민이 아니라 2400여 명의 대의원으로 구성된 통일주체국민회의에서 박정희 후보자 1명에 대해 토론 없이 형식적인 찬반 투표를 하여 대통령을 선출했다(●체육관 선거). 또한 대통령이 국회의원의 3분의 1을 추천했는데, 이렇게 선출된 국회의원을 '유신 정우회' 의원이라고 불렀다. 이것은 국민을 대표해 지배를 담당할 대통령, 국회의원을 직접 선출하는 국민 주권의 원리를 훼손한 것이다. 둘째, 대통령이 국회를 해산할 수 있고 일반 법관을 임명하는 권한을 행사했

> ● 체육관 선거
> 1972년 12월 통일주체국민회의의 대의원 2359명이 장충체육관에 모여 단독 출마한 대통령 후보자 박정희에 대한 찬반 투표를 실시했다. 박정희는 99.9% 찬성(찬성 2357표, 무효 2표)으로 당선되었다.

기 때문에, 권력 분립의 원리를 위반했다. 셋째, 헌법 개정안을 국민 전체가 아니라 통일주체국민회의에서 최종 확정했기 때문에, 국민이 국

그림 11-2 1972년 단독 출마한 박정희 대통령 후보자에 대한 찬반 투표를 위해 모인 통일주체국민회의 대의원

자료: 공보처 홍보국 사진담당관(1972b). 국가기록원 제공.

가의 중요한 일을 스스로 결정하는 국민 주권의 원리를 침해했다. 넷째, 대통령의 임기는 6년으로 정했지만, 연임에 제한을 두지 않아서 사실상 박정희의 영구 집권이 가능하도록 만들었기 때문에, 선거를 통해 통치자를 주기적으로 교체하는 공화정의 원리를 위반했다. 이런 이유에서 유신 헌법 이후 박정희의 장기 집권 시기는 민주 공화국이라고 할수 없고 실제적으로 민주 정치도 실시되지 않았다.

박정희 정권은 긴급조치 제1~9호를 잇달아 발표해 유신 헌법 반대와 민주화 운동을 탄압했다. 1979년 10월, 부산과 마산에서 박정희의 유신 독재에 반대하고 민주화를 요구하는 시위가 일어났다. 이 **부마 민주항쟁**[27]에 대한 대응책을 둘러싸고 정권 내에서 강경파와 온건파 사이에

---

27 문재인 정부는 2019년 9월 17일 국무회의에서 '부마 민주항쟁'(10.16)을 국가 기념일로 지정하는 '각종 기념일 등에 관한 규정' 개정안을 의결했다(〈KBS뉴스〉, 2019.9.17).

대립이 발생했고, 이런 대립 속에서 1979년 10월 26일 박정희 대통령이 피살되었다. 그 후 통일주체국민회의의 간접선거로 당선된 최규하 대통령이 12월 7일 긴급조치 제9호를 해제하고 민주적인 헌법의 개정을 약속했다. 그런데 12월 12일 전두환, 노태우 등 신군부 세력이 최규하 대통령의 승인 없이 계엄사령관, 수도경비사령관 등을 체포하고 권력을 장악했다(12·12 쿠데타). 신군부는 1980년 5월 17일 '계엄포고령 10호'를 선포해 비상계엄령을 전국으로 확대했고, 정치 활동 금지, 보도 검열 강화, 대학 휴교령, 국가보위비상대책위원회의 설치 같은 조치를 취했다. 또한 여야 정치인과 재야인사 2700여 명을 체포하고 군병력으로 국회의사당을 봉쇄해 개헌을 주도하던 국회를 무력화시켰다.

그 후 1980년 9월 국가보위비상대책위원회(위원장 전두환)에서 대통령 간선제와 7년 단임제를 주요 내용으로 하는 헌법 개정안을 만들고, 비상계엄하에서 국민 투표로 확정했다. 개정된 헌법에 의거해 1981년 2월 대통령선거인단의 투표 결과, 전두환 후보가 선거인단 5277명 중 4755명의 지지(90.1%)를 얻어 제12대 대통령에 당선되었다.

대한민국 헌법(1980.10.27 전부 개정)

제39조 ① 대통령은 **대통령선거인단**에서 무기명 투표로 선거한다.

제40조 ② 대통령선거인의 수는 법률로 정하되, 5,000인 이상으로 한다.

제45조 대통령의 **임기는 7년**으로 하며, **중임할 수 없다.**

제57조 ① 대통령은 국가의 안정 또는 국민 전체의 이익을 위하여 필요하다고 판단할 상당한 이유가 있을 때에는 국회의장의 자문 및 국무회의의 심의를 거친 후 그 사유를 명시하여 **국회를 해산할 수 있다.**

또한 신군부는 계엄령 해제 이후 반발을 무마하기 위해 언론 통폐합

을 추진했다. 진실·화해를 위한 과거사 정리위원회의 조사에 따르면, 1980년 11월, 신문사는 28개에서 14개로, 방송사는 29개에서 3개로, 통신사는 7개에서 1개로 강제 통폐합되었고, 172종의 정기간행물이 폐간되었으며, 930여 명의 언론인이 해직되었다(진실·화해를 위한 과거사 정리위원회, 2009.12.29). 전두환, 노태우 등 신군부 세력들도 역시 쿠데타를 통해 비합법적으로 정권을 잡았으며, 시민이 직접 대통령을 선출할 주권을 빼앗고, 언론을 통폐합시키며 시민의 기본적 자유와 권리를 탄압했다. 그에 따라 민주주의의 기본 원리가 훼손되고 민주 공화국이 변질되었다.

6. 6월 민주화 운동 이후: 민주 공화국이 정착되고 발전하다

1985년 제12대 총선 이후 야당 정치인들은 대통령 직선제 개헌을 요구하는 1000만 명 서명운동을 펼쳤다. 하지만 1987년 4월 전두환 정권은 민주화 요구를 거부하고 대통령 간선제를 채택한 기존 헌법을 유지하겠다고 발표했다. 이 '4·13 호헌조치'에 반대하는 민주화 시위가 전국적으로 일어났다. 6월 10일, 호헌 철폐와 대통령 직선제를 요구하는 시위가 전국 주요 도시에서 일어났으며, 야당 정치인, 대학생뿐만 아니라 직장인, 여성 등 일반 시민들이 100만 명 넘게 참여했다. **6월 민주화 운동**의 물결이 거세지자, 6월 29일 전두환 정권과 여당은 대통령 직선제 개헌, 기본권 보장, 언론 자유 보장 등을 선언했다. 그에 따라 1987년 10월 대통령 직선제와 5년 단임제를 주요 내용으로 하는 헌법이 국민 투표로 확정되었고, 12월 16일 국민의 직접 선거를 통해 대통령 선거가 실시되었다.

대한민국 헌법(1987.10.29 전부 개정)

제1조　①대한민국은 민주 공화국이다.
　　　　②대한민국의 주권은 국민에게 있고, 모든 권력은 국민으로부터 나온다.
제67조　①대통령은 **국민의 보통·평등·직접·비밀선거에 의하여 선출**한다.
제70조　대통령의 **임기는 5년**으로 하며, **중임할 수 없다.**
제104조　③대법원장과 대법관이 아닌 법관은 대법관회의의 동의를 얻어 대법원장이 임명한다.

1992년 제14대 대통령 선거에서 민간인 출신의 김영삼이 대통령에 당선되어 '문민정부'가 시작되었으며, 그 후 국민의 직접 선거를 통해 대통령을 선출하고 합법적·평화적 정권 교체가 정착되었다. 또한 1995년 6월 전국 동시 지방 선거가 실시되면서 지방자치가 전국적으로 시작되었다.

이처럼 정치적 민주주의가 정착되고 발전하면서, 정치 이외에 다양한 영역에서 민주화가 이루어지고 있다. 1961년 8월 결성된 한국노동조합총연맹(약칭 '한국노총')[28] 이외에 1995년 11월에 전국민주노동조합총연맹(약칭 '민주노총')이 새로 만들어졌으며, 2018년 기준으로 산하 16개

---

[28] 1961년 5·16 쿠데타로 기존 노동조합들이 해체되었다. 하지만 그해 8월, 근로자의 단체 활동을 허용하는 법률이 개정되면서 각 산업 분야별로 노동조합이 결성되었고, 8월 30일 여러 노조가 연합한 '한국노동조합총연맹'이 다시 결성되었다. 한국노총에는 2018년 기준으로 15개 조합에 회원 103만 6000명이 가입했다.

조합에 99만 5000명이 가입했다. 6월 민주화 운동 이후 1989년 5월, 초·중등학교 교사들도 전국교직원노동조합(약칭 '전교조')을 만들었는데, 1999년 7월 합법화되었으며, 2018년 기준으로 조합원이 5만 명 정도 되었다. 또한 2000년 1월 제정된 비영리민간단체지원법에 의거해 정부와 지방자치단체가 시민사회단체를 지원함으로써, 2018년 비영리민간단체가 1만 4200여 개로 급증했다. 2000년 제16대 총선에서 총선시민연대의 낙선 운동이 성공하면서 시민사회단체의 정치 참여도 활발하게 이루어지고 있다.

그러던 중 최순실의 국정 농단으로 2016년 10월부터 2017년 3월까지 박근혜 대통령의 퇴진 또는 탄핵을 요구하는 **촛불집회**가 5개월 정도 열렸다. 서울 광화문 광장에는 매주 100만 명이 넘는 사람들이 모였으며, 전국의 주요 도시에서도 몇십만 명이 참여하는 촛불집회가 동시에 열렸다. 그에 따라 2016년 12월 9일 국회는 박근혜 대통령의 탄핵안을 가결했고, 2017년 3월 10일 헌법재판소에서 탄핵이 결정되었다. 그 후 2017년 3월 31일 박근혜 전 대통령은 국정 농단 사건과 관련해 직권 남용, 강요 등 혐의로 구속되었고, 2018년 4월 6일 서울중앙지법은 징역 24년과 벌금 180억 원을 선고했다(연합뉴스, 2018.4.6). 또한 2018년 3월 22일 이명박 전 대통령이 주식회사 다스 자금의 횡령과 뇌물수수 등 혐의로 구속되었으며, 10월 5일 서울중앙지법은 징역 15년과 벌금 130억 원, 추징금 82억 7000만 원을 선고했다(뉴시스, 2018.10.5). 게다가 2019년 1월 24일 양승태 전 대법원장이 재판 개입, 판사 블랙리스트 작성 등 사법 농단의 주범으로 구속되었다. 이처럼 촛불혁명, 대통령의 탄핵, 국정 농단으로 전직 대통령의 구속과 유죄 선고, 사법 농단으로 전직 대법원장의 구속과 재판 등이 이루어지면서 현재 우리나라는 민주주의의 기본 원칙이 바로 세워지고 민주 공화국이 올바르게 발전하는 길로 나아가고 있다.

다른 한편, 2000년대 이후 개인주의가 사회 전반에 확산되면서 공동체 문제와 공익에 대한 관심이 줄어들고, 개인의 사적 이익의 추구로 개인 간 또는 집단 간 갈등과 충돌이 급증했다. 또한 1997년 말 외환위기 이후 추진된 신자유주의 정책은 비정규직과 실업자를 양산하고, 빈부 격차와 양극화를 심화시켰으며, 돈과 부가 모든 것을 지배하는 황금만능주의가 사회 곳곳에 파고들었다.

이러한 사회적 갈등과 문제를 평화적으로 해결하기 위해서 '정치 체제로서의 공화 정치'보다 '이념으로서의 공화주의'에서 새로운 대안을 찾으려는 시도가 이루어지고 있다. 오늘날 대부분의 국가들이 법적으로 세습 군주정을 폐지하고 민주 정치를 실시하기 때문에, 공화 정치와 민주 정치가 비슷한 방식으로 나타난다. 그래서 최근 공화 정치의 원리는 정치 체제보다는 국가 권력이 사회 문제를 해결하고 공공선을 실현하도록 행사되어야 한다는 **공화주의**(republicanism) 사상으로 발전하고 있다.

우리나라의 경우에도 다양한 관점에서 공화주의를 새롭게 해석하는 시도들이 이루어지고 있다(김경희, 2009; 조승래, 2010; 정원규, 2016 참조). 공화국은 공화주의 가치를 공유하는 시민들의 정치적 결합체로 이해된다. 다시 말하면 공화국은 공화주의 가치에 기초하여 공적 토론을 통해 사회 문제를 공동으로 결정하고, 공공선을 실현하기 위해 공동으로 노력하는 나라다. 공화주의 사상은 사적 이익보다 공적 이익(공공선)을 우선시하는 성향, 개인의 자유·사익(私益)과 사회의 평등·공익(公益)의 조화를 추구하는 시민적 덕성, 법에 의한 공동의 지배, 공적 토론을 통한 사회 문제의 공동 해결, 공공선의 실현을 위한 사회 문제 해결 참여 등으로 특징지어진다. 이러한 공화주의 가치에 의거해, 국가 권력은 공공선을 실현하도록 행사되고 시민들은 공청회, 토론회, 공론화위원회 등 공적 토론과 숙의(熟議) 과정에 참여하여 사회 문제를 공동으로 해결해 가는 민주 공화국으로 발전해 가도록 우리 모두 노력해야 한다.

12

우리나라 시민의 성장과 민주주의 발전

민주 공화국으로서 대한민국이 세워진 지 100년이 넘었다. 지난 한 세기 동안에 우리나라는 조선 왕조와 대한제국, 일제 식민 지배와 항일 독립운동, 광복과 정부 수립, 6·25 전쟁, 장기간 독재, 민주화 운동, 촛불집회와 대통령 탄핵 등 많은 사건과 어려움을 겪었다. 이런 복잡하고 혼란스러운 정치적 상황과 역사 속에서 사람들은 어떻게 시민으로 성장했을까? 그리고 1987년 6월 민주화 운동 이후 우리나라 민주주의는 어느 정도 발전했을까?

1. 우리나라에서 시민은 어떻게 성장했을까?

유럽과 달리, 우리나라는 봉건제 없이 군주정이 2000년 정도 지속되면서 대부분의 사람들은 왕에 종속된 백성이었다. 광복 후 1948년 정부가 수립되면서, '법적으로' 모든 사람들이 백성(百姓) 신분에서 한꺼번에 시민(市民) 신분으로 바뀌었다. 하지만 곧바로 이승만, 박정희, 전두환의 독재정치가 40년 동안 이어지면서 민주 정치가 변질되고 왜곡되었기 때문에, 사람들이 시민으로 성장하는 데 많은 장애와 어려움이 있었다.

그러면 우리나라 사람들은 언제 어떻게 실제적으로 백성에서 시민으로 성장했을까? 기원전 1세기 후반 고구려, 백제, 신라 시대부터 20세기 초반 대한제국 때까지 우리나라는 약 2000년 동안 왕이 혼자 통치하는 군주정이었다. 왕 한 사람이 국가 권력을 가지고 통치했으며, 그 외 모든 사람은 왕에 종속된 신하와 백성, 즉 신민(臣民)이었다. 왕과 소수 양반 관료를 제외하면, 대다수 **백성**은 지배에 참여할 권리가 없었고, 국가의 구성원으로서 왕의 통치를 받는 대상이었을 뿐이다. 백성은 왕에게 세금과 부역을 제공할 의무만 지녔으며, 지배에 참여할 권리는 없고 자유는 상당히 제약받았다.

"1. •호적(戶籍)을 밝히는 조목입니다. 대개 『주례(周禮)』에, 무릇 **백성**(百姓)은 금년에 난 아이로부터 그 이상은 모두 호적(戶籍)에 기록하고, 3년 만에 대비하여 왕(王)에게 바치면 왕이 절하고 이를 받아서 천부(天府)에 올려놓았던 것입니다. ……

원컨대 금후에는 경도(京都)인 한성부(漢城府)와 외방(外方)인 팔도(八道)에 호구(戶口)의 법을 거듭 밝혀서, 존비(尊卑)와 노소(老少)와 남녀(男女)를 논할 것 없이 모두 호구를 두어 없는 사람을 과죄(科罪)하게 하고, …… 또 입사(入仕)한 사람과 소원(訴冤)한 사람도 모두 호구를 먼저 조사하도록 할 것이니, 이와 같이 한다면 한 사람이라도 **국민**(國民)이면서 호적에 누락되는 일이 없을 것이며, 한 병졸이라도 단정(單丁)이면서 부역에 나가는 일이 없을 것이므로, 양인(良人)이 다 나옴으로써 군액(軍額)이 넉넉하게 되고, ……"

―『세조실록(世祖實錄)』, 세조 3년 정축(1457) 3월 15일

(한국고전종합DB, 2019a)

조선 후기까지 국가의 구성원을 가리키는 말로 국민보다는 백성이 더 일반적으로 사용되었다. 조선 초기에 '국민'이란 말은 양반에 대비하여 '노비 또는 백성'을 가리킬 때 사용되

었다. 『세조실록』을 보면, 세금과 병역을 부과하기 위해 인구 조사를 하면서 일반 백성을 '국민'으로 불렀다. 당시에 국민은 국가에 속한 백성을 의미했다. 그러다가 19세기 말에 서양의 정치 체제가 전파되면서 영어 'nation'을 '국민' 또는 '민족'으로 번역해 사용했다. 특히 갑오개혁 이후 일반 사람들에게 근대적인 사상과 지식을 가르치는 것을 강조하면서 '국민 계몽', '국민 교육'이라는 단어가 많이 사용되었다. 그러나 항일 독립운동 시기에는 국가의 구성원으로서 국민보다는 단군의 후손으로서 같은 혈통을 이어받은 '민족'이란 단어가 많이 사용되었다. 1919년 「3·1 독립선언서」에서도 독립의 중심과 주체 세력으로 '민족'이란 단어가 여러 차례 제시되었다.

일본에 강제 병합되어 대한제국이 멸망하면서 사람들의 신분은 조선 왕조에 종속된 백성에서 일본 천황에 종속된 신하와 백성, 즉 **황국신민**(皇國臣民)으로 바뀌었다. 조선 시대의 백성과 마찬가지로, 일제 시대에 '국민'은 국가의 구성원으로서 일제 통치의 대상에 불과했고, 지배에 참여할 권리가 없었으며 국가에 세금과 부역을 제공할 의무만 지녔다.

일본은 조선 사람들에게 천황에 대한 충성심을 심어주기 위해서 기미가요 제창, 일장기 게양뿐만 아니라 신사 참배와 궁성 요배 또는 황거 요배를 강요했다. 궁성 요배(宮城遙拜) 또는 황거 요배(皇居遙拜)는 천황이 거주하는 황궁이 있는 방향으로 고개를 숙여 절하는 행위를 가리킨다. 또한 일본은 천황의 조상신이나 국가 공로자를 모셔놓은 사당인

신사(神社)를 우리나라 곳곳에 세우고 참배하도록 강제했다.

그와 함께 1938년 일본은 제3차 조선교육령을 만들어, 일본에 충성하는 국민을 기르기 위해 황국신민학교(皇國臣民學校)를 설립했다. 천황이 통치하는 국가의 정치 체제를 명확히 인식시킨다는 '국체명징(國體明徵)', 일본과 조선은 하나이므로 조선인은 천황에 충성해야 한다는 '내선일체(內鮮一體)', 천황과 국가에 충성하는 마음을 실천으로 옮겨야 한다는 '인고단련(忍苦鍛鍊)'의 3대 교육강령을 채택했다. 또한 1943년 3월, 일본은 황국신민화 교육을 강화하기 위해 제4차 조선교육령을 제정했다. 이 칙령에 따라 소학교는 •국민학교로 바뀌었고, 조선어 과목은 폐지되었으며, 일본어, 일본 역사, 일본 지리, 공민 등 일본의 문화와 정신을 강요하는 교과목이 강화되었다.

● 국민학교
김영삼 정부는 일제의 잔재를 청산하기 위해 1996년 3월, '국민학교' 명칭을 '초등학교'로 바꾸었다. 1998년 교육기본법 제8조는 초등학교 6년과 중학교 3년을 의무교육으로 하고, 다만 중학교 의무교육은 재정 여건에 따라 순차적으로 실시하도록 정했다.

광복 이후 1948년 7월, 제헌헌법은 임시정부의 전통을 계승하여 우리나라의 국가 형태를 민주 공화국으로 채택했다. 황제가 통치하는 대한제국에서 시민이 지배하는 대한민국이 된 것이다. 이렇게 광복과 제헌헌법으로 한꺼번에 백성에서 시민 신분으로 전환되었지만, 사람들은 주권자로서 지배에 참여하는 시민이라기보다는 여전히 국가의 구성원으로서 '국민'의 수준에 머물렀다. 게다가 헌법에서 민주 공화국을 채택했지만, 실제로는 이승만, 박정희, 전두환 정권의 독재가 40년간 지속되면서, 사람들은 민주 국가의 주권자로서 능동적으로 지배에 참여했다기보다는 정권을 유지하거나 연장하기 위한 수단으로 전락했고 선거에 동원되는 대상이었을 뿐이다.

일제 식민 지배에서 천황에 충성하는 국민을 기르기 위해 기미가요 제창, 일장기 게양, 궁성 요배를 강제하던 것을 모방해, 박정희 정권은 '애국가 제창', '국기 하강식', '국민교육헌장 암송' 등을 강제했다. 1971년 3월, 박정희는 정권에 대한 충성심을 주입하기 위해 국기 하강식과 애국가 제창을 전 국민에게 강요했다. 영화 〈국제시장〉에서 주인공이 부부 싸움을 하다가 멈추고 태극기를 향해 경례를 하는 장면처럼, 박정희 정권은 오후 6시에 전국에서 국기 하강식을 거행하고 모든 사람이 멈추어 서서 태극기에 대해 경례를 하도록 강제했다. 라디오 방송도 오후 6시가 되면 사이렌을 울리고 국기 하강식이 끝난 뒤에 정규 방송을 진행했다.[29]

또한 박정희는 독재와 장기 집권을 정당화하고 정권에 대해 충성하는 '국민'을 기르기 위해 1968년 12월 **국민교육헌장**을 선포했다. 국민교육헌장은 일본에서 메이지 천황을 우상화하고 천황에게 충성하는 국민을 기르기 위해 만든 '교육에 관한 칙어'(1890)를 모방한 것이다.[30] 일본의 교육 칙어를 모방하여 박정희 정권은 애국심과 경제 성장으로 포장해 실제로는 정권에 대한 충성심을 주입하고 독재 정권을 유지하기 위

---

29 박정희 정권이 강제했던 국기 하강식 및 태극기에 대한 경례, 라디오의 애국가 방송, 영화관의 애국가 상영은 6월 민주화 운동 이후 1989년 1월 23일 공식 폐지되었다. 이후 광복 70주년을 맞아서 박근혜 정부에서 행정자치부가 국기 하강식의 부활을 추진했지만, 다른 부처와 여론의 반대로 무산되었다.

30 1890년 10월 일본 정부는 메이지 천황의 명으로 '교육에 관한 칙어(敎育ニ関スル勅語)'를 공포했다. 이 교육 칙어는 천황이 국가와 도덕을 확립시켰고, 국민의 충성심과 효도심이 국체의 정화이고 교육의 근원이라고 규정했다. 그다음에 효도, 부부의 조화, 형제애, 학문의 중요성, 준법정신, 자신의 일과 국가에 대한 헌신 등 12가지 덕목을 제시했고, 이 덕목을 지키는 것이 국민의 전통이라고 선언했다. 각급 학교에서 기념일과 명절에 교장이 전체 학생들에게 이 교육 칙어를 읽어주게 했다. 그러나 제2차 세계 대전에서 일본이 패배하면서 1946년 10월 이 교육 칙어는 폐지되었고, 학교 기념식에서 교육 칙어를 읽는 것을 금지했다. 그러나 2019년에도 우익 집단이 설립한 유치원 등에서는 학생들에게 천황을 신격화하고 충성을 맹세하는 '교육에 관한 칙어' 내용을 매일 암송시키고 있다(MBC, 2019.8.12).

그림 12-1 여학생 교련실기대회 사열 모습

자료: 공보처 홍보국 사진담당관(1975c). 국가기록원 제공.

해 모든 학교에서 국민교육헌장을 가르치고 학생들이 암송하도록 강제했다. 국민교육헌장을 외우지 못하면 집에 못 가게 하는 학교도 많았다.

박정희 정권은 1963년 2월, 남북 분단과 북한의 침략 위협을 이용하여 정권에 충성하는 국민정신과 태도를 주입하기 위해 교육 과정을 새로 개정했다. 개정된 제2차 중학교 교육 과정은 국민정신과 반공 의식을 함양하는 것을 목표로 제시하며, '반공도덕생활' 과목을 새로 만들었다. **반공도덕생활** 과목은 국가의 질서 유지에 기여하고, 국가의 목표 달성에 협력하는 마음과 태도를 가지며, 공산주의의 침략성과 모순성을 깨달아 반공(反共)과 승공(勝共) 이념을 주입하는 내용으로 구성되었다. 그리고 학교에서 지도할 때, 반공 사상의 기반을 마련하며 공산주의의 해독을 인식시키고, 반공 학습은 학교 교육 전체에 걸쳐 실시해야 한다고 강조했다(문교부, 1963a; 1963b). 또한 1978~1979년에는 늑대와 혹 달린 짐승 모습을 한 북한군을 쳐부수고 간첩을 잡는 소년 영웅을 묘사한

〈똘이 장군〉 만화 영화가 방송되기도 했다.

나아가 박정희 정권은 1971년 8월, 고등학교에 '교련' 과목을 새로 만들었다. 교련 과목은 반공 통일의 신념에 투철한 애국정신을 기르고, 군사에 관한 기초 지식과 기능을 습득하며, 단체 훈련을 통해 군대식 규율을 익혀 국가(정권)에 봉사하는 태도를 기르는 것을 목표로 했다. 그래서 제식 훈련, 총검술, 소총 사격, 전투 훈련, 화생방전, 군대 예절 등 고등학생을 군인처럼 훈련시키는 내용으로 구성했다(문교부, 1971).

그러나 1987년 **6월 민주화 운동** 이후 군부 독재 정권이 무너지고, 문민 정부가 수립되었다. 시민의 직접 선거로 대통령을 선출했으며, 이때부터 시민의 자유와 권리가 실질적으로 보장되고 시민의 정치 참여가 활성화되기 시작했다. 노동자들은 헌법에 보장된 노동 3권(단결권, 단체교섭권, 단체행동권)의 보장을 요구했다. 노동자의 요구에 따라 1997년 3월 노동조합의 법적 근거를 마련하는 '노동조합 및 노동관계 조정법'이 만들어졌고, 1999년 1월 초·중등학교 교사들도 노동조합을 설립할 수 있는 '교원의 노동조합 설립 및 운영 등에 관한 법률'이 제정되었다. 또한 청소년의 정치 참여에 대한 요구가 증가하면서, 2005년 8월 공직선거법이 개정되어 선거권의 연령을 20세에서 19세로 낮추었고, 그 후 2020년 1월 다시 18세 이상 국민에게 선거권을 부여하도록 개정되었다.

김대중 정부는 정치 영역에서뿐만 아니라 사회 각 영역에서 민주화를 위해 활동하는 시민사회단체를 지원할 수 있도록 2000년 1월 비영리민간단체지원법을 제정했다. 이 법에 근거해 정부와 시·도 지사는 비영리 민간단체에 행정적 지원과 보조금을 지원할 수 있게 되었다. 정부가 재정적·행정적 지원을 함으로써 비영리 민간단체가 2007년 7241개에서 2018년 1만 4216개로 10년 사이에 2배 증가했다.

표 12-1 비영리 민간단체 등록 현황

연도	2007	2010	2012	2014	2016	2018
단체 수	7,241	9,603	10,860	12,252	13,464	14,216

자료: 행정안전부(2018).

이처럼 정부와 지방자치단체가 비영리 민간단체를 지원함으로써 시민사회단체가 활성화되고 정치 참여도 활성화되었다. **시민 사회의 정치 참여**는 2000년 제16대 국회의원 선거를 앞두고 펼쳐진 총선시민연대의 낙선 운동에서 잘 나타났다. 정치 개혁을 요구하는 목소리가 높아지면서 460개 시민사회단체들은 연합하여 '총선시민연대'를 만들고, 1월 24일 정당의 공천 부적격자 66명의 명단을 1차로 발표하면서 낙천 운동을 시작했다. 낙천 운동 대상자는 부정부패 행위, 선거법 위반, 헌정 파괴 및 반인권 행위, 지역감정 선동, 의정 활동 부실 등 7가지 기준으로 선정되었다. 각 정당의 공천이 확정된 이후 4월 3일 총선시민연대는 낙선 운동 대상자 86명(한나라당 28명, 민주당 16명, 자민련 18명, 민국당 8명, 한국신당 3명, 무소속 13명)의 명단을 발표하고 전국적으로 낙선 운동을 펼쳤다.

그에 따라 제16대 총선에서 총선시민연대의 낙선 운동 대상자 86명 중 59명(68.6%)이 선거에서 떨어졌다(한국갤럽, 2000: 152~164). 지역별로 낙선자의 비율을 살펴보면, 서울·경기·인천 지역에서는 낙선 운동 대상자 20명 중 19명(95.0%)이 떨어졌고, 강원도에서는 5명 중 3명(60.0%), 대전과 충청도 지역에서는 18명 중 15명(83.3%), 전라도 지역에서는 8명 중 6명(75.0%), 대구·경북 지역에서는 10명 중 6명(60.0%), 부산·울산·경남 지역에서는 24명 중 9명(37.5%)이 떨어졌다.

시민사회단체의 낙선 운동은 민주 국가의 주인으로서 시민의 주권을 회복하고 정치 참여를 확대하는 운동으로서 우리나라 민주주의의 발전에 기여했다. 실제로 2000년에 한국갤럽이 총선시민연대의 낙천·낙선 운동에 대한 여론을 조사한 결과에 따르면, "시민사회단체의 낙천·낙선 운동이 정당의 후보 공천과 선거 과정에 영향을 미쳤다"라고 응답한 사람이 75.3%였고, "시민사회단체의 낙천·낙선 운동이 우리나라의 정치 발전에 도움이 될 것이다"라는 응답은 87.5%에 달했으며, "시민사회단체의 선거 운동 허용이 선거에 긍정적인 영향을 줄 것이다"라는 응답이 68.1%로 나타났다(한국갤럽, 2000: 165~226).

민주 국가의 주인으로서 시민의 주권을 행사하는 운동은 2016년 10월부터 2017년 3월까지 진행된 박근혜 대통령 퇴진/탄핵 촛불집회에서 잘 나타났다. 2016년 10월 24일, JTBC는 최순실이 비선 실세로서 국정에 개입했고 여러 가지 불법을 저지른 사실을 자세하게 단독 보도했다. 그 후 각 방송사와 신문사에서 최순실의 국정 농단과 불법 행위에 대한 추적 보도가 쏟아지면서 '최순실 게이트'로 비화되었다. 그러면서 2016년 10월 말부터 박근혜 정권의 퇴진을 요구하는 시민연대가 결성되고 서울 광화문에서 촛불집회가 시작되었다. 촛불집회는 전국의 주요 도시로 확산되었고, 광화문 광장에 매주 100만 명이 넘게 모였으며 전국적으로 1000만 명 이상의 사람들이 참여했다.

그에 따라 2016년 12월 9일, 국회는 찬성 234표(78.3%), 반대 56표(무효 7표, 기권 2표)로 박근혜 대통령의 탄핵안을 가결했다. 그리고 2017년 3월 10일 헌법재판소는 재판관 전원 일치된 의견으로 "피청구인 대통령 박근혜를 파면한다"라고 결정했다. 헌법재판소는 박근혜와 최순실의 위헌·위법 행위는 대의 민주 정치의 원리와 법치주의 정신을 훼손

그림 12-2 2016년 박근혜 퇴진 촛불집회 포스터

그림 12-3 2017년 박근혜 탄핵 촛불집회 포스터

자료: 민중총궐기 투쟁본부(2016.10.26).

자료: 박근혜정권퇴진 비상국민행동(2017.3.1).

한 것이고, 또한 국민의 신임을 배반한 것으로 중대한 법 위반 행위이고, 헌법 질서에 미치는 부정적 영향과 파급 효과가 매우 크다고 판결했다(헌법재판소, 2017.3.10). 박근혜 대통령의 탄핵이 확정되고, 2017년 5월 9일 제19대 대통령 선거를 통해 새 정부가 형성되면서 **촛불혁명**이 완성되었다.[31]

문재인 정부는 촛불혁명에서 나타난 시민의 주권을 실현하고 정치 참여를 확대하기 위해 일반 시민들이 참여하는 공론화위원회를 활성화

---

[31] 헌법재판소의 탄핵 판결 이후 박근혜 전 대통령은 2017년 3월 31일 최순실의 국정 농단과 관련하여 뇌물 수수, 직권 남용, 강요 등으로 구속되었다. 2018년 4월 6일 서울중앙지방법 원은 피고 박근혜에 대하여 18가지 공소 사실 중 대기업에 대한 출연금의 강요, 최순실 및 정유라 등에 대한 지원 압박, 문화계 블랙리스트의 지원 배제, 청와대 비밀 문건의 유출 등 16개 사실을 직권 남용, 강요, 뇌물수수 및 제3자 뇌물수수, 공무상 비밀누설로 인정하여 '징역 24년과 벌금 180억 원'을 선고했다. 그 후 2018년 8월 24일 서울고등법원은 경영권 승계와 관련해 삼성그룹과 박근혜 대통령 사이의 청탁을 추가로 인정해 박 전 대통령에게 '징역 25년과 벌금 200억 원'을 선고했다(연합뉴스, 2018.4.6; 2018.8.24).

했다. 문재인 정부는 2017년 7월 19일 '신고리 5·6호기 공론화위원회 구성 및 운영에 관한 규정'을 공표하고, 7월 24일에 무작위로 선정된 시민참여단 471명으로 공론화위원회를 구성했다. 공론화위원회는 3개월간 토론과 숙의 과정을 거친 후 10월 20일, 찬성 59.5%로 공사 재개를 결정하고 정부에 공사 재개 권고안을 제출했다. 이에 정부는 10월 24일 국무회의에서 공론화위원회의 결정안을 수용했다.

이처럼 최근 우리나라도 공공선, 사회적 평등 같은 공화주의 가치와 사상에 기초해 일반 시민들이 공적 토론을 통해 사회 문제를 공동으로 해결하는 민주 공화국으로 발전하고 있다. 또한 사람들은 민주 국가의 주권자로서 공동체 문제를 해결하는 데 적극 참여하는 '시민'으로 성장하고 있다.

민주주의는 공짜로 주어지는 것이 아니라, 많은 사람들이 목숨 걸고 피 흘리며 싸워 지켜낸 것이다. 또한 민주 국가에서 태어났다고 해서 자연적으로 '민주 시민'으로 성장하는 것이 아니다. 수도꼭지를 틀면 언제나 수돗물이 나오듯이, 민주주의가 항상 모든 사람의 자유와 권리를 저절로 보장해 주지 않는다. 민주주의가 없어진다면, 당장 스마트폰을 자유롭게 사용할 수 없고, 먹고 싶은 것을 마음껏 먹을 수 없으며, 자신의 생각과 의견을 표현할 수 없고, 가고 싶은 곳에 갈 수 없으며, 하고 싶은 일을 자유롭게 할 수도 없고, 쉬고 싶을 때 편히 쉴 수도 없게 될 것이다. 적절하게 물을 주고 풀도 뽑아주고 잘 관리해야 꽃이 아름답게 피어나는 것처럼, 민주주의도 그렇게 관심을 갖고 적극 참여하여 발전시켜 가야 한다. 그러므로 우리는 민주주의와 민주 공화국에 대해 충분히 이해하고 주권자로서 민주 시민의 능력을 기르도록 노력해야 한다.

2. 우리나라의 민주주의는 어느 정도 발전했을까?

그러면 우리나라의 민주주의는 어느 정도 발전했을까? 앞서 살펴보았듯이, 우리나라는 조선 왕조와 대한제국이 멸망하고 일본에 강제 병합된 후, 독립운동 세력들이 1919년 대한민국 임시정부를 수립하고 국가 형태로서 민주 공화제를 채택했다. 광복 이후 1948년 남한에서 임시정부의 민주 공화국을 계승해 민주주의 정부를 이어갔다. 하지만 이승만, 박정희, 전두환의 독재가 40년 동안 이어지면서 민주주의가 왜곡되고 변질되었다.

그럼에도 불구하고 많은 시민들이 독재에 저항해 민주주의를 지키기 위해 싸웠다. 4·19 혁명(1960), 부마 민주항쟁(1979), 서울의 봄(1979~1980), 5·18 광주 민주화 운동(1980), 6월 민주화 운동(1987) 등은 민주주의를 지키기 위해 독재에 저항한 시민들의 역사다. 또한 2016년 최순실의 국정 농단에 맞서 수백만 명의 국민이 '촛불집회'로 저항함으로써 이듬해 박근혜 대통령을 탄핵시켰다.

이처럼 독재에 대한 시민들의 저항과 투쟁의 결과로 민주주의가 정착하여 발전해 가고 있다. 이런 사실은 이코노미스트가 조사한 민주주의 지수에서도 잘 나타난다.

1987년 6월 민주화 운동은 군부 독재를 종식시키고 5년마다 직접 선거를 통해 정부를 교체하는 민주주의를 정착시켰다. 시민의 직접 선거를 통해 정부가 주기적으로 교체됨으로써, 정부는 시민의 자유와 권리를 실질적으로 보장하기 위한 정책과 제도를 마련했다. 그에 따라 우리나라의 민주주의 지수는 2006년 7.88(31위)에서 2008년 8.01(28위), 2012년 8.13(20위) 그리고 2018년 8.00(21위)으로 민주주의가 발전해 가

표 12-2 우리나라 민주주의 지수의 변화(2006~2018)

연도 영역	2006	2008	2010	2012	2014	2016	2018
선거 과정/ 다원주의	9.58	9.58	9.17	9.17	9.17	9.17	9.17
정부 기능	7.14	7.50	7.86	8.21	7.86	7.50	7.86
정치 참여	7.22	7.22	7.22	7.22	7.22	7.22	7.22
정치 문화	7.50	7.50	7.50	7.50	7.50	7.50	7.50
시민 자유	7.94	8.24	8.82	8.53	8.53	8.24	8.24
종합 지수	7.88(31)	8.01(28)	8.11(20)	8.13(20)	8.06(21)	7.92(24)	8.00(21)

*( )는 167개국 중 순위.
자료: The Economist Intelligence Unit (2019b).

고 있다(The Economist Intelligence Unit, 2019b).

각 영역별로 우리나라의 민주주의 발전 정도를 살펴보면, 민주적 선거와 정부 교체는 확실히 정착되었지만 사회의 다양성을 존중하는 문화는 아직 낮은 수준이다. 사회는 다양하게 분화되어 가는데, 그에 맞추어 우리와 다른 집단이나 문화의 다양성을 인정하는 다원주의 영역은 그만큼 성숙하지 못하다. 여전히 이주 노동자, 결혼 이주 여성, 북한이탈 주민 등을 차별하고 배제하는 풍토가 심하다. 또한 특수학교의 건립이나 동성애자의 퀴어 문화 축제를 방해하는 등 장애인, 동성애자, 미혼모 등을 '비정상인'으로 구별 짓고 차별하는 문화가 여전히 심하다. 그에 따라 '선거 과정/다원주의' 영역의 지수는 2006년 9.58에서 2010년 이후 9.17로 떨어졌다.

한편, 민주적 선거를 통해 정권을 획득한 정부는 시민의 자유와 권리를 보장하기 위한 정책과 제도를 시행하기 위해 노력했다. 그에 따라 '시민 자유' 영역의 지수는 2006년 7.94에서 2010년에 8.82로 크게 향상했으며, 2018년에 8.24로 조금 낮아졌지만 높은 수준을 유지하고 있다. '정부 기능' 지수는 2006년 7.14에서 2018년 7.86으로 상승했다. 그리고 경제가 꾸준히 성장하면서 1인당 국민총소득도 2006년에 2만 500달러에서 2018년에 3만 600달러(세계 26위)로 증가했고, 전체적으로 교육 수준이 높아지고 시민 의식도 향상하고 있다.

2016~2017년 광화문 촛불집회에 1000만 명이 넘는 사람이 참여했지만, 집회는 질서 정연하게 이루어졌고 안전사고도 발생하지 않았으며 집회 이후에 자발적으로 쓰레기를 깨끗하게 치우는 성숙한 시민의 모습을 보였다. 또한 2019년 7월 학교 비정규직 노동자들이 파업을 하면서 전국 초·중등학교에서 급식이 중단되는 사태가 발생했다. 하지만 많은 학생, 교사, 학부모들이 "불편해도 괜찮다"라며 파업을 지지하고 응원하는 글을 소셜 미디어에 올리면서, 다른 사람의 권리를 보장하기 위해 자신의 불편과 손해를 참아내는 시민 의식이 성숙해 가는 희망을 보여주었다(≪한겨레≫, 2019.7.3; 〈JTBC 뉴스〉, 2019.7.2).

13

대한민국 건국절 논란

2006년 보수 진영에서 8·15 광복절을 건국절로 바꾸어야 한다고 주장한 후, 2008년 이명박 정부는 대한민국 건국 60주년 기념 사업위원회를 구성했다. 그러면서 사회적으로 '건국절 논란'이 일어났고, 진보와 보수 진영 사이에 이념적 논쟁과 갈등이 발생했다. 2019년 자유한국당 이종명 의원실이 주최한 광복절 토론회에서 1948년을 건국일이라고 주장하면서 또다시 건국절 논란이 발생했다. 그러면 보수 진영은 왜 건국절을 주장하고, 그 근거는 무엇일까? 대한민국은 언제 건국된 것일까?

1. 누가 왜 건국절을 주장할까?

보수와 진보 진영 사이에 건국일 또는 건국절 논쟁이 붙었고, 그것을 정치적으로 이용하면서 역사를 왜곡하거나 사회적 갈등을 부추기고 있다. 그러면 누가 왜 건국일 또는 건국절을 주장할까?

우리나라의 건국일 또는 건국절에 대한 이념적 논란은 서울대학교 경제학부 이영훈 교수가 2006년 7월 31일 ≪동아일보≫에 기고한 글에서 시작되었다. 이 교수는 1948년 8월 15일 광복절이 대한민국의 건국절인데 그것을 모르는 젊은이들이 많으므로, 미국의 건국 기념일처럼 우리도 건국 60년이 되는 2008년에 광복절을 건국절로 바꾸어야 한다고 주장했다(이영훈, 2006.7.31).

그 후 8월 11일 뉴라이트 재단, 자유주의 연대 등 5개 보수 단체들이 "1948년 8월 15일은 광복보다는 건국의 의미가 크므로 광복절의 명칭을 건국절로 바꾸자"라는 성명서를 발표하면서 건국절 논쟁에 불을 붙였다. 그리고 2007년 뉴라이트 재단은 "대한민국 건국의 의미 재조명"이라는 주제로 학술대회를 개최해 1948년을 대한민국이 건국된 해라고 주장했다. 이러한 보수 진영의 주장에 따라 2008년 5월 22일 이명박 정부는 **대한민국 건국 60주년 기념사업위원회**를 출범시키고, 건국 60주년 기념 주화 및 우표 발행, 학술대회, 이승만 등 역대 대통령의 유적지 관리 등의 사업을 추진했다. 이명박 정부의 건국절 사업의 법적 근거를 마련하기 위해 당시 여당의 정갑윤 의원 등이 광복절을 건국절로 바꾸는 '국경일에 관한 법률' 개정안을 제출했다. 하지만 야당, 시민사회단체, 역사학계의 비판이 거세지자, 9월 12일 정 의원은 법률 개정안을 철회했다.

보수 단체와 한나라당이 건국절 논란을 정치적으로 이용하고 정부가 건국절 기념사업을 추진하는 것에 대해 역사학계와 시민사회단체에서 반대 운동을 전개했다. 2008년 8월 7일 대한민국임시정부 기념사업회, 평화통일 시민연대 등 55개 시민사회단체는 대한민국 건국 60주년 기념사업위원회에 대해, 헌법의 기본 정신과 원리를 위반했으므로 중지되어야 한다며 헌법소원을 제기했다. 8월 12일에는 한국근현대사

학회 등 역사 분야의 14개 학회에서 "광복절을 건국절로 바꾸는 것에 반대한다"라는 성명을 발표했다. 또한 독립유공자유족회 등 80여 개 시민사회단체에서도 대한민국 건국 60주년 기념사업의 중단을 촉구했다.

이런 상황에서 2014년 9월 2일, 여당인 새누리당의 윤상현 의원이 다시 광복절을 광복절 및 건국절로 확대해 지정하는 '국경일에 관한 법률' 개정안을 제출했다. 또한 박근혜 대통령이 2015년 광복절 기념 경축사에서 "건국 67주년"이라고 말했고, 2016년 광복절 기념 경축사에서 "오늘은 제71주년 광복절이자 건국 68주년을 맞이하는 역사적인 날입니다"라고 규정했다. 박 대통령이 정부 차원에서 1948년 8월 15일을 대한민국의 건국일로 인정한 것이다(JTBC 뉴스, 2016.8.16; 연합뉴스, 2016.11.28).

그리고 2015년 9월 23일, 박근혜 정부는 1948년을 대한민국을 수립한 해로 명시하여 '초·중등학교 사회과 교육과정'을 개정했다(교육부, 2015: 42, 112, 151). 그에 따라 교육부는 2015년 11월 '중학교 역사 및 고등학교 한국사 국정화'를 발표하고, 역사 교과서의 국정화를 추진했다. 그 후 1948년 8월 15일을 건국일로 규정하고, **대한민국 수립**이라고 설명하는 역사 교과서 현장 검토본을 2016년 11월 28일에 발표했다.

2015 개정 사회과 교육과정(교육부, 2015)

• 초등학교 5~6학년 사회
[6사04-05] 광복 이후 **대한민국의 수립** 과정을 살펴보고, 대한민국 수립의 의의를 파악한다.

• 중학교 역사
[9역09-02] **대한민국의 수립**과 6·25 전쟁의 전개 과정을 파악한다.

이에 국정 역사 교과서의 채택을 거부하는 운동이 전교조, 학부모 단체 등을 중심으로 전국에서 일어났다. 2017년 2월 6일에는 전국 시·도 교육감 협의회가 정부 주도의 획일화된 국정 교과서를 비판하면서 국정 역사 교과서의 채택을 반대한다고 발표했다. 그에 따라 2017년 2월 20일, 전국에서 유일하게 경북 경산시의 문명고등학교 1개교만 국정 역사 교과서를 채택하는 연구학교로 지정되었다.

하지만 촛불혁명과 박근혜 대통령 탄핵 이후 2017년 5월 10일 출범한 문재인 대통령은 국정 역사 교과서의 폐지를 지시했고, 8월 15일 광복절 기념 경축사에서 "2019년은 **대한민국 건국과 임시정부 수립 100주년**을 맞는 해"라고 선포하면서 1919년을 건국일로 규정했다.

그에 따라 2017년 5월 31일 교육부는 국정 역사 교과서를 폐지했으며, 후속 조치로 2018년 7월 27일 '초·중등학교 사회과 교육과정' 중 한국사 관련 내용을 개정했다. 개정 사회과 교육과정과 한국사 집필 기준은 대한민국 임시정부의 정통성과 독립운동의 역사를 존중한다는 의미에서 1948년 8월 15일을 '대한민국 수립'에서 '대한민국 정부 수립'으로 바꾸었다(교육부, 2018: 42, 115, 151).

정부 수립의 의의를 파악한다.

● 중학교 역사
[9역12-01] 국민 국가를 건설하려는 다양한 노력들을 살펴보고, 그 결과 **대한민국 정부가 수립**되었음을 이해한다.

● 고등학교 한국사
[10한사04-02] **대한민국 정부 수립**의 과정과 의의를 살펴보고, 식민지 잔재를 청산하기 위한 노력을 설명한다.

2. 건국절을 주장하는 근거는 무엇일까?

하지만 보수 진영은 1948년을 건국일로 보아야 한다고 주장하면서, 건국절에 대한 이념적 논쟁을 일으키고 있다. 2019년 8월, 자유한국당 이종명 의원실이 주최한 "광복절, 제자리를 찾자"라는 토론회에서 발표자들은 1948년 8월 15일이 대한민국이 광복하고 건국한 날이라고 주장하면서, 또다시 건국절 논란을 일으켰다(≪중앙일보≫, 2019.8.13).

이렇게 보수 진영이 계속해서 1948년을 건국일이라고 주장하는 근거는 무엇일까? 보수 진영이 주장하는 근거들을 살펴보자.

1) 국가는 세 가지 요건을 모두 갖추어야 한다

보수 진영에서는 1919년 임시정부가 국가의 세 가지 요건을 모두 갖추지 못했기 때문에, 광복 이후 1948년 8월 15일에 완전한 국가로서 대한민국이 수립되었다고 주장한다. 영토, 국민, 주권 세 요건을 모두 갖추어야 국가가 될 수 있다는 것이다. 그러나 보수 진영의 주장처럼, 세 가지 요건을 완전히 충족한 경우에만 국가가 건국된 것으로 규정한다면, 2020년 현재에도 대한민국은 '완전한 국가'가 아니다.

첫째로 **영토** 측면에서 보면, 1948년 7월 17일 공포된 제헌헌법 제4조는 "대한민국의 영토는 한반도와 그 부속 도서로 한다"라고 규정했고, 현재 대한민국 헌법 제3조도 똑같이 규정하고 있다. 하지만 광복 이후 현재까지 한반도 중에서 38도선 또는 휴전선의 북쪽 영토는 남한이 아니라 북한이 실질적으로 지배하고 남한 정부가 통치할 수 없는 영토다. 그러므로 보수 진영의 국가 개념을 따른다면, 현재도 대한민국은 헌법이 정한 영토(한반도) 전체를 실제적으로 통치하지 못하므로, 현재도 대한민국은 완전한 국가로 수립되었다고 할 수 없다.

둘째로 **주권** 개념을 엄격하게 적용하면, 2020년 현재 대한민국은 완전한 주권 국가가 아니다. 1948년 남한에서 정부를 수립한 것도 우리가 자율적으로 결정한 것이 아니라 미국과 소련의 신탁 통치하에서 1947년 11월 유엔 총회에서 남한과 북한의 총선거를 통한 정부 수립을 결정한 것이다. 광복 이후 남북한은 통일 정부를 수립하려고 노력했지만, 미국과 소련 및 유엔의 결정에 따라 남한과 북한에 각각 다른 정부가 수립되었다. 그러므로 주권의 측면에서 보더라도, 우리가 주권을 자율적으로 행사해 1948년 8월 15일에 대한민국 정부를 수립했다고 보기 어렵다.

또한 6·25 전쟁이 발발하자, 1950년 7월 14일 이승만 대통령은 우리나라의 '군대 지휘권'을 유엔군 사령관 맥아더에게 넘겨주었다. 1953년 7월 27일 한반도에서 발생한 전쟁을 중지하는 '정전협정'을 맺을 때 이승만 정부는 참여하지 못했고 '유엔군 사령관'이 서명했다. 우리 땅에서 일어난 전쟁을 중지할지 계속할지를 정하는 데 우리 정부가 스스로 결정할 힘, 즉 주권을 행사하지 못하고 유엔군 사령관이 대신 결정한 것이다. 게다가 1994년 12월 평시 작전권을 환수할 때까지 40년 동안 우리나라 대통령은 평상시에도 우리 군대의 이동이나 전쟁 여부를 스스로 결정할 힘, 즉 '군사 주권'을 행사하지 못했다. 2019년까지 '전시 작전권'은 우리나라 대통령과 군대에 환수되지 않았다.[32] 따라서 보수 진영의 주장을 따른다면, 전시 작전권을 환수할 때까지 우리나라는 '군사 주권'을 온전히 행사하지 못하므로 완전한 국가라고 할 수 없다.

외환 위기로 1997년 12월 3일 국제통화기금[IMF]의 구제 금융을 받으면서 기업의 구조 조정, 노동자 해고, 비정규직 고용 등 중요한 경제 문제를 우리 정부가 아니라 국제통화기금이 결정했다. 주권의 측면에서 보면, 1997년 12월부터 2001년 8월까지 우리나라의 경제 문제를 우리 스스로 결정할 힘, 즉 '경제적 주권'을 행사하지 못했으므로 완전한 국가라고 보기 어렵다.

셋째로, **국내 지배력** 측면에서 보면, 보수 진영이 주장하듯이 임시정부가 해외에서만 활동하고 국내에 지배력을 행사하지 못한 것은 아니다. 1919년 4월 11일 중국 상하이에서 대한민국 임시정부가 수립되었고, 동시에 4월 23일 서울에서도 '한성 임시정부'가 수립되었다. 그 후 1919년 9월 11일 상하이 임시정부, 한성 임시정부 등을 통합하여 '대한민국 임시정부'가 조직되었다. 임시정부는 국내에 도지사, 군수, 면장

---

32 2007년 노무현 정부는 2012년 4월 17일 전시 작전권을 환수하기로 미국 정부와 합의했다. 그러나 2010년 천안함 사건이 발생하자 이명박 대통령은 미국 오바마 대통령과의 정상회담에서 전시 작전권의 환수를 2015년 12월 1일로 늦추기로 합의했다. 그런데 북한이 핵미사일을 시험 발사하자 2014년 10월 박근혜 대통령이 다시 전시 작전권의 환수를 연기했다. 그 후 문재인 대통령은 2022년에 전시 작전권을 환수하도록 추진하고 있다.

을 임명해 국내 행정을 원격적으로 통제하는 '연통제'를 조직했으며, 임시지방교통사무국을 설치해 국내 지역과 독립운동 조직을 연결했고, 임시정부가 국내 작전을 펼칠 때 국내에서 지원할 군사 조직 '주비단'을 결성했다.

이처럼 대한제국 멸망 이후 1919년 새로운 국가로서 대한민국이 건국되었고, 국가 형태로 민주 공화제를 채택한 임시정부가 수립되었다는 사실은 수많은 역사적 자료(史料)가 증명한다. 이런 역사적 사실은 제헌헌법과 현재 대한민국 헌법 전문에 그대로 계승되고 있다.

2) 1919년 대한민국 정부는 '임시' 정부이므로 건국이 아니다

보수 진영은 1919년에 수립된 대한민국 임시정부가 '임시'였기 때문에, 대한민국의 건국으로 인정할 수 없다고 주장한다. 이는 '국가'와 '정부'를 구분하지 못한 데서 온 잘못된 주장이다.

국가(state)는 주어진 영토 안에서 주권을 행사하는 '정치적 결사체'다. 가족이나 기업 등 사적 조직과 달리, 국가는 공동체의 일을 결정하고 집행하는 공적 조직체이고, 영토 안에 거주하는 사람들에 대해 지배력을 행사하는 영토적 결사체라는 특성을 지닌다(헤이우드, 2015: 173~175).

그런데 국가의 영토가 한 지역에 연속적으로 붙어 있을 필요는 없다. 미국의 하와이 및 알래스카, 영국의 포클랜드 제도처럼 국가의 주권과 지배력을 행사할 수 있는 지역이라면, 그 국가의 영토라고 할 수 있다. 마찬가지로 대한민국 임시정부가 중국의 상하이에 수립되었지만, 한반도에 지배력을 행사할 수 있는 연통제, 지방교통사무국, 주비단 등을 설치했고, 국내에서도 독립운동을 했다. 이런 점에서 1919년 한반도에 거주하는 사람들에 대해 지배력을 행사하는 정치적 결사체로서 대한민국은 수립된 것이다.

반면에 **정부**(government)는 국가 안에서 지배를 담당하는 '기구'다. 정부는 국가 안에서 사회 질서를 유지하고 공공선을 달성하기 위해 국가 권력을 행사하는 기구다. 이런 점에서 국가와 정부는 구별되어야 한다. 국가는 공적 영역의 모든 조직과 제도를 포괄하는 정치적 결사체이고, 정부는 국가의 한 부분으로 지배를 담당하는 기구다. 국가는 지속적인 결사체이지만, 정부는 한시적 조직이고 선거를 통해 교체되거나 재구성되는 기구다. 국가는 사회 전체의 공공선 또는 여론을 대변하지만, 정부는 특정한 시기에 정권을 가진 사람들의 이해 관심을 대변한다(헤이우드, 2015: 176).

정치적 공동체로서 국가는 지속되지만, 그 국가의 중요한 문제를 해결하기 위해 구성된 정부(대통령, 국회, 법원 등)는 주기적으로 교체될 수 있다. 예를 들면 항일 독립운동 시기 김구 임시정부에서 광복 후 이승만 정부로, 6월 민주화 운동 이후 노태우 정부에서 김영삼 정부로 바뀌었지만, '국가'로서 대한민국은 그대로 지속되는 것이다. 2017년 박근혜 대통령이 탄핵되고 문재인 정부가 새로 출범했는데, 이것은 '정부'가 교체된 것이지, '국가'로서 대한민국이 새로 건국된 것은 아니다. 또한 "한국과 미국은 2022년 전시 작전권을 이양하기로 합의했다"라고 했을 때, 실제로 합의의 주체는 국가가 아니라 문재인 '정부'와 트럼프 '정부'를 의미한다. 더 정확히 말하면 당시 정부를 구성하는 '대통령과 행정부'를 가리킨다.

국가와 정부의 차이를 고려하면, 대한제국이 멸망한 이후, 황제가 포기한 주권을 일반 시민이 계승하여 행사하는 민주 공화국으로서 대한민국이라는 '국가'는 1919년에 수립된 것이다. 대한민국 임시헌장(1919) 제1조는 대한민국이라는 **국가**를 건립했고, 새로운 국가 형태로 **민주 공화국**임을 선언했다. 다만 당시 일제 식민 지배하에 있었기 때문에, 대한민국이 독립할 때까지 지배를 담당할 정치 기구로서 '임시정부'(행정부)와 '임시의정원'(국회)을 조직한 것이다. 그래서 임시헌장 제10조에서, 독립하여 국토를 회복하면 1년 안에 국회를 소집하여 정식 정부를 수립할 것을 명시했다.

3. 대한민국이 1919년에 건국된 근거는 무엇일까?

그러면 민주 공화국으로서 대한민국이 건국된 날은 1919년일까, 아니면 1948년일까? 역사적 자료를 통해 사실을 확인해 보자.

앞서 살펴보았듯이, 민주 공화국으로서 대한민국의 건국을 표명한 것은, 1919년 4월 11일 공포된 '대한민국 임시헌장'이다. 임시헌장은 3·1 운동의 독립 선언을 계승하고 전 국민의 위임을 받아서 민주 공화제를 채택한 국가로서 대한민국을 조직한다는 것을 분명하게 선포했다.

> **대한민국 임시헌장(1919.4.11)**
>
> **선서문**
> 존경하고 경애하는 아 이천만 동포 국민이여, **민국**(民國) **원년 삼월 일일** 아 대한민족이 독립 선언함으로부터 남과 여와 노와 소와 모든 계급과 모든 종파를 무론하고 일치코 단결하야, …… 차시를 당하야 본 정부 전 **국민의 위임**(委任)을 수(受)하여 **조직되었나니** ……

제1조	대한민국(大韓民國)은 민주 공화제로 함.

그 후 1919년 6월 18일 이승만이 대통령 자격으로 일본 천황에게 보낸 문서에서도 대한민국이 1919년에 건국되었다는 사실이 여러 차례 제시되었다. 이승만은, 서울에서 13도의 대표들이 모여 입법부인 대한민국 국회를 조직했고 거기서 자신을 '대한민국'이라는 국가의 대통령으로 선출했다고 주장하면서, "1919년 4월 23일 한국은 **완전히 조직된 자치 '국가'**가 되었다"라고 일본에 통보했다. 또한 일본 천황이 대한민국을 독자적이고 **독립된 주권 '국가'**로 인정할 것을 요구한다고 밝혔고, 대한민국의 대통령 이승만이라고 친필로 서명했다(≪한겨레≫, 2016.10.2).

이승만 대통령

1919.6.18

나는 국민에 대한 의무로 천황에게 1919년 4월 23일에 한국은 **완전히 조직된 자치국가**가 되었다는 사실을 공식적으로 통보할 수밖에 없다. ……
3·1 독립선언에 따라 13개 지역에서 국민들에 의해 대표가 선출되었다. 이 대표들이 1919년 4월 23일 서울에서 회의를 열었고, 한국을 통치할 입법부인 한국국가회의를 새로 조직했다. 이 국가회의는 명예롭게 나를 **대한민국의 대통령**으로 선출했고, 또한 행정부 관료들도 선출했다.
…… 일본(천황)이 공식적인 형태로 대한민국을 **독자적이고 독립된 주권 국가**로 인정하고, 그것과 일치하지 않는 모든 조약들은 무효라고 승인하는 것이 우리 국민들의 요구이다. ……

대한민국 대통령 이승만 (서명)

천황에게

— 이승만의 친필 문서(우당기념관, 2016)

그리고 1919년 3월, 미국에 있던 이승만은 미국의 토머스 우드로 윌

슨(T.W. Wilson) 대통령에게 파리강화회의에서 대한민국의 독립을 논의해 달라고 요청하면서, "한국이 자치 정부를 수립할 때까지, 국제연맹의 위임 통치를 받겠다"라는 내용의 서한을 보냈다. 그런데 임시의정원(국회)의 결의를 무시하고 이승만이 독단적으로 국제연맹의 위임 통치를 요구한 것과 상하이 임시정부에서 대통령직을 직접 수행하지 않은 점 등을 이유로 임시의정원은 1925년 3월 18일 이승만 대통령의 탄핵안을 통과시켰다. 임시정부는 대통령 탄핵안 통과와 대통령 이승만의 면직을 알리는 ≪독립신문≫ 호외를 발행하면서, 1919년을 대한민국 건국의 기준으로 정해 발행 날짜를 '**대한민국 7년 3월 25일**(大韓民國 七年 三月 二十五日)'로 사용했다(연합뉴스, 2018.12.13; 〈KBS 뉴스〉, 2019.2.16).

1941년 임시정부는 '대한민국 건국강령'을 제정하면서, 1919년 4월에 '대한민국'이라는 국가가 건국되었고, 일본을 쫓아내고 독립을 이루는 과정을 **건국의 제1기**라고 정하고, 정치·경제·교육에 있어서 평등을 실현해 가는 과정을 '건국의 제2기'라고 규정했다.

대한민국 건국강령(1941.11.28 공포)

제3장 건국(建國)

1. 적의 일절 통치기구를 국내에서 완전히 박멸하고 국도를 전정하고 중앙정부와 중앙의회의 정식 활동으로 주권을 행사하며 선거와 입법과 임관과 군사와 외교와 경제 등에 관한 국가의 정령(政令)이 자유로 행사되어 삼균제도의 강령과 정책을 국내에 추행하기 시작하는 과정을 **건국의 제1기**라 함.
2. 삼균제도를 골자로 한 헌법을 실시하여, 정치와 경제와 교육의 민주적 시설로 실제상 균형을 도모하며, 전국의 토지와 대생산기관의 국유가 완성되고 전국 학령아동의 전수가 고급교육의 면비수학이 완성되고

보통 선거 제도가 구속 없이 완전히 실시되어, 전국 각리동촌과 면읍과 도군부와 도의 자치조직과 행정조직과 민중단체와 민중조직이 완비되어 삼균제도가 배합 실시되고 경향각층의 극빈계급의 물질과 정신상 생활 정도와 문화 수준이 제고 보장되는 과정을 **건국의 제2기**라 함.

대한민국 23년 11월 28일
임시정부 국무위원회 주석 김구

그에 따라 1948년 9월 이승만 정부가 제헌헌법을 공포하는 ≪관보≫ 제1호를 발행했는데, 1919년 대한민국이 건국된 것을 기준으로 임시정부가 사용한 국가의 건국연도(年號: '대한민국 ○○년')를 따라서 관보의 발행 연도와 날짜를 **대한민국 30년 9월 1일**이라고 표시했다.

1919년 대한민국 임시헌장에서 공식 채택한 국가의 이름을 '대한민

그림 13-1 대한민국 ≪관보≫ 제1호(대한민국 30년 9월 1일)

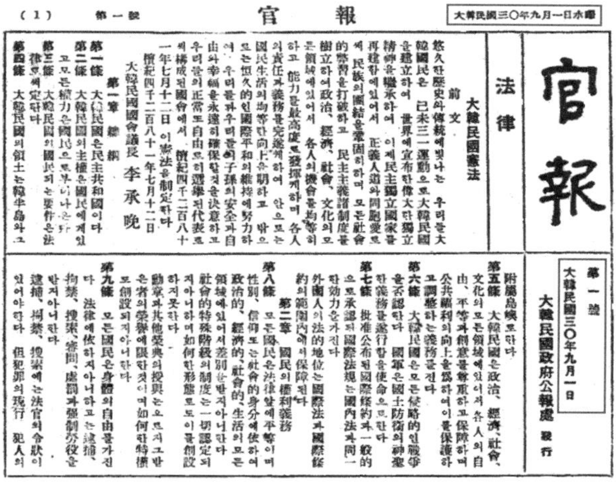
(1) 第一號 官報 大韓民國三〇年九月一日水曜

官報

第一號
大韓民國三〇年九月一日
大韓民國政府公報處 發行

法律

大韓民國憲法

前文

悠久한歷史와傳統에빛나는 우리들大韓國民은 己未三一運動으로大韓民國을建立하여 世界에宣布한偉大한獨立精神을繼承하여 이제民主獨立國家를再建함에있어서 正義人道와同胞愛로써民族의團結을鞏固히하며 모든社會的弊習을打破하고 民主主義諸制度를樹立하여政治、經濟、社會、文化의모든領域에있어서 各人의機會를均等히하고 能力을最高度로發揮케하며 各人의責任과義務를完遂케하여 안으로는國民生活의均等한向上을期하고 밖으로는恒久的인國際平和의維持에努力하여 우리들과우리들의子孫의安全과自由와幸福을永遠히確保할것을決意하고 우리들의正當또自由로히選擧된代表로써構成된國會에서 檀紀四千二百八十一年七月十二日 이憲法을制定한다

檀紀四千二百八十一年七月十二日
大韓民國國會議長 李承晚

第一章 總綱

第一條 大韓民國은民主共和國이다

第二條 大韓民國의主權은國民에게있고모든權力은國民으로부터나온다

第三條 大韓民國의國民되는要件은法律로써定한다

第四條 大韓民國의領土는韓半島와그附屬島嶼로한다

第五條 大韓民國은政治、經濟、社會、文化의모든領域에있어서各人의自由、平等과創意를尊重하고保障하며公共福利의向上을爲하여이를保護하고調整하는義務를진다

第六條 大韓民國은모든侵略的인戰爭을否認한다 國軍은國土防衛의神聖한義務를遂行함을使命으로한다

第七條 批准公布된國際條約과一般的으로承認된國際法規는國內法과同一한效力을가진다
外國人의法的地位는國際法과國際條約의範圍內에서保障된다

第二章 國民의權利義務

第八條 모든國民은法律앞에平等이며性別、信仰또는社會的身分에依하여政治的、經濟的、社會的生活의모든領域에있어서差別을받지아니한다
社會的特殊階級의制度는一切認定되지아니하며如何한形態로도이를創設하지못한다
勳章과其他榮典의授與는오로지그받은者의榮譽에限한것이며如何한特權도創設되지아니한다

第九條 모든國民은身體의自由를가진다 法律에依하지아니하고는逮捕、拘禁、搜索、審問、處罰과强制勞役을받지아니한다
逮捕、拘禁、搜索에는法官의令狀이있어야한다 但犯罪의現行 犯人의

자료: 총무처 법무담당관(1948). 국가기록원 제공.

국'과 국가 형태로서 '민주 공화국'으로 제시한 것은 1948년 7월 국회에서 별다른 이의 제기 없이 제헌헌법에 그대로 계승되었다. 제헌헌법 전문은 1919년 3·1 운동으로 **대한민국**이 **건립**되었고, 1948년에는 대한민국이라는 '국가'가 아니라 **민주주의 제도**를 수립했음을 분명하게 제시했다.

제헌헌법(1948.7.12 제정)

전문

유구한 역사와 전통에 빛나는 우리들 대한국민은 기미 삼일운동으로 대한민국을 **건립**(建立)하여 세계에 선포한 위대한 독립정신을 계승하여 이제 민주 독립 국가를 재건함에 있어서 정의 인도와 동포애로써 민족의 단결을 공고히 하며 모든 사회적 폐습을 타파하고, **민주주의 제도**를 수립하여, ……

제헌헌법 이후 헌법이 아홉 차례 개정되었지만, 모든 헌법이 3·1 운동으로 건립된 대한민국 임시정부(1919)의 법적인 전통(法統)을 계승한다고 분명하게 제시하고 있다.

대한민국 헌법(1987.10.29 개정)

전문

유구한 역사와 전통에 빛나는 우리 대한국민은 **3·1 운동으로 건립**(建立) **된 대한민국 임시정부의 법통**과 불의에 항거한 4·19 민주 이념을 계승하고, ……

또한 보수 진영이 건국의 아버지로 추앙하는 이승만 대통령이 1948년 8월 15일 정부 수립을 선포하는 축하식을 하면서, 공식 명칭을 대한민국 국가 수립이 아니라 **대한민국 정부 수립 국민 축하식**이라고 불렀다.

그림 13-2 대한민국 정부 수립 국민 축하식(1948년 8월 15일, 중앙청 앞)

자료: 공보처 홍보국 사진담당관(1957). 국가기록원 제공.

　이러한 역사적 사실과 자료에 근거해, 대한민국 정부 수립 100주년을 맞는 2019년 4월 10일 미국의 상원과 하원은 1919년 4월 대한민국 임시정부 수립이 현재 대한민국 민주주의 발전의 토대가 되었다는 결의안을 제출했다. 미국 민주당의 톰 수오지(T. Suozzi) 의원과 공화당의 조 윌슨(J. Wilson) 의원 등은 "대한민국 임시정부가 현재 한국 정부로 이어졌음을 공식화한다"라는 한·미 동맹 결의안을 제출했다. 그리고 제임스 랭크퍼드(J. Lankford) 공화당 상원의원도 "대한민국 임시정부는 1919년 4월 11일에 수립되었으며, 그 후 1948년 8월 15일 한국 정부로 전환되었고, 100년 전 임시정부 수립을 오늘날 대한민국 민주주의의 태동과 성공의 토대로 인식한다"라는 결의안을 발의했다(≪경향신문≫, 2019.4.11).

4. 건국절을 꼭 만들어야 할까?

앞에서 살펴본 것처럼, 왕이 아니라 일반 국민이 주권을 갖고 지배하는 민주 공화국가로서 대한민국이 1919년 4월 11일에 건국되었다는 것은 많은 역사적 사실과 자료에 의해 입증된 사실이고, 우리 헌법에도 명시되어 있다. 그럼에도 불구하고 1948년 8월 15일을 건국일로 주장하는 것은 다른 정치적 의도를 가지고 국론을 분열시키는 쓸모없는 이념 논쟁에 불과하다.

현대 사회에서 한 나라의 역사는 연속적으로 이어지는 것이기 때문에, 건국 날짜가 언제인지 명확하게 정하기는 어렵다. 그래서 건국일을 정하여 기념하는 나라는 거의 없다. 2006년 8월 서울대 이영훈 교수가 《동아일보》 칼럼에서 미국의 건국 기념일을 사례로 제시하면서 우리나라도 건국절이 필요하다는 주장을 펼쳤지만, 사실을 확인해 보면 이 교수가 사례로 제시한 것은 건국 기념일이 아니라 미국의 **독립 기념일** (independence day)이다. 미국에는 '건국절'이란 말조차 없다.

미국은 17세기 이후 유럽에서 여러 민족들이 이주하여, 영국의 식민 지배와 독립 전쟁을 거쳐 연방 공화제로 수립된 국가다. 영국인 102명이 종교 박해를 피해 메이플라워호를 타고 1620년 11월 21일 매사추세츠에 도착했고, 그 후 유럽에서 많은 백인들이 이주했다. 그리고 영국의 식민 지배를 거부하면서 1775년 4월부터 영국을 상대로 독립 전쟁이 일어났다. 1776년 3월 보스턴 전쟁에서 크게 승리한 후, 미국은 1776년 7월 4일 독립선언서를 승인하고 영국으로부터 독립을 선포했다. 1783년 9월 3일 파리에서 영국은 미국의 완전 독립을 승인하는 파리조약을 맺었다. 그 후 13개 주 대표 55명으로 구성된 제헌의회가 1787년

9월 28일 헌법을 작성해 13개 주에 제출했다. 1788년 6월, 아홉 번째 주가 비준을 하자, 연방의회는 이듬해 3월 4일을 새로운 정부의 활동 개시일로 정했다.

이처럼 미국의 역사를 보면, 유럽인들이 미국에 처음 이주한 날, 독립 전쟁을 시작한 날, 독립 선언을 선포한 날, 국제 조약에서 독립을 승인받은 날, 헌법을 제정한 날, 헌법에 의한 초대 정부를 조직한 날이 일련의 사건으로 이어져 왔다. 그렇기 때문에 미국이라는 국가가 언제 건국되었는지를 명확하게 정하기 어렵다. 보수 진영의 주장에 따르면, 1789년 3월 4일 헌법이 비준되어 새 정부의 활동이 공식 시작된 날을 미국의 건국일로 기념해야 할 것이다. 그러나 미국에 '건국 기념일'은 없으며, 단지 영국 식민 지배에서 독립을 선포한 날(1776.7.4)을 독립 기념일로 정해 기념할 뿐이다.

유럽 국가들도 대부분 한두 민족이 같은 영토에서 살면서 나라를 형성해 왔고 일련의 역사적 사건과 시민혁명을 통해 근대 국가를 수립했다. 현재 민주주의 국가가 언제 건국되었는지 정확한 날짜를 정하기 어렵다. 그래서 유럽 국가들도 '건국절'을 정해 기념하지 않는다. 아시아, 남아메리카, 아프리카 국가들은 1, 2차 세계 대전 이후 선진국의 식민 지배에서 독립하면서 공화정이나 민주정을 채택해 근대 국가를 수립했다. 그래서 대부분의 국가들이 '건국절'이 아니라 식민 지배에서 독립한 날을 '독립 기념일'로 정해 국가적인 행사를 개최한다(알파고 시나씨, 2019).

그러므로 일부 보수 진영이 정치적 목적을 위해 제기하는 건국일 또는 건국절 논란은 멈추어야 한다. 1948년을 건국일로 정하고 광복절을 건국절로 바꾸어야 한다는 주장은 3·1 운동, 36년의 독립운동, 대한민국 임시정부의 역사 등 많은 역사적 사실과 헌법을 부정하는 것이다. 또한 건국일 또는 건국절 논쟁은 보수 세력의 결집을 통해 지지율을 높이려는 정치적 의도에서 제기되는 것이고, 시민들을 분열시키며 역사적 사실을 스스로 부정하는 쓸모없는 논쟁일 뿐이다.

이제는 쓸모없는 이념 논쟁과 대립은 그만두고, 세계 경제 위기와 4차 산업혁명, 사회 구조의 변화로 어려운 경제를 살리고, 한반도에서 전쟁 위협을 없애고 평화를 정착시키며, 모든 사람이 최소한 인간답게 살 수 있는 사회를 만들기 위하여 여당과 야당, 진보와 보수 진영, 기업가와 노동자, 청년층과 노인층, 정부와 시민사회단체가 서로 소통하면서 대한민국의 발전을 위해 다함께 협력해야 할 것이다.

14

민주주의의 미래와 나아갈 방향

4차 산업혁명과 디지털 기술의 발달로 공상 과학 영화에 나오는 모습들이 현실로 나타나고 있다. 이렇게 급변하는 미래 사회에서 18세기 기술과 사회 제도에 기초해 만들어진 대의 민주주의를 그대로 유지해야 할까? 21세기 신기술에 기반한 미래 사회에 민주주의는 어떤 방향으로 나아가야 할까?

1. 4차 산업혁명으로 미래 사회는 어떻게 변할까?

2016년 세계경제포럼 이후 4차 산업혁명으로 다가올 미래 사회에 관심이 집중되고 있다. 21세기 초부터 스마트폰, 디지털 기술, 인공지능 등이 사회 전반에 큰 변화를 일으키고 있다. 이처럼 물리적 기술, 디지털 기술, 생물학적 기술이 상호 교류하고 융합하면서 경제와 사회생활에 커다란 변화를 가져오는 현상을 클라우스 슈밥(K. Schwab)(2016: 25~26)은 4차 산업혁명이라고 불렀고, 독일에서는 인더스트리 4.0으로 부르기도 한다. 여러 의견을 종합해 보면, **4차 산업혁명**은 다양한 과학 기술, 디지털 기술, 정보통신 기술의 발달이 상호 융합되면서 경제 활동 뿐만 아니라 사회생활과 개인 삶의 방식에 포괄적인 변화를 가져오는 현상을 말한다.

4차 산업혁명을 가능하게 한 기술은 인공지능(AI), 사물 인터넷(IoT), 빅 데이터(big data), 3D 프린팅, 나노 기술, 바이오 기술, 블록체인 기술 등이다(KT경제경영연구소, 2017: 82~96). 〈아이 로봇〉, 〈어벤져스〉 같은 공상 과학 영화에 나오는 신기술과 문명이 현실로 나타나고 있다. 인공지능은 비서, 상담원/안내원, 의사 등 여러 분야에서 실제로 활용되고 있다. 우리나라도 가천대 길병원이 2016년부터 IBM이 개발한 인공지능 의료 시스템(Watson for Oncology)을 도입해 암 환자의 진료와 치료법을 확인하고 있다. 2019년부터 서울대병원은 환자의 9만 8000여 건 흉부 X선 자료를 활용해 개발한 인공지능 의료 시스템 '루닛 인사이트(Lunit Insight)'를 흉부 질환의 영상 판독에 활용하고 있다.

2015년 「세계경제포럼 보고서」에 따르면, 4차 산업혁명으로 미래 사회는 인구의 90% 이상이 인터넷에 접속하고 스마트폰을 사용할 것이며, 블록체인을 통해 세금을 징수하고, 빅 데이터를 활용한 정부가 등장하며, 인공지능 의사나 약사가 등장하고, 전 세계 GDP의 10%가 블록체인 기술에 저장될 것이라 했다(슈밥, 2016: 51~53). 공장에서는 인공지능 로봇이 상품을 자동으로 생산하고, 농장에서도 햇빛과 온도를 자동으로 조절하고 적정한 때에 물과 비료를 제공하여 농산물을 기르게 될 것이다. 사회생활에서도 자율 주행차, 무인 비행기, 드론 등이 일반화되고, 생체 인식 칩 등이 신분증과 신용카드를 대체할 것이다. 가정에서는 스마트폰을 이용해 사물 인터넷에 연결된 가전제품을 외부에서 원격 조정하고, 인공지능 로봇이 대부분의 가사 노동을 대신해 줄 것이다. 이 중 일부 기술과 제품은 이미 일상생활에서 사용되고 있다. 한마디로 4차 산업혁명과 디지털 기술은 스마트 공장, 스마트 농장, 스마트 도시, 스마트 학교, 스마트 홈을 만들 것이다.

영화 〈조(Zoe)〉에서 볼 수 있듯이, 인공지능의 발달은 여러 곳에 흩어진 복잡한 빅 데이터를 활용해 빠르고 정확하게 정보를 확인하고 합리적인 결정을 할 수 있게 해준다. 사람이 몇 개월에 걸쳐 해야 하는 작업에 대해 인공지능은 빅 데이터를 활용해 단 몇 분 만에 문제를 분석하고 정확한 진단을 제시할 수 있다. 인공지능이 문제와 관련된 복잡한 빅 데이터를 조사해서 그 문제의 원인과 해결 방안을 제시해 주면, 사람이 그것을 종합적으로 고려해 결정한다.

이렇게 인공지능이 경제 활동과 사회생활에 광범위하게 활용되면서 우리 일상생활에 커다란 영향을 미치고 있다. 그에 따라 2019년 5월 22일, OECD는 '인공지능에 관한 이사회 권고안'을 승인했다. 이 권고안은 인권과 민주적 가치를 존중하는 인공지능에 관한 원칙을 채택했다. 이 권고안과 원칙은 인공지능과 관련된 국제적 기준을 설정함으로써 많은 나라들에 영향을 미치고 있다. 그래서 2019년 6월 9일 G20 회의에서도 OECD의 인공지능 원칙에서 도출된 '인간 중심의 인공지능 원칙'을 채택했다.

OECD 인공지능에 관한 원칙

- 인공지능은 포괄적인 성장, 지속 가능한 발전, 복지를 이끌어냄으로써 사람들과 세계에 도움이 되어야 한다.

- 인공지능 시스템은 법의 지배, 인권, 민주적 가치, 다양성을 존중하는 방식으로 설계되어야 하고, 정의로운 사회를 보장하기 위한 안전장치를 포함해야 한다.
- 인공지능 시스템은 사람들이 인공지능이 가져올 결과를 이해하고 그것에 문제를 제기할 수 있도록 투명하고 공개되어야 한다.
- 인공지능 시스템은 수명 주기 동안 튼튼하고 안전한 방식으로 기능해야 하고, 그것의 잠재적 위험들은 지속적으로 평가·관리되어야 한다.
- 인공지능 시스템을 개발·배치·작동하는 개인이나 단체는 위에 제시된 원칙들에 따라 인공지능이 적절하게 기능하는 것에 대해 책임을 져야 한다.

— OECD(2019.5.22)

또한 암호를 사용하여 서로 연결된 블록에 정보를 분산해 저장하고 이용하는 블록체인 기술이 발달했다. 블록체인 기술은 정보를 분산해 저장·이용하는 메커니즘이기 때문에 정보를 거슬러 올라가서 변조할 수 없다. 그래서 블록체인 기술은 2018년 열풍을 일으켰던 암호 화폐(비트 코인)뿐만 아니라 다양한 분야에서 활용되고 있다. 화폐와 재산의 거래뿐만 아니라 토론, 투표 등에 안전하게 활용될 수 있다. 그래서 최근 블록체인에 기반한 온라인 투표 시스템이 다양하게 개발되고 있다.

블록체인 기술, 생체인식 기술과 스마트폰을 활용하면, 시민이 자유롭게 법률안이나 정책안을 제시하고 함께 토론한 후 직접 결정하는 온라인 시스템을 만들 수 있다. 방송통신위원회의 조사에 따르면, 2018년 우리나라 사람 10명 중 9명(89.4%)이 스마트폰을 가진 것으로 나타났다. 특히 20대는 96.9%가, 60대도 80.3%가 보유했다.[33] 10대 이상 대다

---

33 방송통신위원회가 전국의 13세 이상 국민 7234명을 연령대별로 면접 조사한 「2018 방송매

수 사람들이 스마트폰을 갖고 있기 때문에, 누구나 시간과 장소에 제한 받지 않고 자유롭게 쌍방향으로 소통하면서 여론을 형성하고 국가의 중요한 일을 직접 결정하는 것이 가능해졌다.

2. 미래에 민주주의가 나아가야 할 방향은 무엇일까?

대의 민주주의는 1차 산업혁명 시기에 만들어졌다. 18세기 후반 근대 시민혁명 이후 어떤 정치 체제를 새로 만들 것인지에 대해 논의할 때, 많은 인구와 넓은 영토로 인해 시민들이 한자리에 모여 토론하는 것이 어렵고 모든 시민이 정치에 참여하면 시간과 비용이 많이 든다는 주장이 제기되었다. 이런 주장에 따라 시민이 가진 주권을 소수 대표자에게 위임해 지배를 맡기는 공화 정치 또는 대의 민주주의 체제가 만들어졌다.[34]

로버트 달(R.A. Dahl)(2002: 143~148)은 민주주의의 형태와 방식을 정하는 데 인구수와 영토 크기가 중요하다고 보았다. 그는 민주주의에서 토론과 정책 결정을 할 때 '시간과 수의 법칙'이 존재한다고 주장했다. 그의 분석에 따르면, 1만 명의 시민이 어떤 문제에 대해 토론할 경우에, 각자 10분씩 발언하면 총 10만 분이 필요하고 그래서 하루에 8시간씩

체 이용행태 조사결과」에 따르면, 전체의 89.4%가 스마트폰을 보유한 것으로 나타났다. 스마트폰 보유율은 2012년 57.5%에서 2015년 78.8%, 2017년 87.1%로 급증했다(≪EBN≫, 2019.1.24).

34 민주 정치와 인구수의 관계에 대한 주장은 이미 오래전부터 제시되었다. 플라톤은 이상적인 국가의 시민 수를 5040명으로 제시했다(플라톤, 『법률』, 5권 [2018: 258]). 아리스토텔레스는 정확한 수를 제시하지 않았지만, 한 국가에 적합한 시민 수는 자급자족적인 삶이 가능하고, 각 시민들이 서로 알 수 있는 '작은 규모'가 적합하다고 주장했다(아리스토텔레스, 『정치학』, 7권 4장 [2010: 376~377]).

회의한다고 해도 208일이 걸린다. 만약 각 시민이 30분씩 발언하면 총 30만 분, 625일이 필요하다. 이처럼 인구수가 증가하면 시민들이 직접 모여 토론하는 시간이 급증하기 때문에, 시민의 수가 몇백만 명이나 몇천만 명으로 증가한 현대 국가에서는 직접 민주주의 – 달은 '집회 민주주의'라고 부름 – 가 실시되기 어렵다. 그래서 민주적 공동체에 시민들의 수가 많을수록 정부의 결정에 직접적으로 참여할 수 있는 시민은 점점 줄어들고, 그에 따라 시민들은 소수 대표자에게 권력을 위임한다.

유선 전화기도 없고 온라인 공론장이 형성되지 못한 18세기 상황에서는 이 법칙과 주장이 설득력을 지녔다. 인구수와 영토 규모에 근거해 만들어진 대의 민주주의에서 시민은 4~5년마다 대표자를 선출할 때 주권을 한 번 행사할 수 있을 뿐이고, 선거 이후 주권은 소수 대표자의 손으로 넘어간다. 그래서 루소는 대의 민주주의에서 시민들은 선거 동안만 주권을 행사하고 자유를 누릴 수 있으며, 선거가 끝나면 대표자의 노예가 된다고 비판했다(루소, 『사회계약론』, 3권 15장 [2018: 117~118]).

대의 민주주의에서 소수 대표자들은 시민의 의사를 법률 제정이나 정책 결정에 반영하지 않았으며, 정부도 시민의 이익과 공공선을 위해 법과 정책을 집행하는 데 부족했다. 그에 따라 민주주의 국가에서도 정부의 신뢰도는 매우 낮은 수준에 머무른다. OECD가 2017년 회원국의 시민 1000명을 대상으로 정부 신뢰도를 설문 조사한 결과에 따르면, 35개국 중 정부 신뢰도가 50%를 넘는 국가는 8개국(22.9%) – 주로 서유럽 국가 – 에 불과했고, 덴마크(47%), 호주(45%), 영국(41%), 미국(30%), 프랑스(28%) 등 대부분 국가에서 정부 신뢰도는 절반 이하 수준이었다. 우리나라의 정부 신뢰도는 24%(32위)로 매우 낮은 상태를 나타냈다(뉴시스, 2018.11.6). 이처럼 소수 대표자가 지배하는 대의 민주주의에서 정부의 신뢰도는 매우 낮은 수준이다.

그렇다면 이제 21세기 디지털 기술 시대에는 법률안, 예산안 등 국가의 중요한 일을 대표자에게 맡기지 말고, 주권자로서 시민이 스스로 결정하는 직접 민주주의를 실현해야 한다. 4차 산업혁명으로 인공지능, 정보통신 기술, 블록체인 기술 등이 발달하여 시간·공간의 제약을 받지 않고 수백만 명이 하나의 가상공간에 접속해 쌍방향으로 토론하고 직접 투표하는 것이 가능해졌다. 더 이상, 인구수가 많아 직접 토론하여 결정할 수 없으므로 소수 대표자에게 주권을 위임해야 한다는 주장은 설득력이 없어졌다. 실제로 디지털 기술과 소셜 미디어는 시간·공간 및 기술의 제약으로부터 시민을 해방시켜 주권자로서 국가의 중요한 일을 직접 결정할 수 있게 만들었다. 2010년 튀니지의 재스민 혁명, 2014년 홍콩의 우산혁명, 2016년 우리나라의 촛불혁명, 2019년 홍콩의 송환법 반대 시위에서 디지털 기술과 소셜 미디어는 사람들이 실시간 쌍방향으로 소통하면서 정보를 공유하고 집회의 방향을 함께 정하면서 시위를 성공시키는 데 크게 기여했다. 이처럼 디지털 기술과 소셜 미디어 환경에서는 18세기 당시 소수 대표자에게 위임했던 시민의 주권을 되찾아서 대의 민주주의가 아닌 직접 민주주의로 바꿀 수 있다.

4차 산업혁명으로 디지털 기술이 빠르게 발달하면서 정부와 공공기관의 운영 방식과 시민의 정치 참여 방식도 새롭게 전환되고 있다. 많은 국가들이 디지털 기술과 정보 통신망을 융합해 행정 서비스를 제공하는 전자 정부(E-government)를 실시하고 있다. 나아가 소셜 미디어를 통해 각 시민들끼리 또는 시민과 정부가 쌍방향으로 직접 소통하는 통로가 확대되고 있다. 디지털 기술과 소셜 미디어의 발달은 전 세계 모든 사람들을 네트워크로 연결시킴으로써, 스마트폰과 태블릿을 이용해

그림 14-1 루미오 플랫폼(www.loomio.org) 홈페이지

자료: 루미오(2019).

언제 어디서나 쉽고 빠르게 접근하여 정보를 공유하고 여러 사람들과 쌍방향으로 토론하고 정책 결정에 직접 참여할 수 있게 해준다.

최근 선진국에서는 디지털 기술과 정보통신망을 활용해 시민이 법률이나 정책을 직접 결정하는 **디지털 직접 민주주의**가 시도되고 있다. 아르헨티나의 사회운동가 피아 만치니(P. Mancini), 산티아고 시리(S. Siri) 등은 시민들이 직접 정책을 제안하고 그에 대해 토론하고 투표할 수 있는 **데모크라시 OS** 소프트웨어를 개발해 보급했다. 부에노스아이레스에서는 데모크라시 OS를 통해 400여 개 법안에 대해 토론하고 투표로 결정했다. 뉴질랜드의 벤저민 나이트(B. Knight) 등은 공동체 문제에 대해 토론하고 투표를 통해 결정할 수 있는 **루미오**(www.Loomio.org) 플랫폼을 개발했다. 루미오는 토론할 주제를 정하고, 그 주제에 대해 토론할 사람이 가입하고, 각자 다양한 찬반 의견을 이야기하고, 가장 좋은 대안에 투표하는 방식으로 이루어진다. 웰링턴 시의회는 루미오에 주류 제한 정책을 제시하고, 주류업체, 술집 운영자, 시민, 학생, 사회단

체, 전문가 등 다양한 사람들을 초대해 토론하는 장을 열었다. 사람들은 시간과 장소에 제한받지 않고 어디서나 자유롭게 루미오에 접속하여 주류 제한에 대한 찬반 의견을 토론하면서 더 좋은 대안에 투표했다.

요나스 페카넨(J. Pekkanen)은 시민들이 직접 법안을 제안하고 일정한 사람의 지지를 얻으면 법률로 제정할 수 있는 **오픈 미니스트리**(www.openministry.info) 플랫폼을 만들었다. 이 플랫폼을 이용해 핀란드는 각 시민이 자유롭게 법안을 제안하고 6개월 안에 '5만 명'의 지지를 받으면 그 법안이 국회에 자동적으로 회부되는 제도를 만들었다. 이와 비슷하게 스페인의 마드리드시는 2015년 시민이 직접 정책을 제안할 수 있는 **디사이드 마드리드**(decide.madrid.es)라는 플랫폼을 만들었다. 16세 이상의 시민이라면 누구나 자유롭게 정책을 제안하고, 그 정책안이 시 인구의 2%(약 6만 명) 이상의 동의를 얻으면 시의회에 자동으로 상정되어 투표로 처리된다. 이 온라인 플랫폼은 바르셀로나 등 20여 개 도시로 확산되고 있다.

우리나라도 이런 시민 참여 플랫폼을 도입해, 2017년부터 국민 누구나 자유롭게 제안하고, 20만 명 이상 동의하면 관련 정부기관이 답변하는 '청와대 국민청원 및 제안' 홈페이지(www1.president.go.kr/petitions)를 운영하고 있다. 그러나 디사이드 마드리드와 달리, 청와대 국민청원은 20만 명 이상 동의하더라도 그 제안이 국회에 자동 상정되지 않고 정부의 정책으로 결정되지 못하는 한계를 지녔다.

몇 해 전 스페인에서는 디지털 기술을 활용해 직접 민주주의를 실현해 가는 정당이 등장했다. 소셜 미디어의 토론과 시민의 참여에 기초하는 포데모스(PODEMOS) 정당이 2014년 1월에 만들어졌다. 이 정당은 집행부와 유럽의회 후보를 정할 때 '아고라 투표' 시스템을 통해 시민이 직접 선출하고, 누구나 정책을 제안할 수 있으며, 시민과 정치인이 직접 토론하는 온라인 플랫폼을 만들어 운영한다. 이렇게 직접 민주주의 원리에 따라 운영되는 포데모스 정당은 창당 1년 만에 총선에서 의회 350석 중 69석을 얻어 제3당으로 성장했다.

한편 데이터를 분산·저장해 위조와 해킹 등을 방지할 수 있는 '블록체인' 기술이 발전하면서 블록체인, 생체인식 기술에 기반한 온라인 투표 시스템이 개발되고 있다. 이런 온라인 투표 시스템이 구축되면, 투표소에 직접 가지 않고 스마트폰이나 컴퓨터를 이용해 언제 어디서나 쉽게 투표할 수 있다. 또한 온라인 투표는 종이 투표처럼 많은 시간과 비용이 들지 않고 수백만 명이 어디서나 쉽게 할 수 있다. 디지털 신기술을 활용하면, 인구수와 관계없이 시공간의 제약을 받지 않고 모든 시민이 법률안, 예산안 등 국가의 중요한 일에 대해 쌍방향으로 토론하고 직접 결정할 수 있다.

다시 말해 인공지능, 생체인식 기술, 블록체인에 기반한 온라인 투표 시스템이 구축되면, 많은 시간과 비용을 들여 종이 투표로 국회의원을 뽑아 우리의 주권을 맡길 필요가 없어진다. 인공지능이 법률안이나 예산안과 관련된 빅 데이터를 조사해 제공하면, 시민들은 그것을 고려해 온라인 플랫폼에서 쌍방향으로 토론하며 합리적으로 판단한다. 그다음 생체인식, 블록체인 기술에 기반한 온라인 투표 시스템을 통해 법률안이나 예산안 등 중요한 일을 직접 투표로 결정할 수 있다.

디지털 기술과 온라인 투표 시스템을 이용하면, 시민이 법률이나 예산을 집행할 공직자로서 대통령뿐만 아니라 검찰총장, 경찰청장, 대법원장, 감사원장 후보자를 직접 선출할 수 있다. 인공지능이 공직 후보자 관련 빅 데이터를 분석해 공직자로서의 도덕성과 능력에 대한 정보를 제공하면, 그에 기초해 시민은 온라인 투표 시스템에서 직접 투표로 선출하면 된다. 여기에 공직자의 임기를 2~3년 정도로 제한하고 연임을 금지하면, 보다 많은 시민들이 공직자로서 지배에 참여하여 번갈아 가며 지배하고 지배받는 직접 민주주의가 가능해진다. 그렇게 함으로써 주요 공직자와 국가기관을 시민이 직접 평가하고 주기적으로 교체할 수 있고, 국가 권력이 남용되는 것을 방지할 수 있으며, 나아가 개인의 자유와 권리를 최대한 보장할 수 있다.

정치 제도 개혁, 민생 법안 처리, 일본의 수출 규제 대응 등 시급하게 처리할 법률안, 예산안 등이 쌓여 있음에도 불구하고, 국회는 2019년 4월부터 100여 일 동안 회의조차 한 번도 열지 않고 아무 일도 하지 않았다. 2019년 11월 27일, 국회 복도에서 어린이 사고 피해 유가족들이 야당 의원에게 무릎을 꿇고 어린이생명안전법안(해인이법·한음이법·태호유찬이법)의 신속한 처리를 호소했지만, 야당의 정치 공세로 본회의에 상정되지도 못했다. 이런 국회의원들에게 우리의 생명과 안전 그리고 미래를 결정할 주권을 계속 맡겨야 할까? 국가적으로 시급한 일도 논의하지 않고 정치적 목적에 따라 싸움만 하는 •식물 국회와 국회의원에게 더 이상 정치를 맡겨둘 필요가 없어졌다.

4차 산업혁명과 새로운 기술을 활용하여, 식물 국회와 국회의원의 손에 맡겼던 우리의 주권을 되찾아 와야 한다. 소수 대표자를 뽑아서 지배를 맡기는 대신에, 각 시민이 법률안이나 정책안을 직접 제안하고 투표하는 **디지털 직접 민주주의** 시스템이 가능해졌다. 시민들이 언제 어디서나 국가의 중요한 일에 대해 자유롭게 토론하고 직접 결정하는 온

> **• 식물 국회**
> 뇌가 기능을 못 하고 스스로 움직이지 못하는 식물인간에 비유하여, 법률의 제정, 정부의 견제 같은 기능을 수행하지 못하는 국회를 이르는 말이다. 2014년 세월호 특별법을 둘러싸고 여야가 대립하면서 5~9월 151일 동안 국회가 아무 일도 하지 않았을 때 식물국회라는 말이 등장했다.

그림 14-2 중앙선거관리위원회 온라인투표시스템 홍보자료

자료: 중앙선거관리위원회(2018.12.12).

라인 시스템을 만들 수 있다. 우리나라 중앙선거관리위원회는 2018년 12월 블록체인에 기반한 온라인 투표 시스템을 개발했다. 실제로 콜롬비아는 2016년에 블록체인 기술을 이용한 투표 시스템을 활용해, 피난민 600만여 명이 내전을 끝내는 평화 협정안에 대해 국민 투표로 직접 결정했다.

그러므로 21세기 미래 사회에 시민이 주권자로서 법률안이나 예산안을 스스로 결정하는 디지털 직접 민주주의 시스템을 만들어 다음 세대에게 물려주는 것이 우리 어른들이 해야 할 일이다. 헌법 제1조 제2항에 규정한 대로, 국회의원 손에 맡겼던 주권을 되찾아서 시민이 스스로 결정하는 직접 민주주의 시스템을 만들어야 한다. 이 시스템은 먼저 시·군 지역에서 주민이 직접 예산안이나 조례안을 결정하는 데 적용하고, 점진적으로 중앙 정부와 국가 차원으로 확대하면 될 것이다.

부록 1. 우리나라 민주주의의 역사

날짜	사건 및 내용
1665년 10월 26일	• 『효종실록』: 효종 6년, 왕과 신하의 경연 자리에서 '공화제(共和制)' 소개
1884년 2월 17일 10월 17일	• ≪한성순보≫: 미국의 정치를 '합중공화(合衆共和)'로 소개 • **갑신정변**: '갑신정강' 발표 ─ **입헌 군주제** 개혁 추진
1894년 1월~1895년 1월 7월~1896년 2월	• 동학 농민 운동: '폐정개혁안' ─ 노비제 폐지 요구 • **갑오개혁**: 왕의 권력 제한, 정치 제도의 개혁 추진
1895년 1월 7일	• '홍범 14조' 선포: 내각제 확립, 법치주의에 의거한 국민의 생명 및 재산권 보호
1896년 4월 7일	• ≪독립신문≫ 발행: 독립협회, **민권(주권) 의식** 고취
1898년 11~12월	• **만민 공동회**: 독립의 수호와 자유·민권의 신장을 위한 민중 대회 개최
1910년 8월 29일	• **한일 강제 병합**: 국권 상실
1919년 3월 1일 4월 11일	• 3·1 운동: 전국적인 독립운동 • **대한민국 임시정부 수립: 대한민국 임시헌장** ─ 대한민국의 건국과 '민주 공화제' 선포
1920년 1~4월	• 조선노동공제회 결성: 노동자의 권리 의식 고취
1929년 1~4월	• 원산 총파업 투쟁: 노동자 2200여 명이 참가한 최초의 대규모 파업
1944년 4월 22일	• 대한민국 임시헌장 개정: 민주 공화국
1945년 8월 15일 12월~1946년 1월	• **광복** • 신탁 통치 반대 운동
1947년 3월 22일 11월 14일	• 노동자 총파업: 경찰의 민주화, 생계 보장 요구 • **유엔 총회, 남북한 총선거 통한 정부 수립 결정**
1948년 4월 3일~1954년 9월	• 제주 4·3 사건: 민간인 1만 4000여 명 희생

5월 10일	• **국회의원 총선거**: 최초로 보통 선거 실시(21세 이상)
7월 17일	• **제헌헌법 공포**: 민주 공화국/대통령 간선제(국회)
7월 20일	• 초대 대통령·부통령 선거: '국회'에서 이승만을 대통령으로 선출
8월 15일	• **대한민국 정부 수립**
10월 19일	• 여순 사건: 빨갱이와 반공 이데올로기를 이용해 정권 강화(1만여 명 희생)
1949년	
1월 21일	• **이승만의 반공 정책**: 제주 4·3 사건, 여순 사건 탄압
5~8월	• 국회 프락치 사건: 정권에 비판적인 국회의원 10명 체포
1950년	
6월 25일	• 한국전쟁 발발
6월~1953년 7월	• 국민보도연맹 사건: 국민보도연맹 회원을 빨갱이로 몰아 집단 학살(범국민위원회: 희생자 20만 명 추정)
1952년	
5월 25일	• 부산 정치 파동: 이승만 정권이 비상계엄령 선포 후 야당 의원 500여 명을 체포해 그중 12명을 공산주의 혐의로 구속
1953년	
7월 27일	• **정전협정 조인**: 국제연합군·중공·북한(남한 제외)
1958년	
1월 14일	• 진보당 사건: 조봉암 등을 간첩죄로 체포(1959.7.31 사형 집행)
12월 24일	• 2·4 **보안법 파동**: 야당 의원을 쫓아내고 여당이 국가보안법을 가결 처리
1959년	
4월 30일	• ≪경향신문≫ **폐간 사건**: 이승만 정권을 비판하는 ≪경향신문≫ 폐간
1960년	
2월 28일	• 2·28 대구 학생 시위: 정부와 여당의 선거 개입에 대한 대구 지역 고교생의 항의 시위
3월 15일	• 제4대 대통령 선거: 부정 선거로 이승만 당선 → 국회, 3·15 부정선거 무효 선언(4.26)
4월 19일	• **4·19 혁명** → 이승만 하야
1961년	
5월 16일	• **5·16 쿠데타**: 박정희가 군사정변을 일으킨 후 국가재건최고회의 구성
1964년	
3~6월	• **6·3 항쟁**: 굴욕적인 한일회담 반대 시위
8월 14일	• 인민혁명당 재건위 사건(1차): 중앙정보부가 41명 구속 기소
1965년	
4~8월	• 한일협정 반대 운동
1967년	
6월 8일	• **6·8 부정 선거 규탄 시위**: 정부의 국회의원 선거 개입에 대한 항의 시위
7월 8일	• 동백림 사건: 중앙정보부가 동베를린 유학생의 간첩단 수사 발표
1970년	
11월 13일	• **전태일 분신 사건**(평화시장 노동자): 근로기준법 준수 요구
1971년	
7월	• 1차 사법 파동: 검찰의 판사 탄압에 맞서 판사 153명 사표 제출
1972년	
11월 21일	• **제7차 헌법 개정안 국민 투표**(유신 헌법): 비상계엄령 중 비상국무회의 의결 ― 대통

12월 23일	령 간선제, 임기 6년, 연임 제한 폐지, 긴급조치권 • **제8대 대통령 선거(체육관 선거)**: 통일주체국민회의에서 박정희 단독 후보 선출(찬성 99.9%)
1973년 3월 10일 8월 8일	• **유신 정우회 설립**: 대통령이 추천한 국회의원 3분의 1이 구성한 교섭 단체 • 김대중 납치 사건: 야당 지도자 김대중이 일본 도쿄에서 납치됨
1974년 1월 8일 4월 4월 3일 4월~1975년 4월 10월 24일~12월	• **긴급조치 제1호 선포**: 유언비어 금지/위반자는 법관의 영장 없이 체포, 구속, 압수, 수색하며 15년 이하의 징역에 처함 • 민청학련 사건: 전국민주청년학생총연맹 대학생의 박정희 독재 반대 시위 • 긴급조치 제4호 선포: 민청학련 사건 관련자 처벌 • 인혁당 재건위원회 사건(2차): 중앙정보부가 8명 구속/1975년 4월 8일 대법원의 확정 판결 후 다음 날 사형 집행 • **'자유언론 실천선언' 발표**: 동아일보, 동아방송 언론인 150여 명 해직
1975년 5월 13일	• **긴급조치 제9호 선포**: 학생의 집회·시위 금지, 대학의 휴교, 언론보도 금지 등
1976년 3월 1일	• 3·1 민주구국선언: 윤보선, 김대중 등 지도층의 민주구국선언문 발표
1979년 8월 11일 10월 16일 10월 26일 10월~1980년 5월 12월 12일	• YH무역 여자 노동자 농성 사건 • **부마 민주항쟁**: 부산과 마산 대학생들의 박정희 유신 독재 반대 시위 • 10·26 사태: 박정희 대통령 피살 • 서울의 봄: 서울 지역 대학생들이 군부 세력에 저항하며 민주화 시위 • 12·12 쿠데타: 전두환, 노태우 등 신군부 세력의 군사정변
1980년 5월 17일 5월 18일 7월~ 8월 11월 14일	• 신군부의 비상계엄령 확대: 민주 인사 연행 • **5·18 광주 민주화 운동** • **사회 정화 운동**: 국회의원 14명 연행, 공기업 임원 114명 직위 해제, 과외 금지 및 대학 본고사 폐지 등 • **삼청교육대 사건**: 법원의 영장 없이 6만 750명 체포, 3만 9740명이 군부대서 삼청 교육을 받음 • **언론 통폐합**: 신문사 28개 → 14개, 방송사 29개 → 3개, 통신사 7개 → 1개로 통폐합/정기간행물 172종 폐간/언론인 1000여 명 해직
1981년 2월 25일	• 제12대 대통령 선거: 대통령선거인단에서 전두환 후보 선출(90.2%)
1987년 1월 14일 4월 13일 6월 10일 6월 29일 7~9월	• 박종철 고문 치사 사건: 전두환 정권 규탄 및 대통령 직선제 개헌 요구 • 전두환 대통령 '호헌 조치' 발표: 대통령 간선제 헌법 유지 • **6월 민주화 운동** • 6·29 선언: 대통령 직선제 개헌, 기본권 보장, 언론 자유 등 선언 • **노동자 대투쟁(3240건)**: 민주 노조 건설, 근로 조건 향상, 임금 인상 요구
1988년 2~3월 6월 27일	• 2차 사법 파동: 판사 335명이 대법원장 사퇴 요구 • 제5공화국 청문회

9~10월	• 서울 올림픽 개최
1990년 10월 8~20일	• 김대중의 단식 투쟁: 평화민주당 총재 김대중이 지방자치제의 실현을 요구하며 13일간 단식 → 지방 선거 실시(시·군·구 의회 의원 선거: 1991.3.26)
1992년 3월 22일	• **군 부재자 투표 부정 폭로**(이지문 중위) → 부대 밖 투표소에서 자유 투표 실시
1993년 6월	• **3차 사법 파동**: 판사 40명 '사법부 개혁에 관한 건의문' 제출
1995년 6월 27일 11월 11일 11~12월	• **제1회 전국 동시 지방 선거**: 지방자치제 본격 실시 • 전국 노동자 대회: 민주노총 출범 • **전두환, 노태우 전 대통령 구속**: 내란죄와 뇌물죄로 전두환에 무기징역, 노태우에 징 역 17년 선고(대법원, 1997.4)
1996년 4월 5~7일 4월 11일 12월 12일	• **북풍 사건**: 제15대 총선을 앞두고 북한군이 판문점에서 무력시위를 했고, 여당인 신한 국당이 139석을 차지한 사건 • 제15대 국회의원 선거: 정당의 '지역구 득표율'에 따라 비례대표의 의석 배분 • 한국, OECD 정회원국 가입
1997년 12월 3일~2001년 8월 23일 12월 10일	• **외환 위기**: 국제통화기금[IMF]에 구제금융 요청 • **총풍 사건**: 여당 대선 후보자의 지지율 상승을 위해 북한에 무력시위를 요청했으나 불 발로 끝난 사건
1998년 1월 5일~4월 8월~2000년 3월	• 금 모으기 운동: 350만 명이 참여하여 약 227톤의 금(21억 3000달러) 모금 • **'방탄 국회' 등장**: 1997년 대선에서 국세청 등을 동원해 선거자금을 모았던 의원의 체 포를 막기 위해 국회 회의 25회 중 17회를 한나라당이 단독으로 소집
1999년 9월 30일	• **특별검사제도 최초 도입**: 대검찰청 공안부장의 조폐공사 파업유도 사건 및 검찰총장 부인에 대한 옷 로비 사건의 수사를 위해 최초로 특별검사 임명
2000년 1~4월 6월 15일	• **총선시민연대 낙선 운동**: 제16대 국회의원 선거에서 낙선 운동 대상자 86명 중 59명 낙선(68.6%) • 김대중 대통령 방북: 제1차 남북정상회담 ─ '6·15 남북 공동 선언' 발표
2001년 1~6월 7월 19일	• **언론사 세무조사와 언론 탄압 논란**: 국세청이 23개 언론사를 세무 조사하여 5056억 원을 추징했고, 검찰이 조선일보와 동아일보 대주주를 구속 • **'1인 1표제' 위헌 결정**: 헌법재판소, 1인 1표에 의한 지역구 득표율에 따른 비례대표 의석의 배분은 위헌이라고 결정(2000헌마91·112·134 병합)
2002년 5~6월 11~12월	• 2002 한일 월드컵 거리 응원: **광장 문화와 촛불집회의 확산에 영향** • 미군 장갑차 희생 여중생(신효순, 심미선) 추모 촛불집회 → 주한미군지위협정[SOFA] 개정 촉구

2003년	
5월	• 4차 사법 파동: 판사 160여 명이 기수 서열에 따른 대법관 제청에 반대하는 서명 운동을 펼침

2004년	
3월 12일	• **국회, 노무현 대통령 탄핵안 가결**: 찬성 193명, 반대 2명(271명 중 195명 참여)
3~5월	• **노무현 대통령 탄핵 반대 촛불집회**
4월 15일	• **'1인 2표제' 실시**: 후보자와 정당에 대해 각각 투표하고, 각 정당의 득표율에 따라 비례대표의 의석을 배분
5월 14일	• 헌법재판소의 대통령 탄핵소추안 기각 결정
10월 21일	• **행정수도 이전 위헌 결정**: 헌법재판소, '신행정수도의 건설을 위한 특별조치법'을 관습헌법 위반으로 위헌이라고 결정(2004헌마554)

2005년	
2월 10일	• 북한, 핵보유 공식 선언
7~12월	• **국가정보원의 불법 도청 사건**: 국정원이 야당 정치인과 민간인 1800여 명을 상시 도청한 사실이 드러나 전 국정원장 2명 구속
8월 4일	• **선거권 연령 '19세'로 하향 조정**: 개정 공직선거법 제15조
11월 24일	• 행정중심복합도시 건설 확정: 충남 연기·공주 지역(현 세종시)

2006년	
1~9월	• **뉴라이트(신우파) 단체의 결성**: 뉴라이트교사연합(1월), 뉴라이트학부모연합(7월), 뉴라이트신노동조합(9월)
7월~2007년 4월	• 노무현 정부의 한미 FTA 협상 저지 촛불집회
7~8월	• 노무현 정부의 전시 작전권 환수에 대해 전직 국방장관, 장군 등 보수 진영에서 반대 성명 발표

2007년	
10월 3일	• 노무현 대통령 방북: 제2차 남북정상회담
12월 14일	• **'무기 국회' 사태**: BBK 특별검사법안 처리를 두고 대립하던 한나라당이 본회의장 정문을 쇠줄, 쇠파이프 등으로 막자 국회 경위가 전기톱을 이용해 문을 개방한 사태

2008년	
5~12월	• 이명박 정부의 미국산 쇠고기 수입 반대 촛불집회
12월 17일	• **역사 교과서 수정 논란**: 교육부가 『한국근현대사』 교과서 중 좌편향된 내용 206곳을 수정하기로 결정
12월 18일	• **'망치 국회' 사태**: 한미 자유무역협정[FTA] 동의안 상정 과정에서 민주당이 해머로 회의장 문을 뜯어낸 사태

2009년	
7월 31일	• **방송법 개정**: 신문사가 종합방송채널의 주식 30% 이내를 소유할 수 있도록 허용(개정 방송법 제8조 제3항)

2011년	
4월~2012년 12월	• 〈나는 꼼수다〉 열풍: 이명박 정부를 풍자하는 팟캐스트 '나꼼수' 열풍
6월 10일	• 명박산성: 100만 인 촛불집회 행진을 경찰차와 컨테이너로 차단한 사건
11월~2012년 3월	• 한미 FTA 추가 협상 반대 촛불집회
12월 1일	• **종합편성채널 개국**: 신문사가 소유한 JTBC, TV조선, 채널A, MBN 등 종합편성채널이 방송을 시작

2012년	
5월 2일	• **국회선진화법 통과**: 여야 대립 법안의 본회의 상정 요건 강화(재적 의원 5분의 3 이상 동의), 쟁점 법안의 패스트트랙 지정 조항 등 신설

9월	• '안철수 신드롬': 기존 정치권에 대한 불만이 안철수를 통해 정치 개혁에 대한 열망으로 표출 → '새정치'라는 화두 등장
11월	• 검란 사태: 대검찰청 중앙수사부 폐지 등 검찰 개혁안에 대해 대검 간부와 검사들이 집단 반발하여 11월 30일 검찰총장이 사퇴
12월 12일	• 국가정보원 대선 개입 사건: 민주통합당 의원들이 국정원 소속 직원의 오피스텔 앞을 점거하며 국정원의 대선 개입 의혹을 제기

2013년

4~12월	• 검찰, 국가정보원 대선 개입 사건 수사

2014년

4월~2017년 3월	• 세월호 진상 규명 촛불집회
5~9월	• '식물 국회': 세월호 특별법 처리를 둘러싼 대립으로 151일 동안 한 건의 법안도 처리 못 함
6월 4일	• '사전 투표제' 첫 도입: 제6회 지방 선거에서 사전 투표가 처음 실시됨
10~11월	• 검찰의 카카오톡 사찰 논란
12월 19일	• 통합진보당 해산: 헌법재판소, 통합진보당의 해산을 결정하고 소속 의원 5명의 의원직 박탈(2013헌다1)

2015년

12월 29일	• 한일 일본군 위안부 합의: 박근혜 정부, 일본군 위안부 문제의 최종적이고 불가역적인 합의 타결
4~5월	• 성완종 게이트: 성완종 전 경남기업 회장이 대선 자금을 제공한 리스트가 선거판을 흔들었고 이완구 국무총리가 63일 만에 사퇴

2016년

2월 23일~3월 2일	• 야당의 필리버스터: 테러방지법안의 표결을 막기 위해 야당 의원들이 192시간 동안 연속 발언
10월 29일~2017년 3월	• 박근혜 대통령 퇴진/탄핵 촛불집회: 광화문에서 열린 집회에 매주 100만 명 이상 참여
12월 9일	• 국회, 박근혜 대통령 탄핵안 가결: 찬성 234표, 반대 56표, 기권 7표

2017년

3월 10일	• 헌법재판소, 박근혜 대통령 탄핵 결정(2016헌나1 대통령 탄핵)
7~10월	• 신고리 5·6호기 공론화위원회: 시민참여단 471명, 정부에 공사 재개 권고안 제출(찬성 59.5%)

2018년

4월 6일	• 박근혜 전 대통령 1심 유죄 선고: '징역 24년, 벌금 180억 원'
4월 27일	• 남북정상회담: '판문점 선언'(한반도의 평화와 번영, 통일을 위한 판문점 선언)
5~11월	• 양승태 대법원장의 사법 농단 사태 - 사법행정권 남용 의혹 관련 특별조사단 조사결과 발표(5.25) - 대법원, 사법행정권 남용 의혹 문건 410건 공개 결정(7.26) - 임종헌 전 법원행정처 차장, 사법행정권 남용 등으로 구속 기소(11.14)
8월 24일	• 박근혜 전 대통령 2심 유죄 선고: '징역 25년, 벌금 200억 원'
9월 19일	• 9월 '평양 공동 선언': 비핵화, 남북 공동경비구역의 비무장화, 개성 공단 및 금강산 관광 정상화, 이산가족 상시 면회소 설치
10월 5일	• 이명박 전 대통령 1심 유죄 선고: '징역 15년, 벌금 130억 원'

2019년

2월 11일	• 검찰, 양승태 전 대법원장 구속 기소: 직권 남용, 국고 손실, 공무상 비밀 누설 등 47개 범죄 사실로 기소
3월 5일	• 검찰, 사법 농단 연루 전·현직 대법관 2명, 법관 10명 불구속 기소

4월 26일	• **빠루·망치 국회 사태**: 선거제 개편, 사법 개혁 법안의 패스트트랙 지정을 둘러싸고 여야가 충돌하자, 여당이 의안과 사무실을 열기 위해 빠루와 망치 등을 사용한 사태(자유한국당 의원 58명, 더불어민주당 의원 40명, 바른미래당 의원 6명, 정의당 3명 고발됨 → 패스트트랙 수사)
4월 30일	• **국회, 개혁 법안을 패스트트랙 안건으로 지정**
9월 28일~	• **검찰 개혁 촛불집회**: 검찰 개혁 및 공수처 설치를 요구하는 촛불집회에 100만 명 이상 참여
12월 27일	• **국회, 공직선거법 개정안 가결**: 연동형 비례대표제 및 18세 이상 국민에 선거권 부여
12월 30일	• 국회, '고위공직자 범죄수사처 설치 및 운영에 관한 법률'(공수처법) 가결(2020.7.15 시행)
2020년	
1월 13일	• 국회, 검경 수사권 조정 법안 가결
4월 15일	• 21대 국회의원 선거: 연동형 비례대표제를 적용한 투표 실시

부록 2. 우리나라 선거의 역사

1) 대통령 선거

구분	선거일	선거 방식	투표율	후보자 득표율	비고
초대	1948.7.20	**국회 간선제**	196명	이승만 180표(91.8%), 김구 13표(6.6%)	대통령제
제2대	1952.8.5	**국민 직선제**	88.1%	이승만 74.6%, 조봉암 11.4%	〃
제3대	1956.5.15	〃	94.4%	이승만 70.0%, 조봉암 30.0%	〃
제4대	1960.3.15	〃	97.0%	이승만 대통령 후보(86.0%), 이기붕 부통령 후보(79.2%)	국회, 3·15 부정 선거의 무효 선포
제4대	1960.8.12	**국회 간선제**	259명	윤보선 208표(80.3%), 김창숙 29표(11.2%)	의원내각제
제5대	1963.10.15	국민 직선제	85.0%	박정희 46.6%, 윤보선 45.1%	대통령제
제6대	1967.5.3	〃	83.6%	박정희 51.4%, 윤보선 40.9%	〃
제7대	1971.4.27	〃	79.8%	박정희 53.2%, 김대중 45.2%	〃
제8대	1972.12.23	**통일주체국민회의 간선제**	2359명	박정희 단독 후보(99.9%) (찬성 2357표, 무효 2표)	
제9대	1978.7.6	〃	2578명	박정희 단독 후보(99.9%) (찬성 2577표, 무효 1표)	
제10대	1979.12.6	〃	2549명	최규하 단독 후보(96.7%) (찬성 2465표, 무효 84표)	
제11대	1980.8.27	〃	2525명	전두환 단독 후보(99.9%) (찬성 2524표, 무효 1표)	
제12대	1981.2.25	대통령선거인단 간선제	5271명	전두환 4755표(90.2%), 유치송 404표(7.7%)	
제13대	1987.12.16	**국민 직선제**	89.2%	노태우 36.6%, 김영삼 28.0%, 김대중 27.0%, 김종필 8.1%	
제14대	1992.12.18	〃	81.9%	김영삼 42.0%, 김대중 33.8%	
제15대	1997.12.18	〃	80.7%	김대중 40.3%, 이회창 38.7%	
제16대	2002.12.19	〃	70.8%	노무현 48.9%, 이회창 46.6%	
제17대	2007.12.19	〃	63.0%	이명박 48.7%, 정동영 26.1%	
제18대	2012.12.19	〃	75.8%	박근혜 51.6%, 문재인 48.0%	
제19대	2017.5.9	〃	77.2%	문재인 41.1%, 홍준표 24.0%, 안철수 21.4%	박근혜 대통령 탄핵으로 조기 대선

2) 헌법 개정 투표

구분	투표일	투표율	투표 방식	찬성 투표	개정 내용	국가 형태
제헌 헌법	1948. 7.12	–	국회 가결		• 국회 간선제: 대통령·부통령 선출	
제1차	1952. 7.4	–	국회 가결	찬 163, 반 0, 기권 3	• 비상계엄령 중 여당 의원의 기립 투표로 가결 • **발췌 개헌: 대통령·부통령 국민 직선제**	제1공화국
제2차	1954. 11.29	–	국회 가결	찬 135, 반 60, 기권 7, 결 1	• 자유당 단독 처리 • **사사오입 개헌: 대통령의 중임 제한 폐지**	
제3차	1960. 6.15	–	국회 가결	찬 208, 반 3	• **의원내각제: 대통령 국회 선출**	제2공화국
제4차	1960. 11.29	–	국회 가결		• 부칙 개헌: 반민족행위자 처벌의 소급 입법	
제5차	1962. 12.17	85.3%	국민 투표	78.8%	• 5·16 쿠데타 후 국가재건최고회의 의결 → 국민 투표 • **대통령 직선제**	제3공화국
제6차	1969. 10.17	77.1%	〃	65.1%	• 여당의 새벽 날치기 통과 → 국민 투표 • **3선 개헌: 대통령 3선 연임 허용**	
제7차	1972. 11.21	91.9%	〃	91.5%	• 비상계엄령 중 비상국무회의 의결 • **유신 헌법: 대통령 간선제, 임기 6년, 연임 제한 폐지, 긴급조치권**	제4공화국
제8차	1980. 10.22	95.5%	〃	91.6%	• 12·12 쿠데타 후 국회 활동 금지 – 국무회의 의결 → 국민 투표 • **대통령 간선제, 7년 단임제**	제5공화국
제9차	1987. 10.27	78.2%	〃	93.1%	• 6월 민주화 운동 → 국회 합의/국민 투표 • **대통령 직선제, 5년 단임제**	제6공화국

3) 국회의원 선거

구분	선거일	선거 방식	의원 수	투표율	비고
제헌의회	1948.5.10	소선거구제	200	95.5%	
제2대	1950.5.30	〃	210	91.9%	
제3대	1954.5.20	〃	203	91.1%	
제4대	1958.5. 2	〃	233	87.8%	
제5대	1960.7.29	소선거구제(233) 중대선거구제(58)	291	84.3%	5·16 쿠데타로 국회 해산: 국가재건최고회의의 대행(1961.5.26~1963.12.16)
제6대	1963.11.26	소선거구제(131) 비례대표제(44)	175	72.1%	**지역구 '득표율' 1위 정당**에 비례대표 의석 2분의 1 배분, 2위 정당에 남은 의석 3분의 2 배분

제7대	1967.6.8	소선거구제(131) **비례대표제(44)**	175	76.1%	
제8대	1971.5.25	소선거구제(153) 비례대표제(51)	204	73.2%	비상국무회의 대행(1972.10.18~1973.3.11)
제9대	1973.2.27 1973.3.7 1976.2.16	**중선거구제(146)** 유신 정우회(73): 대통령 임명	219	71.4%	**대통령 추천 국회의원 후보 3분의 1(73명)에 대** **해 통일주체국민회의에서 찬반 투표로 결정(유신** **정우회 의원: 임기 3년)**
제10대	1978.12.12 1978.12.21	중선거구제(154) 유신정우회(77)	231	77.1%	12·12 쿠데타 후 국가보위입법회의 대행(1980. 10.26~1981.4.10) 제8차 개정 헌법에 의해 임기 단축
제11대	1981.3.25	중선거구제(184) 비례대표제(92)	276	77.7%	**지역구 '의석' 1위 정당**에 비례대표 의석 3분의 2 배분, 나머지 의석은 지역구 의석 비율에 따라 배분
제12대	1985.2.12	중선거구제(184) 비례대표제(92)	276	84.6%	제9차 개정 헌법 부칙 제3조에 의해 임기 단축 (1985.4.11~1988.5.29)
제13대	1988.4.26	**소선거구제(224)** 비례대표제(75)	299	75.8%	
제14대	1992.3.24	소선거구제(237) 비례대표제(62)	299	71.9%	**정당의 지역구 '의석 비율'에 따라** 비례대표 의 석 배분
제15대	1996.4.11	소선거구제(253) 비례대표제(46)	299	63.9%	**정당의 지역구 '득표율'에 따라** 비례대표 의석 배분
제16대	2000.4.13	소선거구제(227) 비례대표제(46)	273	57.2%	
제17대	2004.4.15	소선거구제(243) 비례대표제(56)	299	60.6%	헌법재판소, 1인 1표제에 의한 지역구 득표율에 따른 비례대표의 의석 배분 방식을 위헌 결정 → **1** **인 2표제 실시**
제18대	2008.4.9	소선거구제(245) 비례대표제(54)	299	46.1%	
제19대	2012.4.11	소선거구제(246) 비례대표제(54)	300	54.3%	세종특별자치시 선거구 1석 추가
제20대	2016.4.13	소선거구제(253) 비례대표제(47)	300	58.0%	헌법재판소, 국회의원 선거구의 인구 편차를 3분 의 1 이상 허용한 공직선거법을 헌법 불합치 결정

4) 지방 선거(주민 직선제)

구분	선거일	선출 인원	투표율	비고
제1차 시·읍·면 의회 의원 선거	1952.4.25	17,559	91.0%	
제1차 도 의회 의원 선거	1952.5.10	306	81.0%	
제2차 시·읍·면 의회 의원 선거 제1차 시·읍·면 장 선거	1956. 8.8	16,961 1,491	87.2% 86.0%	

제2차 시·도 의회 의원 선거	1956.8.13	437	86.0%	
제3차 시·도 의회 의원 선거	1960.12.12	487	67.4%	**5·16 쿠데타**(1961)로 무기한 연기
제3차 시·읍·면 의회 의원 선거	1960.12.19	16,909	62.6%	
제2차 시·읍·면 장 선거	1960.12.26	1,468	54.6%	〃
서울시장·도지사 선거	1960.12.29	10	38.8%	〃
시·군·구 의회 의원 선거	1991.3.26	4,304	55.0%	**제9차 개정 헌법**(1987): 지방자치제 부활
시·도 의회 의원 선거	1991.6.20	866	58.9%	
제1회 전국 동시 지방 선거	1995.6.27	5,661	68.4%	지방의원, 자치단체장 동시 선거
제2회 전국 동시 지방 선거	1998.6.4	4,353	52.7%	
제3회 전국 동시 지방 선거	2002.6.13	4,415	48.9%	
제4회 전국 동시 지방 선거	2006.5.31	3,867	51.3%	제주특별자치도 출범
제5회 전국 동시 지방 선거	2010. 6.2	3,894	54.4%	**교육감 주민 직선제 실시**
제6회 전국 동시 지방 선거	2014. 6.4	3,952	56.8%	세종특별자치시 선거구 추가
제7회 전국 동시 지방 선거	2018.6.13	4,016	60.2%	

참고문헌

교분관편집부. 1914. 『영한ᄌ뎐』. 교분관.

교육부. 1999. 『고등학교 정치』. 대한교과서.

_____. 2015. '별책 7: 사회과 교육과정', 교육부 고시 제2015-74호(2015.9.23).

_____. 2018. '별책 7: 사회과 교육과정', 교육부 고시 제2018-162호(2018.7.27).

국회사무처. 2013. 『헌법·국회법 연혁집』. 대한민국국회.

그레이버, 데이비드(D. Graeber). 2015. 『우리만 모르는 민주주의』. 정호영 옮김. 이책.

김경희. 2009. 『공화주의』. 책세상.

김득중. 2009. 『빨갱이의 탄생: 여순사건과 반공 국가의 형성』. 선인.

달, 로버트(R.A. Dahl). 2002. 『민주주의』. 김왕식 외 옮김. 동명사.

레비츠키, 스티븐(S. Levitsky)·대니얼 지블랫(D. Ziblatt). 2018. 『어떻게 민주주의는 무너지는가?』. 박세연 옮김. 어크로스.

루소, 장 자크(J.J. Rousseau). 2018. 『사회계약론』. 김영욱 옮김. 후마니타스.

마넹, 버나드(B. Manin). 2015. 『선거는 민주적인가』. 곽준혁 옮김. 후마니타스.

매디슨, 제임스(J. Madison), 알렉산더 해밀턴(A. Hamilton)·존 제이(J. Jay). 1995. 『페더랄리스트 페이퍼』. 김동영 옮김. 한울.

몽테스키외, 샤를(C.L.S. Montesquieu). 2017. 『법의 정신』. 이재형 옮김. 문예출판사.

문교부. 1963a. '중학교 교육과정', 문교부령 제120호(1963.2.15).

_____. 1963b. '중학교 반공도덕생활 교육과정', 문교부령 제120호(1963.2.15).

_____. 1971. '고등학교 교련 교육과정', 문교부령 제287호(1971.8.24).

박상준. 2012. 「공적 시민성의 육성을 위한 사회과교육의 방안」. ≪사회과교육연구≫, 제19권 3호, 11~28쪽.

_____. 2018a. 「민주 공화제의 사상적 기원: 동학농민운동, 독립협회, 신민회, 3·1 운동을 중심으로」. 전주교육대학교 초등교육연구원. ≪초등교육연구≫, 제29집 1호, 35~46쪽.

_____. 2018b. 「민주주의와 경제발전의 관계 분석」. 전주교육대학교 초등교육연구원. ≪초등교육연구≫, 제29집 2호, 165~182쪽.

박선경. 2017. 「민주주의는 경제발전에 유리한 제도인가?」. ≪비교민주주의연구≫, 제13집 2호, 147~172쪽.

사마천(司馬遷). 2010. 『사기본기 1』. 김영수 옮김. 알마.

새로운 사회를 여는 연구원. 2014. 『분노의 숫자』. 동녘.

선문사편집부. 1954. 『사회과학사전』. 선문사.

슈밥, 클라우스(K. Schwab). 2016. 『클라우스 슈밥의 제4차 산업혁명』. 송경진 옮김. 새로운현재.

신용하. 1976. 『독립협회 연구』. 일조각.

아리스토텔레스(Aristoteles). 2010. 『정치학』. 천병희 옮김. 숲.

알파고 시나씨. 2019. 『독립기념일로 살펴보는 세계 독립의 역사』. 초록비책공방.

유길준. 1895. 『西遊見聞』. 交詢社.

유성준. 1905. 『법학통론』. 박문사.

유진오. 1952. 『신고헌법해의』. 탐구당.

이은주. 2008. 『미디어 기업의 소유구조 연구』. 한국언론재단.

이지문. 2015. 『추첨 민주주의 강의』. 삶창.

인수범. 1996. 「스웨덴 노동조합의 경영 참가」. ≪노동조합의 경영 참가≫(1996.1), 39~63쪽.

정옥자. 1965. 「신사유람단고」. ≪역사학보≫, 제27집, 105~144쪽.

정원규. 2016. 『공화 민주주의』. 씨아이알.

제주4·3사건 진상규명 및 희생자 명예회복 위원회. 2003. 「제주4·3사건 진상조사 보고서」.

조동걸. 1989. 『한국 민족주의의 성립과 독립운동사 연구』. 지식산업사.

조승래. 2010. 『공화국을 위하여』. 도서출판 길.

칼렌바크, 어니스트(E. Callenbach)·마이클 필립스(M. Phillips). 2011. 『추첨 민주주의』. 손우정·이지문 옮김. 이매진.

케롤, 롤랑(R. Cayrol). 2001. 『미디어와 민주주의』. 이기현 옮김. 한울.

키케로, 마르쿠스 툴리우스(M.T. Cicero). 2007. 『국가론』. 김창성 옮김. 한길사.

키토, H.D.F(H.D.F. Kitto). 2008. 『고대 그리스, 그리스인들』. 박재욱 옮김. 갈라파고스.

투키디데스(투퀴디데스(Thucydides)]. 2019. 『펠로폰네소스 전쟁사』. 천병희 옮김. 숲.

판 레이브라우크, 다비트(D. Van Reybrouck). 2016. 『국민을 위한 선거는 없다』. 양영란 옮김. 갈라파고스.

플라톤(Platon). 2018. 『플라톤 법률 1』. 김남두 외 옮김. 나남.

하이켈하임, 프리프(F.M. Heichelheim). 2017. 『하이켈하임 로마사』. 김덕수 옮김. 현대지성.

한국갤럽. 2000. 『제16대 국회의원 선거 투표 행태』. 한국갤럽조사연구소.

한국언론진흥재단. 2018a. 「2018 언론수용자 의식조사」(2018.12).

_____. 2018b. 『2018 한국 언론 연감』(2018.12).

헤이우드, 앤드류(A. Heywood). 2015. 『정치학』(개정판). 조현수 옮김. 성균관대출판부.

KT경제경영연구소. 2017. 『한국형 4차 산업혁명의 미래』. 한스미디어.

Becker, C.L. 1941. *Modern Democracy*. Yale University Press.

Bryce, J. 1921. *Modern Democracies*. Macmillan Co.

MacIver, R.M. 1956. *The Ramparts We Guard*. The MacMillan Co.

Thorley, J. 2004. *Athenian Democracy*, 2nd ed. Routledge.

기타 자료

≪경향신문≫. 2007.1.23. "인혁당 재건위 사건 32년 만에 무죄".

_____. 2008.4.12. "유권자의 25% 미만으로 43명 당선… 대표성 있나".

_____. 2009.11.26. "보도연맹 학살 '20만 억울한 영혼'은 어쩌나".

_____. 2017.9.5. "SBS 윤세영 회장, '박근혜 정권 비판 말라' 보도지침 내려".

_____. 2018.3.5. "방송3사 모두 다루지 않겠다고… 장충기에 전달된 '삼성-언론 유착' 문자 추가 공개".

_____. 2019.4.11. "'임시정부, 대한민국 건국의 토대' 미 상·하원 모두 공식 인정 결의안".

뉴스1. 2017.8.11. "5·18 허위사실 보도 지만원·뉴스타운 8200만 원 배상".

_____. 2019.3.28. "[재산 공개] 국회의원 재산, 톱3 제외 평균 23.9억… 1년 새 1억↑".

뉴시스. 2003.9.26. "총풍사건 상고심 원심대로 확정 — 권영해 전 안기부장 무죄".

_____. 2009.8.13. "쌍용차 파업노동자 피해 증언대회… 경찰 폭력 진압 규탄".

_____. 2018.1.23. "블랙리스트 김기춘 2심 징역 4년… 조윤선 2년·법정 구속".

_____. 2018.10.5. "'다스 실소유' 이명박 징역 15년… MB 측 '대단히 실망'".

_____. 2018.11.6. "한국 OECD 정부 신뢰도 25위… 작년보다 7단계 상승".

≪미디어스≫. 2010.9.9. "삼성의 신문광고 중단은 여론 지배 시도".

≪미디어오늘≫. 2018.4.2. "삼성 장충기 문자 '무한 충성', '과분한 은혜' 보냈던 기자는".

_____. 2019.6.8. "KBS, 조중동 부수 밀어내기 다룬다".

≪서울신문≫. 2018.9.5. "MB 청와대, 용산참사 덮으려 '연쇄살인범 강호순 이용' 지시".

≪세계일보≫. 2012.4.14. "유권자 25% 지지도 못 받았는데… 당선자 41명 대표성 도마에".

≪아시아경제≫. 2015.8.24. "北에 총 쏴달라고 부탁… '총풍사건'을 아시나요?".

연합뉴스. 1999.2.1. "'한 씨, 총격요청 계획 말했다' ─ 총풍 6차 공판"(종합).

_____. 2006.10.16. "진실화해위 '보도연맹' 직권조사".

_____. 2008.1.16. "민족일보 조용수 사장 47년 만에 '무죄'"(종합).

_____. 2016.11.28. "'대한민국 정부 수립' vs '대한민국 수립' 왜 논란인가?".

_____. 2018.4.6. "박근혜, 1심서 징역 24년·벌금 180억… 국정혼란 주된 책임".

_____. 2018.5.11. "선거법 위반 자유한국당 권석창 의원직 상실… 집유 확정".

_____. 2018.8.24. "박 전 대통령 국정농단 항소심 징역 25년·벌금 200억 원 선고".

_____. 2018.8.27. "가장 선호하는 헌법 조문 '권력은 국민으로부터'".

_____. 2018.9.28. "기무사 3처장 출신 육군 준장 구속… 세월호 민간인 사찰 혐의".

_____. 2018.12.13. "이승만 임시정부 대통령 탄핵 알린 '독립신문' 호외 최초 발견".

_____. 2019.1.17. "법원, 제주 4·3 수형인 '공소 기각'… 70년 만의 '무죄' 인정".

_____. 2019.4.5. "평균소득 국회의원이 1위… 성형외과 의사·CEO보다 많아".

_____. 2019.4.15. "세월호 유족 사찰·댓글공작 기무사 前 참모장 등 4명 기소".

이영훈. 2006.7.31. "동아광장: 우리도 건국절을 만들자". ≪동아일보≫.

≪전라일보≫. 2014.7.21. "강동원 의원, 세월호 추모집회 연행자 상당수가 중고생".

≪중앙일보≫. 2017.11.14. "권선택 대전시장 '당선 무효' 징역형 확정".

_____. 2019.6.10. "평균 연봉 1위라는 '국회의원'… 국민 84% '월급 너무 많다'".

_____. 2019.8.13. "문재인은 정치적 괴물… 또다시 고개든 '건국절' 논란".

≪한겨레≫. 2016.10.2. "'1919년 건국' 이승만 문서 공개… 건국절 논란 끝내나".

_____. 2019.7.3. "'불편해도 괜찮아'… 교사·학생들, 파업 지지 잇따라".

≪한국일보≫. 2017.6.27. "트럼프, 대선자금 기부자들 주요직 대사에 속속 임명".

≪헤럴드경제≫. 2019.3.28. "국회의원 113명 집 두 채 이상… 32명은 재산 50억 넘게 보유".

≪EBN≫. 2019.1.24. "스마트폰 보유율 89.4%… 필수매체로 자리 잡았다".

〈JTBC 뉴스〉. 2016.8.16. "광복절? 정부수립일? 논란의 대한민국 건국일".

_____. 2018.12.31. "팩트 체크: 시청자가 뽑은 2018년 최악의 가짜 뉴스는?".

_____. 2019.7.2. "급식 중단 걱정 속… '좀 불편해도 괜찮아' 파업 응원도".

KBS. 2018.11.24. "사우드왕가의 비밀 ─ 1부: 사우드왕가의 두 얼굴". 〈세상의 모든 다큐〉.

_____. 2018.12.8. "사우드왕가의 비밀 ─ 3부: 사우디, 갈림길에 서다". 〈세상의 모든 다큐〉.

〈KBS 뉴스〉. 2018.11.26. "朴 정부 청와대, '문제 법관' 콕 찍어 불이익 정황 확인".

_____. 2018.12.14. "KBS 세월호 보도 개입 이정현 유죄… 징역 1년에 집유 2년".

_____. 2019.2.16. "'대한민국 대통령' 이승만… 미국 신문에 235건 언급".

_____. 2019.9.17. "10월 16일 부마민주항쟁, 국가기념일 지정".

〈KBS 스페셜〉. 2011.11.27. "We Are 99% 월가, 분노가 점령하다".

〈KBS 저널리즘 토크쇼 J〉. 2019.6.9. "뉴스는 누구의 돈으로 만들어지나?".

MBC. 2019.8.12. 〈MBC 스페셜: 아베와 일본회의〉, 광복절 특집.

〈MBC 뉴스투데이〉. 2018.11.24. "쓴소리했다고 정신이상?… '블랙리스트' 법관 16명".

인터넷 자료

경찰청. 2018.1.30. "2017년 불법폭력시위 건수가 역대 최소를 기록"(보도자료). www.pol
ice.go.kr/user/bbs/BD_selectBbsList.do?q_bbsCode=1002 (검색일: 2019.3.30).

_____. 2019.1.21. "지난해 집회·시위 개최는 역대 최다, 불법은 감소"(보도자료). www.
police.go.kr/user/bbs/BD_selectBbsList.do?q_bbsCode=1002 (검색일: 2019.3.30).

우당기념관. 2016. "이승만 친필 문서". www.woodang.or.kr/data_room/notice.htm (검
색일: 2019.6.30).

중앙선거관리위원회 선거통계시스템. 2019. "역대 선거". http://info.nec.go.kr (검색일:
2019.6.30).

진실·화해를 위한 과거사 정리위원회. 2009.12.29. "1980년 언론사 통·폐합 및 언론인 강
제해직 사건. 조사3국, 2009년 하반기 조사보고서". www.pasthistory.go.kr/cop/bbs/s
electBoardList.do?bbsId=BBSMSTR_000000000006&categoryCode2=THREE (검색일:
2019.6.30).

통계청. 2017.7.3. "제7차 한국표준직업분류 개정·고시"(보도자료). http://kostat.go.kr/p
ortal/korea/kor_nw/1/1/index.board?bmode=read&aSeq=361381 (검색일: 2019.5.30).

통계청 북한통계포털. 2019. "북한통계 주요지표". http://kosis.kr/bukhan/nkStats/nkStat
sIdctChartMain.do?menuId=M_01_02에서 연도별 자료를 검색, 정리함 (검색일: 2019.
10.30).

통일부 북한정보포털. 2019. "거시 경제". https://nkinfo.unikorea.go.kr/nkp/overview/n
kOverview.do에서 연도별 자료를 검색, 정리함 (검색일: 2019.8.30).

한국고전종합DB. 2019a. "03-03-15[03] 판서운관사 양성지가 전적·사직·존호·경연 등
의 일에 대해 상언하다". 『세조실록』, 세조 3년 정축(1457) 3.15(무인). '조선왕조실록'.
http://db.itkc.or.kr/dir/item?itemId=JT#/dir/node?dataId=ITKC_JT_G0_A03_03A_15
A (검색일: 2019.3.30).

_____. 2019b. "06-10-26[01] 주강에서 ≪시전≫ 유월장을 강하고 여왕 때의 일을 논하다".

『효종실록』, 효종 6년 을미(1655) 10.26(병자). '조선왕조실록'. http://db.itkc.or.kr/dir/item?itemId=JT#/dir/node?dataId=ITKC_JT_Q0_A06_10A_26A (검색일: 2019.3.30).

_____. 2019c. '34-09-08[12] 오늘의 형세가 황제의 칭호를 올리지 않을 수 없으므로 지금부터 황제의 칭호를 쓸 것을 청하는 입전 시민 등의 상소'. 『승정원일기』, 고종 34년 정유(1897) 9.8(갑오). http://db.itkc.or.kr/dir/item?itemId=ST#/dir/node?dataId=ITKC_ST_Z0_A34_09A_08A (검색일: 2019.3.30).

_____. 2019d. '37-05-26[13] 이준용 등에게 해당 법률을 시행할 것을 청하는 중추원 의장 신기선의 상소'. 『승정원일기』, 고종 37년 경자(1900) 5.26(병인). http:// db.itkc.or.kr/dir/item?itemId=ST#/dir/node?dataId=ITKC_ST_Z0_A37_05A_26A (검색일: 2019.3.30).

한국ABC협회. 2019. "2017 일간신문 인증 부수". www.kabc.or.kr (검색일: 2019.8.30).

행정안전부. 2018. '비영리민간단체 등록 현황(2007~2018)'(비영리 민간단체 지원). www.mois.go.kr/frt/bbs/type001/commonSelectBoardList.do?bbsId=BBSMSTR_000000000058 (검색일: 2019.3.30).

헌법재판소. 2017.3.10. "대통령(박근혜) 탄핵"(2016헌나1). http://search.ccourt.go.kr/ths/hm/index.do (검색일: 2019.6.30).

DAUM 백과. 2019. "다수결 원리". 100.daum.net/encyclopedia/view/b04d1622a (검색일: 2019.8.30).

Leip, David. 2016. "2016 Presidential General Election Results." https://uselectionatlas.org/RESULTS/index.html (검색일: 2019.8.30).

OECD. 2019.5.22. "Principles on Artificial Intelligence." www.oecd.org/going-digital/ai/principles (검색일: 2019.8.30).

The Economist Intelligence Unit. 2019a. "Democracy Index 2018." https://www.eiu.com/n/democracy-index-2018/ (검색일: 2019.6.30).

_____. 2019b. "Democracy Index 2006~2018." www.eiu.com에서 연도별 자료를 검색, 정리함 (검색일: 2019.6.30).

UNFPA. 2019. "State of World Population 2018." www.unfpa.org/publications (검색일: 2019.8.30).

Worldbank. 2019a. "GDP per Capita." data.worldbank.org/indicator/NY.GDP.PCAP.CD (검색일: 2019.8.30).

_____. 2019b. "GNI per Capita." data.worldbank.org/indicator/NY.GNP.PCAP.CD (검색일: 2019.8.30).

사진 자료

〈그림 4-3〉 제3회 지방 선거 인쇄홍보물

중앙선거관리위원회. 2013. 통합자료실-이미지 "제3회 지방 선거 인쇄홍보물". http://www.nec.go.kr/portal/bbs/view/B0000281/5251.do?menuNo=200197&searchWrd=&searchCnd=&viewType=P&pageIndex=11 (검색일: 2019.6.30).

〈그림 4-4〉『서울시 투자출연기관 근로자(노동)이사제 도입 사례집』의 표지 그림

서울특별시. 2018. 『서울시 투자출연기관 근로자(노동)이사제 도입 사례집: 근로자가 직접 뽑은 이사님 이사님 우리 이사님』.

〈그림 5-1〉 1789년 프랑스 혁명 전 카툰

M.P. 1789. "A Faut Esperer Q'eu.s Jeu la Finira Bentot." Bibliothèque nationale de France.

〈그림 5-2〉 미국 클리블랜드의 여성 선거권 운동 본부(1912.9.3)

작가 미상. 1912. "Woman Suffrage Headquarters Cleveland." Library of Congress.

〈그림 5-3〉 미국 워싱턴에서 개최된 여성 선거권 운동 행진 프로그램(1913.3.3)

B.M. Dale. 1913. "Official program-Woman Suffrage Procession, Washington, D.C. March 3, 1913." Library of Congress's Rare Book and Special Collections Division.

〈그림 8-2〉 클레로테리온(Kleroterion)

Helon of Troy. 2016. 고대 아고라 2편 — 아탈로스 스토아 "kleroterion". http://blog.daum.net/nh_kim12/17200890 (검색일: 2019.9.30).

〈그림 9-2〉 미국 트럼프 대통령의 트위터 게시글

Donald J. Trump 트위터. 2018.12.23. https://twitter.com/realDonaldTrump (검색일: 2019.6.30).

〈그림 9-3〉 유은혜 부총리 겸 교육부장관의 페이스북 게시글

부총리 겸 교육부장관 유은혜 페이스북. 2019.6.3. https://www.facebook.com/ministeredu59 (검색일: 2019.6.30).

〈그림 10-1〉 대한민국 임시헌장

국가보훈처. 1999. 『대한민국임시정부 법령집』. http://theme.archives.go.kr/viewer/common/archWebViewer.do?bsid=200041019752&gubun=search. 국가기록원 제공.

〈그림 11-1〉 1972년 대통령 선거를 위해 체육관에 설치된 통일주체국민회의 투표소 모습

공보처 홍보국 사진담당관. 1972a. "통일주체국민회의 개회식장 전경". http://theme.archives.go.kr/viewer/common/archWebViewer.do?bsid=200200027538&dsid=000000000001&gubun=search. 국가기록원 제공.

〈그림 11-2〉 1972년 단독 출마한 박정희 대통령 후보자에 대한 찬반 투표를 위해 모인 통일주체국민회의 대의원

공보처 홍보국 사진담당관. 1972b. "통일주체국민회의 대의원들 6". http://theme.archives.go.kr/viewer/common/archWebViewer.do?bsid=200200030762&dsid=000000000014&gubun=search. 국가기록원 제공.

〈그림 12-1〉 여학생 교련실기대회 사열 모습

공보처 홍보국 사진담당관. 1975c. '여학생교련실기대회사열22'. http://theme.archives.go.kr/viewer/common/archWebViewer.do?bsid=200200055453&dsid=000000000028&gubun=search. 국가기록원 제공.

〈그림 12-2〉 2016년 박근혜 퇴진 촛불집회 포스터

민중총궐기 투쟁본부. 2016.10.26. https://www.facebook.com/raiseup1114/photos/a.953404921396900/1256336661103723/?type=3&theater (검색일: 2019.6.30).

〈그림 12-3〉 2017년 박근혜 탄핵 촛불집회 포스터

박근혜정권퇴진 비상국민행동. 2017.3.1. https://www.facebook.com/bisang2016/photos/a.1630184003940653/1679072752385111/?type=3&theater (검색일: 2019.6.30).

〈그림 13-1〉 대한민국 ≪관보≫ 제1호(대한민국 30년 9월 1일)

총무처 법무담당관. 1948. "대한민국 헌법". http://theme.archives.go.kr/viewer/common/archWebViewer.do?bsid=200301064504&dsid=000000000002&gubun=search. 국가기록원 제공.

〈그림 13-2〉 대한민국 정부 수립 국민 축하식(1948년 8월 15일, 중앙청 앞)

공보처 홍보국 사진담당관. 1957. "대한민국수립기념 각종 사진4(대한민국정부수립국민축하식)". http://theme.archives.go.kr/viewer/common/archWebViewer.do?bsid=200200068821&dsid=000000000004&gubun=search. 국가기록원 제공.

〈그림 14-1〉 루미오 플랫폼(www.loomio.org) 홈페이지

루미오. 2019. https://www.loomio.org (검색일: 2019.8.30).

〈그림 14-2〉 중앙선거관리위원회 온라인투표시스템 홍보자료

중앙선거관리위원회. 2018.12.12. 통합자료실-이슈카드 "기술의 발전이 가져온 혁명! 블록체인 기반 온라인투표시스템". http://www.nec.go.kr/portal/bbs/view/B0000424/39077.do?menuNo=200625&searchWrd=&searchCnd=&viewType=&pageIndex=2 (검색일: 2019.6.30).

찾아보기

지은이 소개

박상준

전주교육대학교 사회교육과 교수다. 서울대학교 대학원에서 손봉호 교수로부터 사회철학과 시민교육을 배웠고, 「행위성향 중심의 시민교육」으로 박사학위를 받았다. 교육부의 민주시민교육 자문위원, 법무부의 헌법교육 강화추진단 위원, 전라북도교육청의 인성교육진흥위원회 위원 등으로 활동했다. 현재 교육부의 교육과정 심의회 위원을 맡고 있다. 저서로『민주시민교육 핸드북』(공저), 『중학교 사회 1, 2』(공저), 『사회과 교육의 이해』, 『사회과 교재연구 및 교수법』, 『거꾸로 교실을 넘어 거꾸로 학습으로』등이 있다. 교육부의 교원양성대학 시민교육 역량강화사업에 참여하면서 민주주의와 민주시민교육을 학교 현장에 적용하는 방안에 대해 연구하고, 교육청의 민주시민교육 연수에서 강의하고 있다. blog.daum.net/psj68

역사와 함께 읽는 민주주의

우리나라 민주 공화국은 어떻게 발전해 왔을까?

ⓒ 박상준, 2020

지은이 | 박상준
펴낸이 | 김종수
펴낸곳 | 한울엠플러스(주)
편집 | 이진경

초판 1쇄 인쇄 | 2020년 2월 18일
초판 1쇄 발행 | 2020년 2월 28일

주소 | 10881 경기도 파주시 광인사길 153 한울시소빌딩 3층
전화 | 031-955-0655
팩스 | 031-955-0656
홈페이지 | www.hanulmplus.kr
등록 | 제406-2015-000143호

Printed in Korea.
ISBN 978-89-460-6866-7 03340(양장)
      978-89-460-6867-4 03340(무선)

* 책값은 겉표지에 표시되어 있습니다.